찬송가의 구조와 활용
Hymnology, Structure & Practical Use

서울신학대학교 개교100주년 기념사업의 일환으로 연구비를 지원받아
제작되었음

찬송가의 구조와 활용
Hymnalogy, Structure & Practical Use

이문승 지음

예솔

"기회는 언제나 온다.
우연찮게 만났지만
알지 못하던 분이 나를 돕는다.
그런데 그가 이유 없이 나를 돕는 것이 아니고
내 행동에 무엇인가 감동하는 면이 있어 돕는 것이다.
인생의 전환점이 되는 순간이다.
초수

|차례| 6

머리글 : 9

제1장 찬송의 정의   13
제2장 찬송의 역사   57
제3장 시의 음절, 장단, 운율   73
제4장 송영   81
제5장 운율 시편가(Psalmody)   93
제6장 콘트라팍타(Contrafacta)   103
제7장 비잔틴 찬송(동방찬송)   115
제8장 라틴찬송   123
제9장 16세기 종교개혁자들의 교회음악관   147
제10장 독일찬송   159
제11장 영국찬송   167
제12장 한국찬송   175

찬송가 관련 글과 자료   215
  1. 태초에 하나님께서 음악을 만드셨다.
  2. 예배찬송 가사의 명령형
  3. 찬송가 가사와 윤리
  4. 찬송가사에서 인칭표현
  5. 예수님은 친구, 구주, 왕, 주님, 구세주
  6. 새 찬송 부르기를 반대하던 이유
  7. 찬송가와 관련한 이야기들
  8. 예배 성가합창곡의 가사 문제
  9. CCM의 음악적 문제점 및 회중성
  10. 초창기 성결교회 찬송가의 특색
  11. 21세기 찬송가의 한국화 기법
  12. 예배음악의 바른 활용
  13. 찬송의 중요성과 찬송 인도
  14. 찬송가의 폭넓은 목회적 활용
  15. 성가대와 함께 드리는 대림절 촛불음악예배
  16. 캐럴
  17. 21세기 찬송가 - 한국교회의 시대적 요청
  18. 음악에서 사용되는 음은 왜 12개일까?
  19. 새 찬송 부르기(프로그램의 예)
  20. 기타

참고문헌   374

머리글

　학생이나 교인들은 "처음으로 누가 찬송가를 만들었을까?", "찬송가란 무엇일까?", "초기에는 찬송가를 어떻게 불렀을까?", "찬송가는 어떻게 수록되게 되었을까?", "CCM을 많이 부르니 전통적 찬송가가 없어지지 않을까?" 아멘을 붙이는 기준은? 등 질문이 끊이지 않는다. 처음에는 이러한 질문에 답을 해주다가 이러한 질문을 대답하는 책을 만들어야 겠다고 생각하였다. 또 필자가 오랫동안 찬송가공회에 몸담아 『새 찬송가』 편찬 작업을 하면서 현실적으로 부딪혔던 많은 문제점들과 그 해결과정에 관한 이야기나 찬송가에 대한 일반적인 이야기를 책에 담고 싶었다. 그래서 이 책에서는 그러한 현실적인 내용들이나 교인들의 많은 질문들을 포함하고 또 답하고 있는 것이다.
　요즘에는 CCM을 많이 부르니까 젊은이들에게는 전통적 찬송가가 인기가 좀 없어진 것도 사실이지만 인류가 태초부터 불러온 귀중한 유산인 찬송이 사라질 수는 없다. 그 이유는 나이가 드는 삶의 과정에서 점차 깨닫게 된다. 전통적 찬송가에는 좋은 찬송으로 남기까지 눈물겨운 배경과 역사, 그리고 가슴에 전해지는 진한 감동들이 숨어 있기 때문이다.

찬송은 불러서 즐겁거나 설교를 준비하기 위한 것만이 아니라 가사와 음악을 통하여 말씀으로 가슴과 우리의 삶을 열고 이어주는 노래이다. 아니 숭고한 그리스도인의 삶 자체이기도 하다.

누구든지 교인이면 찬송 부르기는 신앙생활의 가장 기본적이며 중요한 과제다. 찬송가학은 교회음악의 기초가 되는 찬송가(Hymns)를 소재로 이론과 실제를 연구하여 좋은 찬송을 더 많이 부를 수 있도록 하는데 목적이 있다. 이를 위하여 찬송가(Hymns, Hymnal, Hymn Book)의 연구는 찬송의 본질 이해, 찬송 가사에 나타나 있는 신학적 배경, 오늘에 이르기까지 발전 과정, 찬송의 구조, 그리고 찬송의 창작 등 여러 분야에 구체적으로 체계를 세워 이론을 정립하는 것이 필요하다.

일반적으로 찬송가학의 분야는 대략 다음과 같다.

> 찬송(찬양)과 예배에 관련된 일반적 이해, 찬송가의 역사와 찬송의 변천사, 찬송가의 구조,
> 찬송가의 창작, 찬송가 평가, 찬송의 인도 및 효과적 활용법, 찬송가 관련자료 및 해설, 찬송 작가론……

물론 이 모든 분야를 한권의 책으로 정리하기는 어렵다. 그래서 책마다 저술의 방향이 있다. 이미 출판된 찬송가학을 살펴보면 예배와 음악, 역사적 관점, 그리고 작가론 등의 책들은 있으나 찬송가의 구조나 활용과 관련된 책은 흔하지 않다. 그래서 필자는 예배와 음악에 관심을 두되 찬송가의 효과적 활용에 맞추어 좋은 찬송가를 개발하는데 역점을 두어 이 책을 구성하였다. 필자가 작곡가로서 찬송가 편찬에 깊숙이 관여했던 만큼 찬송가의 창작에 대한 관심이나 그 경험을 나누고 싶었다. 이 책이 독자들에게 읽혀지고 동시에 우수한 찬송이 많이 개발되어 효율적으로 불렸으면 하는 마음이다.

서울신학대학교 개교100주년 기념사업의 일환으로 연구비를 조성해주신 유석성총장님에게 감사를 드린다. 아울러 출판을 기꺼이 맡아주신 예

솔의 김재선 장로님과 찬송가를 사랑하는 많은 분들, 그리고 나의 가족들에게 따뜻한 감사의 마음을 전한다.

        2013. 6 서울신학대학교 연구실에서 이문승

여호와는 나의 힘이요 노래시며 나의 구원이시로다. 그는 나의 하나님이시니 내가 그를 찬송할 것이요. 내 아버지의 하나님이시니 내가 그를 높이리로다." (출애굽기 15:2)

1 찬송의 정의 (定意)

* 찬송, 찬양, 성가, 교회음악, 노래

1 찬송의 정의(定意)

1. 찬송

 찬송은 교회음악사나 기독교 문화사를 돌아볼 때 기독교 복음이 전파되는 과정에서 예배와 성도들의 신앙생활에 지대한 영향을 끼쳤다. 성서와 더불어 기독교의 찬송은 오늘날의 기독교를 이루는 가장 중요한 틀이다. 역사를 통해 보면 찬송은 대단한 힘을 발휘하였고 그래서 더욱 다양한 형태로 발전되어 왔다.
 찬송이란 말의 영어 표현인 힘(Hymn)은 헬라어 Hymnos에서 온 명사형의 말로 '찬양의 노래'라는 뜻이다. Hymn의 동사형은 Hymneo로서 노래하다, 찬양하다의 뜻이다. 이 말은 본래 종교적 또는 영웅을 찬양할 때 시와 노래로 칭찬한다는 말에서 나왔다. 아폴로 신을 찬양한다는 의미로 시작되었다고도 하여 'Hymn to Apollo'라는 말도 있다. 초기 기독교 예배용어 사용에 있어서 찬송이라는 말은 헬라문화의 영향으로 헬라어를 사용한 것에서 유래된 것이다. 한자의 구조에서 그 개념을 유추해 보자.

讚(기리다), 頌(기리다, 칭송하다, 용서하다),

찬송이란 말의 영어 표현인 힘(Hymn)은 헬라어 Hymnos에서 온 명사형의 말로 '찬양의 노래'라는 뜻이다. Hymn의 동사형은 Hymneo로서 노래하다, 찬양하다의 뜻이다. 이 말은 본래 종교적 또는 영웅을 찬양할 때 시와 노래로 칭찬한다는 말에서 나왔다. 아폴로 신을 찬양한다는 의미로 시작되었다고도 하여 'Hymn to Apollo'라는 말도 있다. 초기 기독교 예배용어 사용에 있어서 찬송이라는 말은 헬라문화의 영향으로 헬라어를 사용한 것에서 유래된 것이다. 한자의 구조에서 그 개념을 유추해 보자.

讚(기리다), 頌(기리다, 칭송하다, 용서하다),

찬송에 대한 여러 가지 형태의 말들:
찬송가, 찬미가, 찬양가, 복음찬미, 복음찬송, 복음성가, 복음가,
讚美(아름다움을 기림)

讚揚 (말씀 언, 기릴 선, 조개 패)

'귀한 것(조개는 장신구)을 말(음악)을 통하여 기리고 높인다'는 의미
(오를 양, 오르다, 위로 오르다, 하늘을 날다)

그러므로 찬양이라는 말은 기리고 높이며 고양시킨다는 뜻이다. 성서에서 '찬양대'라는 말의 사용은 느헤미야 12:40(31절, 38절)에서 볼 수 있다. "그리하여 두 찬양대는 하나님 전에 섰고…"(『바른성경』, 공동번역)

聖歌 - 거룩한 노래, 구별된 노래, 귀 이, 입 구, 王성대할 임,

북방 임 변(크다 성대하다의 뜻이다)

성서에서 볼 수 있는 '거룩'과 관련된 어휘들을 살펴보자.
'거룩한 노래'라는 뜻의 성가(聖歌)라는 말의 어원이 일본이라는 주장은 옳지 않다. 성가라는 말은 중국 성경이 먼저다. 지금도 중국이나 특히 대만에 가면 찬송가를 '聖歌'라고 부른다. 또 성가라는 말을 타종교에서 쓰는 말이라고도 하는데 옳기도 하고 틀리기도 하다. 불교에서는 찬불가라고 하고 원불교에서만 성가라고 한다. 가톨릭과 성공회에서 찬송가를 성가라고 부른다. 또 그들은 성서에 없는 말이라고도 하는데 그렇지도 않다. 번역의 문제일 뿐이다. 성서에 있는 말을 찾아보자!

역대상 16:29 아름답고 거룩한 것(개정개혁)
역대상 16:35 거룩한 이름을 감사하며
역대상 25:1 구별하여 섬기게 하되…(거룩한 것 = 구별된 것)
역대상 6:2 성가대원(공동번역), 찬송하는 일(개정개혁)
18절, 33절 성가대장(바른 성경, 공동번역 성서 개정판)
역대하 5:2… 레위 성가대원으로서 모시옷을 입고(공동번역)
-『노래하는 자』(개정개혁)

이밖에 거룩하다는 말과 연결된 개념이 많이 있다. '거룩한 노래'라는 말이 자연스럽다.

출애굽기 28:2 거룩한 옷(제사장 옷)
출애굽기 30: 25 거룩한 관유(Anointing oil)
출애굽기 30: 36 거룩한 향
출애굽기 30:37 거룩한 것
출애굽기 31:14 거룩한 날
레위기 10:13 거룩한 곳

시의 음절, 장단, 운율 17

베드로전서 2:5 거룩한 제사장(성가대원)
베드로전서 2:9 거룩한 나라

2. 할렐루야

히브리어 '할랄'은 '자랑하다, 빼기다 칭찬하다, 어리석게 보일 정도로 자랑하다'의 뜻이 있다. 성서에서 99회나 사용되고 있으며, '야'는 하나님의 이름의 축소로서 24회 사용되었는데 할렐루야는 이 두 말을 합친 것이다. 이것은 히브리어를 영어식 발음으로 표기한 것이다.

할(Hal찬양) 렐(Lel하라-명령형) 우(u접속어) 야(Ja여호와)

시편에서 흔히 볼 수 있는 표현법인 '찬양하라'는 형태의 명령형 어휘는 남에게 권유 또는 명령의 의미보다는 '자신의 의지를 강하게 담고 있는 강조형 표현법'이다. "내 영혼아 주를 찬양하라."라는 말씀에서 볼 수 있듯이 내 입(육)이 영혼에게 명령하여 스스로 다짐하는 방식이다.

시편에는 두 개의 시편이 할렐루야로 시작하고(111, 112편) 다섯 개의 시편이 할렐루야로 마친다.(104, 105, 115, 116, 117편) 여덟 개의 시편이 할렐루야로 시작하고 할렐루야로 끝난다.(106, 113, 135, 146, 147, 148, 149, 150편) 한 개의 시편이 내용 중 할렐루야를 포함하고 있다(135:3). 할렐루야라는 말에는 하나님의 창조의 목적과 섭리, 능력과 권세, 영원성을 내포하고 있다. 그리스어에서는 H가 묵음이므로 알렐루야로 노래한다.(프랑스-알렐루야)

3. 구약의 찬송

출애굽기 15:1에는 이스라엘 백성이 홍해를 건넌 후 "이 때에 모세와

이스라엘 자손이 이 노래로 여호와께 노래하니 일렀으되 내가 여호와를 찬송하리니"하며 이어서 '모세의 노래' 가사를 전하고 있다.

구약시대에는 주로 시편과 몇 개의 칸티클을 찬송으로 불렀다. 시편은 여호와를 찬양하는 내용을 노래형식으로 읊는 즉흥적 양식의 음악인데 이를 영창으로 불렀다. 위의 기사에서 보듯이 시편 이외에도 구약성서에 기록되어 있는 많은 찬송들이 있다.

(1) 창세기 9:26-27
셈의 하나님 여호와를 찬송하리로다. 가나안은 셈의 종이 되고 하나님이 야벳을 창대하게 하사 셈의 장막에 거하게 하시고 가나안은 그의 종이 되게 하시기를 원하노라.

(2) 모세의 노래(출애굽기 15:1-18)는 바다에서 부른 찬송이다.
"내가 여호와를 찬송하리니 그는 높고 영화로우심이요,
말과 그 탄자를 바다에 던지셨음이로다.
여호와는 나의 힘이요, 노래시며 나의 구원이시로다.
그는 나의 하나님이시니 내가 그를 찬송할 것이요
내 아버지의 하나님이시니 내가 그를 높이리로다…(중략)
여호와께서 영원무궁 하도록 다스리시도다.

(3) 사무엘상 10:5, 18:7
사울이 죽인 자는 천천이요, 다윗은 만만이로다.

(4) 사무엘상 2:1-10
한나의 노래-아이를 낳은 후에 부른 감사 찬송.
내 마음이 여호와로 말미암아 높아졌으며 내 입이 내 원수들을 향하여 크게 열렸으니 이는 내가 주의 구원으로 말미암아 기뻐함이니이다…(하략)…

(5) 민수기 21:27-30 시인의 노래
(6) 민수기 24:3-24 발람의 노래

(7) 민수기 21:17-18

우물물아 솟아나라 너희는 그것을 노래하라. 이 우물은 지휘관들이 아팠고 백성의 귀인들이 규와 지팡이로 판 것이로다.

(8) 사사기 5:2-31 바락의 노래(드보라와 아비노암의 아들)

(9) 모세의 두 번째 노래 신명기 32:1-43

"하늘이여 귀를 기울이라 내가 말하리다. …(중략)… 너희 민족들아 주의 백성과 즐거워하라. 주께서 그 종들의 피를 갚으사 그 대적들에게 복수하시고 자기 땅과 자기 백성을 위하여 속죄하시리로다."

(10) 사사기 5:1-31

드보라와 바락의 노래 가나안 족속을 대항하여 이스라엘에게 하나님이 승리를 주셨을 때 찬양의 노래를 불렀다.

가나안 왕 야빈과 군대장관 시스라 군사를 몰살시키고 기쁨의 노래

(11) 사무엘하 1:19-27

다윗의 노래, 주님이 사울과 그의 모든 적으로부터 구원하셨을 때

(12) 사무엘하 22:2-51 다윗의 승전가

(13) 사무엘하 23:1-7 다윗의 노래

(14) 역대상 16:8-36, 감사 찬송

(15) 에스라 3:11

(서로 화답) 주님은 어지시다. 언제나 한결같이 이스라엘을 사랑하신다.

(16) 이사야 12장 감사 찬송, 2장 1-5 찬양, 42장 10-13 찬양의 노래

(17) 요나 2:2-9 요나가 뱃속에서 기도드리며 찬양

(18) 하박국 3:1-19

하박국의 노래 여호와여 내가 주께 대한 소문을 듣고 놀랐나이다…(중략)… 주 여호와 나의 힘이시라. 나의 발을 사슴과 같게 하사 나를 나의 높은 곳으로 다니게 하시리로다. 이 노래는 지휘하는 사람을 위하여 내 수금에 맞춘 것이니라.

(19) 출애굽기 15:19-21 미리암의 노래

홍해를 건넌 후 물 가운데서 아이다.

바로의 말과 병거와 마병이 함께 바다에 들어가매 여호와께서 바닷물을 그들 위에 되돌려 흐르게 하셨으나 이스라엘 자손은 바다 가운데서 마른 땅으로 지나간지라. 아론의 누이 선지자 미리암이 손에 소고를 잡으매 모든 여인도 그를 따라 나오며 소고를 잡고 춤추니 미리암이 그들에게 화답하여 이르되 "너희는 여호와를 찬송하라 그는 높고 영화로우심이요 말과 그 탄자를 바다에 던지셨음이로다." 하였더라.

(20) 열왕기하 3:15
"이제 내게로 거문고 탈자를 불러 오소서." 하니라 거문고 타는 자가 거문고를 탈 때에 여호와의 손이 엘리사 위에 있더니…

4. 신약의 찬송

신약에도 많은 찬송들이 기록되어 있는데 그 중에 몇 개만 소개한다.

(1) 누가복음 2:13-14
지극히 높은 곳에서는 하나님께 영광이요, 땅에서는 기뻐하심을 입은 사람들 중에 평화로다(천사들의 찬송)

(2) 요한계시록 4:8
거룩하다, 거룩하다, 거룩하다. 주 하나님 곧 전능하신 이여 전에도 계셨고 이제도 장차 오실이시라(세 번 거룩 또는 삼성창)

(3) 이사야 6:3
서로 불러 이르되 거룩하다, 거룩하다, 거룩하다 만군의 여호와여 그의 영광이 온 땅에 충만하도다 하더라.

(4) 요한계시록 4:11
우리 주 하나님이여! 영광과 존귀와 권능을 받으시는 것이 합당하오니 주께서 만물을 지으신지라. 만물이 주의 뜻대로 있었고 또 지으심을 받았나이다.

(5) 요한계시록 5:12

죽임을 당하신 어린 양은 능력과 부와 지혜와 힘과 존귀와 영광과 찬송을 받으시기에 합당하도다.

(6) 에베소서 5:15

오, 잠든 자여 깨어나라. 죽은 자들 가운데서 일어나라. 그리스도께서 네게 빛이시리라.

(7) 골로새서 1:15-20

그는 보이지 않는 하나님의 형상이요.

(8) 사도행전 2:46-47

"날마다 마음을 같이하여 성전에 모이기를 힘쓰고 집에서 떡을 떼어 기쁨과 순전한 마음으로 음식을 먹고 하나님을 찬미하며 또 온 백성에게 칭송을 받으니 주께서 구원받는 사람을 날마다 더하게 하시니라."

(9) 마태복음 26:30

이에 그들이 찬미하고 감람산으로 나아가니라.

(10) 에베소서 5:19

시와 찬송과 신령한 노래들로 서로 화답하며 너희의 마음으로 주께 노래하며 찬송하며……

(11) 골로새서 3:16

"그리스도의 말씀이 너희 속에 풍성히 거하여 모든 지혜로 피차 가르치며 권면하고 시와 찬송과 신령한 노래를 부르며 마음에 감사하는 마음으로 하나님께 찬양하고…"

5. 에베소서 5:19
시와 찬미와 신령한 노래의 해석에 대한 세 가지 의견

1) 시와 찬미와 신령한 노래가 동일한 것-이 세 가지 모두가 찬송을 의미한다는 의견

헹겔은 "이 세 가지는 다른 장르의 노래를 말하는 것이 아니라 한 가지 또는 동일한 것을 의미하는 것이다. 저자는 단지 종교적 노래에 대한 70인 역 용어인 세 개의 중요한 용어들을 사용하고 있다."[1]고 말하며 시와 찬미와 신령한 노래, 셋은 같은 종류의 노래-즉 찬송을 지칭하는 것으로 이해한다. 링컨(Andrew T. Lincoln) 역시 다음과 같이 말했다.

"사실 이곳에 사용된 세 개의 술어는 저자가 동의어들을 중첩시키기를 좋아하는 또 다른 실례로 보는 것이 가장 좋으며 또한 이 경우에 저자는 골로새서에서 이를 넘겨받았을 것이다. 골로새서에는 종교적 노래들에 대해 70인 역에서 가장 흔히 나오는 세 개의 단어가 나오며 또한 이들은 시편의 표제어에서 상호 교환적으로 나온다."[2]

2) 세 가지를 어느 정도 구별하여 이해하는 입장

랄프 마틴(R. P. Martin)은 "시는 구약 시편 저자의 양식을 따라 만들어진 기독교의 찬송을 가리키며 찬송은 보다 긴 악곡을 가리키는 것으로서 그 일부는 실제로 신약성경에 인용되어 있고 또한 신령한 노래들은 성령에 의해 고무된 자발적 찬미의 단편들을 가리킨다."[3]고 주장하는데 이것은 특히 시를 구약의 시편을 가리키는 것으로 이해하는 일반적 견해와 다르다.

몇몇 학자들의 의견은 다음과 같다.

헨드릭슨(William Hendriksen) - "이 셋 사이를 뚜렷이 구별하는 것은 쉽지 않다. 여기에는 의미가 좀 중복되는 것이 있을 수 있다."[4]

---

1) Hengel, 『Between Jesus and Paul』, 80.
2) Lincoln, 『에베소서』, 665
3) 앞의 책 665
4) Hendrikse, 『Colossians and Pholemon』, 162

죙겐 - 시 또는 찬송과 신령한 노래를 서로 다른 종류의 음악으로 이해하면서 초대교회의 노래 형식이 다양했다고 결론짓는다.[5]

칼뱅[6], 찰스 하지(Charles Hodge), 이디(Eadie)

3) 어느 정도 구별을 전제로 중간적 입장에 있는 경우

데이비드 패스(David B. Pass)
"우리는 이 용어들에 대해서 양극단으로 가는 것에 대해서 조심해야 한다. 즉, 그들은 서로 상대적으로 구분이 가능한 형태들이었지만 그것이 얼마나 뚜렷하게 구분된 것인지 현재로서 알 길이 없다."[7]
요약하면,

시 - 고전적 형태의 교회음악. 악기반주에 맞춰 노래하는 것. 다윗의 시편. 찬양의 노래. 시편, 구약의 노래들과 칸티클(canticle)

찬송 - 오거스틴은 찬양, 하나님, 노래. 이 세 가지가 잘 조합된 것이라고 보았다. 시편은 할렐이나 히브리인의 찬송가, 칸티클, 그리고 신약의 노래를 말한다(에베소서 5:14, 빌립보서 2:5-11, 골로새서 1:15-20, 디모데전서 3:16, 디모데후서 2:11-13, 요한계시록 4:11, 5:13, 7:12.)

신령한 노래는 성령의 역사로 말미암은 영적인 노래(로이드)[8]로, 하나님 또는 그리스도에게 드리는 직접적 찬양 이외의 주제들을 다루는 다른 거룩한 노래들과 짧은 노래를 의미한다.

* 부활절 계산법
부활절은 춘분과 첫 만월이 지난 첫 주일이다. 그러므로 사순절은 40

---

5) 홍정수, 『교회음악개론』, 52
6) Calvin, 『신약성경주석』, vol. 10, 605
7) David B. Pass, 『Music and the Church』, 이석철역 『교회음악신학』(서울: 요단출판사 1997) 129-130
8) Lloyd-Jones, 『성경적 찬양』, 28-29

일로 주일을 뺀 40일, 총 45일 정도이다. 사순절의 첫 수요일인 재의 수요일 Ash Wednesday은 금식한다. 축제란 뜻의 carnival이라는 말은 '육이여 안녕'이라는 의미로 재의 수요일에서 왔다. 목요일에는 세족식을 한다(최후의 만찬을 기념하기도 한다). 금요일은 성 금요일(Good Friday)로 지킨다.

재의 수요일(Ash Wednesday)

성회(聖灰)수요일 또는 성회례일(聖灰禮日)이라고도 한다. 가톨릭에서는 수요일에 죄를 회개하는 상징으로 머리에 재를 뿌리는 의식을 행한다. 이날을 로마교회에서는 참회하는 날로 정하고 옷에다 재를 뿌렸다. 부활절 전 목요일의 세족일과 함께, 그리스도인으로서의 주님과 이웃과 화해의 길을 함께 걷는다는 공동체 의식을 갖는다. 8~10세기 이후에는 이런 행사들이 중지되고, 대표자 머리 위에 재를 뿌리는 것으로 대신했다. 로마 가톨릭교회에서는 이 재의 수요일에 종려나무를 태운 재와 십자가를 예배자들에게 나눈다. 루터교회와 성공회(聖公會)도 같은 행사를 한다. 그리스 정교회에서는 사순절이 월요일부터 시작되므로 이 날이 없다.

년	대강절 첫 주	재의 수요일	부활주일	주님의 승천일	성령강림주일
2012	2011.11.27	2012.2.22	2012.4.8	2012.5.17	2012.5.27
2013	2012.12.2	2013.2.13	2013.3.31	2013.5.9	2013.5.19
2014	2013.12.1	2014.3.5	2014.4.20	2014.5.29	2014.6.8
2015	2014.11.30	2015.2.18	2015.4.5	2014.5.14	2014.5.24
2016	2015.11.29	2016.2.10	2016.3.27	2016.5.5	2016.5.15
2017	2016.11.27	2017.3.1	2017.4.16	2017.5.25	2017.6.4
2018	2017.12.3	2018.2.14	2018.4.1	2018.5.10	2018.5.20
2019	2018.12.2	2019.3.6	2019.4.21	2019.5.30	2019.6.9
2020	2019.12.1	2020.2.26	2020.4.12	2020.5.21	2020.5.31
2021	2020.11.29	2021.2.17	2021.4.4	2021.5.13	2021.5.23

부활주일과 교회력

6. 찬송과 관련된 용어

찬송과 찬양의 개념, 복음성가와 찬송의 구별, 찬송가는 왜 4부일까?
　찬송(Hymn 贊頌)은 '하나님께 찬양을 드리는 노래'라는 뜻이다. 교회에서 부르는 회중들의 노래'라는 점에서 인간을 대상으로 하되 하나님께 예배드리는 것과 관련한 노래이다(어느 정도의 검증이 필요하다). 한편 복음성가는 하나님의 말씀을 배우고, 권고하고, 전도하며 신앙생활을 위하여 부를 수 있는 흥미롭게 작곡된 자유스러운 주관적이고 개인적 성향의 노래들을 말한다.
　그러나 이러한 정의는 아주 기본적인 것일 뿐, 가사나 음악에 있어서 구분하기가 쉽지 않으며 장르와 유형이 다양하고 복잡하다. 지금 사용되고 있는 용어도 불분명하고 혼란스러운 점이 있어서 바른 사용을 위하여 용어 정리가 필요하다고 생각된다.

　1) 복음가 福音歌: 1911년 성결교회에서 편찬한 『복음가』라는 책이름에서 처음 사용되었다. 복음적 노래라는 단순하면서도 좋은 의미로 쓰였다. 영어 Gospel Song이나 Gospel Hymn을 한국어로 번역한 것으로 생각된다. 편집된 찬송가 중에는 잘 아는 노래에 목회자들이 가사를 부쳐 콘트라팍타한 것도 있었고 집회 때 부르는 복음찬송이 많았다.

　2) 복음성가 福音 聖歌: Gospel Song. 말 그대로 복음의 내용을 노래하는 거룩한 음악이라는 뜻이다. 실제로는 거룩과 관련 없는 개인적 신앙내용의 노래들도 있다.

　3) 복음송 福音頌: 복음Song으로 인식하는 사람들도 있으나 복음 찬송이라는 뜻이다. 그러나 복음노래(福音)라는 뜻과 찬송(頌)이라는 뜻의

합성이라고 볼 때 앞뒤가 맞지 않는다. 복음성가라는 표현이 맞는다고 생각된다.

4) 복음찬송 Gospel Hymn: 복음성가 중 가사나 음악적 내용으로 볼 때 찬송으로 사용할 수 있는 것. 교리, 기독교윤리, 구원의 역사를 위하여 간증, 훈계, 권면하는 내용이 많다. 예배찬송보다는 설교 후 결단, 헌신찬송으로 사용하는 것이 좋다.

5) 복음찬미: 복음찬송과 같은 말이다. Evangelical Hymn

6) 찬송 贊頌: 교회의 역사를 통하여 엄선하여 예배에서 그동안 불러온 교인들의 노래.

7) 찬양: 1894년 언더우드가 편찬한 『찬양가』라고 명명하여 이미 '찬양'이라는 단어가 이미 찬송이라는 어휘와 동일하게 사용되기 시작되었다. 그러나 찬양은 비단 음악만이 아니고 시나 말로도 가능하며 찬송의 개념보다 넓다. 한동안 예배와 관련되었을 때만 국한하여 사용되어 왔으나, '경배와 찬양' 집회 이후 찬양이라는 말이 광범위하게 사용되면서 찬양하면 '경배와 찬양'으로 이해하게 되었다. '찬양 집회', '찬양 사역', '찬양 팀', '찬양 노래' 등 복합 어휘로 많이 사용되어 대중성과 관련되었고 의미가 더욱 넓어지게 되었다.

8) 찬미: 가톨릭이나 성공회에서 사용한다. 찬송, 찬양의 의미와 동일하다. 1892년 감리교에서 찬미가라는 이름으로 사용하기 시작하였다.

9) 경배와 찬양: 1980년대 이후 가스펠과의 차별화를 선언하고 가사가 하나님을 경배하고 찬양하는 내용을 선택하여 예배에서 부르기 시작하였다. 그러나 개인적이고 간증 내용도 많다. 영국에서는 찬양과 경배

시의 음절, 장단, 운율 27

(Praise and Worship)라고 한다.
  찬양과 경배-그에게 노래하며 그를 찬양하며…(역대상 15:9)

  10) 복음가요: 다양한 장르의 가요풍 음악에 복음적 가사를 부친 것으로 CCM과 같이 사용된다.

  11) CCM: 현대 크리스천 뮤직(contemporary christian music). 새로운 시대의 대중음악이라는 슬로건으로 1970년대 초부터 태동하기 시작하였다. '젊은이들의 언어인 대중음악으로 그들의 잃어버린 영혼을 되찾을 수 있는 내용을 전달하는 것'이 그들의 목표이다. 메시지를 포함하는 대중음악을 목표로 한다. 음악적으로는 크리스천 록, 재즈, 랩, 가사로는 경배와 찬양, 성구찬양 등 대중음악의 양식에 따라 여러 장르가 있다.

  12) 찬송가, 찬송가집, 찬송가책. 찬송을 계통적으로 엮은 찬송가 모음을 명확하게 구분하기 위하여 찬송가집, 또는 찬송가책이라고 부르기도 한다. 그러나 찬송가의 표지에 '찬송가'라고 명명하였고 한국어의 의미상 그 정도 중의성은 구분이 가능하다고 보아 굳이 찬송가집, 찬송가책이라도 부르지 않아도 된다. '찬송가 몇 장'은 단일 찬송가를 말하는 것이요, '찬송가 가져왔다'는 책을 말하는 것임을 누구나 다 안다.

  * Negro Jubilee, Negro spiritual, American spiritual
  흑인 영가는 본래 노예 농장 축제 Jubilee를 일컫는 말이었다. 이 축제 문화를 통하여 자연스럽게 음악, 춤, 연극 등이 발전하게 되었는데 이 때 부른 노래를 'Jubilee song'이라 하였다. 이 축제는 19세기 미국에서 정착되었는데 상품으로 케이크나 옷 등이 배급되었다.
  음악은 장조 음계에 반음이 곁들여졌으나 근본적으로 5음 음계 중심이다. 당김음을 많이 사용하였고 흥겨운 리듬으로 흑인들의 정서를 담아 애수 띈 분위기가 많다. 슬픈 노래라기보다는 종교적 희열감을 흥겹게 표현하는 식이었다. 가사는 구약성서를 바탕으로 하는 내세의 행복을 갈구하는 내용이 많았다. 1871년 흑인대학인 Fisk대학 출신들로 The Fisk Jubilee Singers가 구성되었다. 지금은 American spiritual이라고 명명한다.

시편 100:1, Jubilate Deo 하나님께 즐거이 부를지어다. 창세기 4:14-21에 Jubal은 수금과 퉁소를 잡는 자의 조상이다. 흑인영가의 당김음과 애수를 띈 분위기 때문에 한국인의 정서와도 잘 맞는다고 보는 이도 있다. 'Kumbaya'는 영어의 'Come by here(여기 임하소서)'를 의미하는 걸러(Gullah) 방언인데, 걸러는 사우스 캐롤라이나와 조지아 주에 걸쳐 있는 미국 동남부 해안 및 섬에 거주하는 흑인들을 말한다.

쿰바야 마이 로드쿰바야(Come by here, my Lord, come by here!)

우는 사람이 있습니다. 주님 쿰바야
노래하는 사람이 있습니다. 주님 쿰바야
기도하는 사람이 있습니다. 주님 쿰바야[9]

<Barber shop harmony> 미국의 대중음악 용어로 축제 시 합창이나 합주를 하는 과정에서 독특한 화성이 생겼다. 멜로디에 3도, 4도, 5도 등의 병행법을 사용했으며 또 감7도, 증6 화음 등이 사용하면서 제1테너는 높은 음으로 반음계 진행을 한다. 이 화성은 이후에 흑인영가나 재즈에 도입되었다.

<칼립소(Calypso)리듬> 당김음을 이용한 미국의 대표적 리듬. 본래 서인도 제도에서 생겨난 춤의 리듬 패턴이지만 넓게는 노래와 사운드 전체를 나타낸다. 원래는 4분의 2박자의 리듬이었지만 미국으로 건너와서 4분의 4박자의 리듬으로 바뀌었다고 한다. 미국 민요에 큰 영향을 끼쳤으며 8분음표 3.3.2구조로 일컫는 칼립소 리듬은 현대 미국성가에도 큰

---

9) 크리스타 K. 딕슨(정선봉, 양승애 옮김), 『흑인영가』, 분도출판사, 1981

영향을 끼쳤다.

7. 찬송에 대한 히브리어 어원

찬양으로 번역되는 중요한 히브리어 단어들을 살펴본다.

할랄(halal)- 대상16:4. 할렐루야(halal+yah)로 합성된다. '송축, 영광, 칭찬하다, 자랑하다, 격찬 하다'의 뜻이다. 이 일이 장래 세대를 위하여 기록되리니 '창조함을 받을 백성이 여호와를 찬송(할랄)하리로다'(시편 102:18) 주로 시편에서 쓰였으며 찬양하라는 명령형으로 많이 쓰였다. 성서에서 100회 정도 쓰였다.

테힐라(tehillah)- 시편 22:3, 147:1, 구약에서 50번 이상 사용하고 있다. 할랄에서 파생된 말로, '노래하다, 칭찬하다, 할랄을 노래하는 것'으로 이해되고 있다.

야다(yada)- 창세기 29:35, 49:8, 시편 9:1, 역대하 20:21 두 번째로 많이 나타난다. 두 손을 높이 들어 감사함으로 경배하다, 두 손을 치켜 올리다, 하나님께 감사하다', 시편 134:2에서는 '감사'로 번역하기도 한다. 시편 134:2 성소를 향하여 너희 손을 들고 여호와를 송축하라.

느헤미야 8:6 모든 백성이 손을 들고 아멘, 아멘 응답하고 몸을 굽혀 얼굴을 땅에 대고 여호와께 경배하였다. 구약에서 90회 이상 쓰였다.

바락(barak)- 욥기 1:21 시편 103:1-2, 96:2 '축복하다, 무릎을 꿇다. 송축하다, 경의를 표하다, 드물게는 저주하다'는 의미로 사용되었다. 200회 이상에 걸쳐서 축복 혹은 하나님으로부터의 축복으로 번역하였다. 하나님께 대한 찬양은 70회 정도이다.

하나님이 성공과 번영 그리고 불쌍함의 근원임을 선언함을 의미한다. 사사기 5:2과 시편 72:15절에서 찬양으로 번역되었다.

자마르(zamar)- 사사기 5:3, 시편 7:17 시가에서만 사용되었다. 그러므로 시편 이외에서는 발견되지 않는다. 역대상 16:9 '악기의 줄을 퉁기다.

노래하다, 찬양하다'의 의미로 쓰이는데 주로 음악의 즐거운 표현과 관련된 말이다. 구약에서 찬양의 표현으로 40회 정도 사용되었다.

토다 - '찬미의 제사, 감사, 감사제물을 드리기 위하여 손을 내밀다'는 뜻으로 주로 헌납과 관련된 말이다. 시편 50:23 '감사로 제사를 드리는 자가 나를 영화롭게 하나니 그 행위를 옳게 하는 자에게 내가 하나님의 구원을 보이리라'의 부분에서 보듯이 찬양의 제사가 중요한 것은 바로 이점 때문이다. '아직 승리와 해결 또는 해답을 보지 못한 그러한 찬양'의 형태를 말한다.

시편 42:4, 50:14, 56:12, 샤바흐(sabah)- 시편 63:3, 145:4, '외치다 큰 소리로 말하다, 칭찬하다'의 뜻을 가지고 있다. 찬양의 감탄적 형태이다. 시편 63:3, 117:1, 145:4 구약성서에서 7회 사용되었다.

로마서- 시편 18:46, 30:1, 영광과 존귀와 같은 긍정적 개념들의 상징으로서 '높음, 높다'의 의미

쉬르- 노래하다(동사 및 명사) 30개 시편의 부제로 쓰였다.

가달- 찬미하다, 찬양하다, 6회사용

길- 외치다, 기뻐 돌다, 29회사용

자카르- 기억하다 인정하다, 찬양하다, 12회 사용

하바- 예배하다, 무릎 꿇다. 엎드리다, 65회 사용

훌- 춤추다, 1회사용

짐라- 노래, 6회사용

카베드- 공경하다, 영화롭게 하다, 12회 사용

야브하-- ~에 돌리다, 7회사용

미즈모르- 시, 57회사용

마하- 손뼉 치다, 1회사용

알라즈- 기뻐 뛰다, 6회사용

사파르- 열거하다, 선포하다, 9회사용

루아- 승리의 환성을 지르다, 13회사용

린나- 기뻐 외치다, 18회사용

라난- 기뻐하며 소리치다, 42회사용
수스- 기뻐하다, 10회사용
사마- 기뻐하다, 즐거워하다. 64회사용
쉬르- 노래하다, 31회사용
샤마- 선포하다, 10회사용

*시편 100:4의 예
"감사함(토다, toda)으로 그 문에 들어가며 찬송함(테힐라 tehillah)으로 그 궁전에 들어가서 그에게 감사하며 그 이름을 송축(바락 barak)할지어다(시편 100:4)."

8. 찬송에 대한 헬라어

1. 아이네시스(ainesis 명사, 할랄과 야다에 해당되는 말), 아이노스(ainos 명사), 아이네오(aineo 동사)- 찬양하다, 찬미하다, 찬송하다.
누가복음 2:13, 홀연히 허다한 천군이 그 천사와 함께 있어 하나님을 찬송(아이네오)하여 가로되…
누가복음 18:43, 곧 보게 되어 하나님께 영광을 돌리며 예수를 좇으니 백성이 다 이를 보고 하나님을 찬양(아이노스) 하니라.
사도행전 2:47, 하나님을 찬미(아이네오)하며 또 온 백성에게 칭송을 받으니 주께서 구원받는 사람을 날마다 더하게 하시니라.

2. 독사(doxa 명사), 독사조(doxazo 동사)
누가복음 2:14, 마태복음 5:16, '찬양, 찬미, 영광, 영광을 돌리다, 여기다, 가정하다'에서 온 말이다. 이 말은 '하나님께 합당한 영광을 돌리는' 말이다.
누가복음 2:14, 지극히 높은 곳에서는 하나님께 영광(독사)이요, 땅에서는…

누가복음 18:43, 곧 보게 되어 하나님께 영광(독사조)을 돌리며

로마서 11:6, "이는 만물이 주에게서 나오고 주로 말미암고 주에게로 돌아감이라 영광(독사)이 그에게 세세에 있으리로다 아멘."

베드로전서 4:11과 베드로후서 3:18

영광이 이제와 영원한 날까지 저에게 있을지어다.

3. 에파이노스(epainos 칭찬), 에파이네오(epaineo)는 빌립보서 1:11에 나오는 찬양(아이노스)란 단어 앞에 '에게'라는 접두어 epi가 붙은 낱말이다. 아이노스의 강조된 형태이다. 공동체의 고백을 통한 찬양과 경배를 지칭하고 있다.

4. 율로게토스(ulogetos)

율로기아(ulogia)는 에베소서 1:3에 나오는데 '복된, 찬양받으신, 좋게 이야기의 의미'로 칭찬하다. 사람에 대해서는 쓰이지 않고 하나님께 대해서만 사용되는 말이다.

누가복음 1:68, 찬송(율로게토스)하리로다. 주 이스라엘의 하나님이여, 그 백성을 돌아 보사 속량 하시며…

야고보서 3:10, 한 입으로 찬송(율로기아)과 저주가 나는도다.

5. 엑소몰로게오(exmologeo) 로마서 15:9, '고백하다'는 뜻을 가진 호몰로게오로부터 파생된 말이다. 접두어 엑스는 더욱 강렬한 말로 만든다. 로마서 15:9, 이러므로 내가 열방 중에서 주께 감사하고 주의 이름을 찬송(엑소몰로게오마이)하리로다.

6. 힘노스(Hymnos)-찬송의 노래라는 뜻으로 에베소서 5:9, 골로새서 3:16에 언급하고 있다.

힘네오(Hymneo)- '찬송한다, 찬송을 부르다, 합창으로 신들을 찬양한다' 사도행전 16:25, 히브리서 2:12

7. 쌀로(psallo 동사) 쌀모스(psalmos 명사) 로마서 15:9, '노래하다 가락을 짓다, 영적인 무아의 상태에서 노래를 하다'는 뜻이다. 현악기를 뜯다. 70인 성경에서 40회 정도 나온다.

고린도전서 14:15, 그러면 어떻게 할고, 내가 영으로 기도하고 또 마

음으로 기도하며 내가 영으로 찬미(쌀로)하고 또 마음으로 찬미(쌀로)하리라.

에베소서 5:19, 시(쌀모스)와 찬미와 신령한 노래들로 서로 화답하며 너희의 마음으로 주께 노래 하며 찬송(쌀로)하며…

8. 메갈뤼노- 누가복음 1:46, '크게, 위대하게, 길게 만든다. 확대하다'

누가복음 1:46, 내 영혼이 주를 찬양(메갈뤼노)하며 내 마음이 하나님 내 구주를 기뻐하였음은…

아갈로- 기뻐뛰다, 즐거워하다(10회 사용. 찬양과 관련하여 사용)
고뉘페테오- 무릎을 꿇다(4회사용)
유프라이노- 기뻐하다(5회사용)
유카리스테오- 감사를 드리다(35회사용)
유카리스티아- 감사(14회사용)
카우카오마이- 자랑하다(8회사용)
핍토- 땅에 엎어지다(15회사용)
프로스퀴네오- 엎드려 경배하다(42회사용)
카이로- 기뻐하다(28회사용)
카리스- 감사, 은혜(7회사용)
오데- 노래 (5회사용)
호산나- 구하소서! 주님, 만세라는 뜻이 있다(5회사용)

9. 찬송의 정의

오거스틴(St. Augustine 354-430)은 "찬송가는 하나님을 노래로 찬양하는 것"이라고 시편 148편의 주석을 토대로 표현하였다. 이 정의는 633년 스페인 중부의 도시(마드리드에서 남쪽으로 70킬로미터)의 톨레도 종교회의(The Council of Toledo) 당시 교회의 기본법으로 규정되었다.

"찬송이란 하나님을 찬미하는 노래이다. 만일 하나님을 찬미하면서 노래하지 않는다면 그것은 찬송이 아니다. 또 하나님을 찬미하면서 노래만 한다면 그것도 찬송이 아니다. 그러므로 다음의 세 가지 요소가 필요한데 그것은 '노래하는 것(Canticum), 찬미(Lauden), 하나님(Jurian Dict. of Hymnology p.640)'이다."

암부로스(384년)는 "찬송가는 하나님에 대한 찬양이 포함된 노래"라고 정의하여 반드시 노래로서 찬양하고 하나님을 찬양하는 것이라고 하였다.

다음은 찬송에 관한 학자들의 견해이다.

성 오거스틴(St. Augustine)
    한 설교에서 찬양의 형태를 규정한 말로 "하늘나라에서 한없는 만족을 누리며 끊임없이 아멘과 할렐루야를 부르는 일 이외에는 아무 것도 할일이 없을 것임을 우리는 알고 있다."
마틴 루터(M. Luther)
    "고난의 수난과 승리의 기념이 영원하듯이 할렐루야도 교회의 영원한 소리이다."
칼뱅(Calvin)
    "찬송의 음악은 경박하고 발랄해서는 안 되고 중후하고 장엄해야 하며, 그러므로 식탁에서나 가정에서 사람들을 즐겁게 하기 위하여 연주되는 음악과 하나님과 그의 천사들의 임재 가운데 교회에서 불리는 찬송의 음악 사이에는 두드러진 차이가 있어야 된다."
제임스 몽고메리(James Montgomery)
    "찬송이란 우리들의 영적생활을 아름답게 나타내는 예배에 적합한 종교적 시다."
루이스 엘슨(Lousis Elson)
    "찬송이란 하나님을 찬양하거나 예배를 드리는 노래로서 교회에서 부르는 짧은 종교적 시이다."
오틴 러브레이스(Autin C. Lovelace)
    "찬송이란 모든 성도들이 함께 모여 같은 마음으로 하나님의 진리를 노래하는 것이다."

칼 프리스Carl F. Price)

"찬송이란 하나님의 뜻을 거룩하고 겸손하게 나타낸 성도들의 신앙을 고백한 서정시의 노래이다."

필 커(Phil Kerr)

"찬송이란 하나님께 기도하는 거룩한 노래이거나 성삼위에게 직접 간구하는 노래이다."

『합동찬송가』 서문

"찬송이란 믿음으로 하나님의 영광을 찬양하는 것이다."

게리노(F. Gelineau)

"영창은 지나치게 장식되었을 때, 더 빨리 소멸되어 버리고 평범하고 단순하면 더 오래 살아남는다. 바로크 벽화는 벗겨지고 그 색이 바랬지만, 성당의 돌은 오래 남아 있고 시간이 지남에 따라 더욱 아름다워진다."고 하였다.

미국의 찬송학자 마크스(Marks)

"첫째가 찬양이요, 둘째는 하나님의 찬양이며, 셋째로 노래로 불리는 찬양이니… 헌신 및 영적 체험 그리고 종교적 진리 등을 표현한 성시로써 회중이 노래하기 적절한 것"

미국 찬송가협회

"찬송은 형식에 있어서 단순하면서 운율적이어야 하며 문체에 있어서 순수하게 감정적이고 시적이고 문학적이어야 하며 신앙적인 면에서는 영적이며 음악적인 면에선 직접적이며 찬송을 부르는 중에 회중들이 한 마음이 될 수 있어야 한다."

정리하면 "찬송은 하나님을 구주로 믿는 성도들이 하나님의 영광을 찬양하고 말씀을 묵상하며 신앙을 고백하고 복음을 증거하고 권유, 선포하는 내용을 담은 아름다운 노래이다."

자주 사용하는 '노래'라는 말은 '놀다'라는 동사의 명사형 '놀이'에서 온 말인데 소리의 진동, 규칙적 움직임, 선율의 곡선 등과 관련이 있다. 한국인의 정서로 보는 노래라는 말의 여러 의미를 살펴본다.

1) 먼저 시와 시편을 일컫는다.

시를 지어 즐거이 그를 노래하라(시편 95:2) 쉬르(Shir)는 히브리어로 시로 번역되는데 '하나님을 찬양하는 노래'라는 말이다. 서예가가 글씨 끝에 '~절을 노래하다'라고 했다면 그 뜻은 글씨를 쓰며 마음으로 노래 했다는 말이다.

2) 간절한 기도나 의지를 말한다.

소리 내어 즐겁게 노래하며 찬송할 지어다.(시편 98:4)
여호와는 나의 힘이요, 나의 노래요, 구원이라.(이사야 12:2)

3) 한국음악에서의 소리를 말한다. 노래를 음악 또는 삶, 생활 등으로 바꾸어 표현 할 수도 있다.

4) 음율이나 음악을 말한다.

5) 음이나 음향을 뜻한다. 하나님께서 지으신 천지에는 이미 우주의 음향 즉 노래가 있다.

시편에서는 노래라는 말을 여러 가지 의미로 사용하고 있다.

    21:13 주의 권능을 노래하고 찬송하게 하소서(찬송)
    28:7 내 마음이 크게 기뻐하며 내 노래로 그를 찬송하리로다
    (기도)
    32:7 구원의 노래로 나를 부르시다(말씀)
    33:3 새 노래로 그를 노래하며 즐거운 소리로 아름답게 찬양할
    지어다(음악, 찬양)
    35:27 기꺼이 노래 부르고 즐거워하며(찬송)
    40:3 새 노래(찬송)
    59:16 나는 주의 힘을 노래하며(기도)

65:13 다 즐거이 외치고 또 노래하나이다.
66:4 온 땅이 주께 경배하고 주를 노래하며
68:4 하나님께 노래하며
69:30 내가 노래로 하나님을 찬양하며
77:6 밤에 부른 노래를 내가…
79:63 그들의 처녀들은 혼인노래를 들을 수 없었으며…
81:2 하나님을 향하여 기쁘게 노래해
87:7 노래하는 자와 뛰어노는 자들이 말하기를…
89:1 여호와의 인자하심을 영원히 노래하며…
95:1 오라 우리가 여호와께 노래하며…
　2 시를 지어 즐거이 그를 노래하며…
96:1 새 노래로 노래하며(우주의 노래)
　12 숲의 나무들이 노래…
98:1 새 노래로 여호와께 찬송하라
　4 소리 내어 즐겁게 노래하며 찬송할지어다.
　8 즐겁게 노래
100:2 기쁨으로 여호와를 섬기며 노래하면서 그의 앞에 나아갈지어다.
104:3 평생토록 여호와께 노래하며 내가 살아있는 동안 내 하나님을 찬양하리다.
107:22 감사제를 드리며 노래하여…
108:1 내 마음을 정하였사오니 내가 노래하며…
119:172 내 혀가 주의 말씀을 노래하리다.
137:3 시온의 노래 중 하나를 노래하라함이로다.
138:5 그들이 여호와의 도를 노래할 것은…
144:9 새 노래로 노래하며 열 줄 비파로 주를 노래하리다.
147:7 감사함으로 여호와께 노래하며…
149:1 새 노래로 여호와께 노래하며…
　5 침상에서 기쁨으로 노래할지어다.

＊소리

　어린이들에게 우주의 무서움을 일깨워주는 천둥소리, 즐거움의 대명사 새소리, 세월을 밟는 낙엽 밟는 소리, 꿈같은 메아리 소리… 이와 같은 소리를 들으면 우리는 깊은 상념을 갖게 되며 회상에 빠지게 된다. 눈 오는 소리, 비 오는 소리는 음악 그 자체이다. 인간들이 분주하게 살아갈 때 나는 자동차소리, 공장 돌아가는 소리, 물건을 사고파는 소리, 누군가를 찾는 소리, 떠드는 소리, 사무실 소리를 들으면 삶의 희망과 의욕이 앞선다. 하나님과 만나 기도하는 소리, 목청 높여 하나님을 찬송하는 소리는 얼마나 고귀한가! 연인들의 사랑을 고백하는 소리를 생각하면 가슴이 짜릿하며 소리의 고귀함이 절로 느껴진다.

　국악에서는 소리(唱)와 노래(歌)를 구분하는데 소리는 판소리나 부류를 같이하는 단가, 병창 등 서민들의 노래를 이르고, 노래는 정가에 속하는 가곡, 가사, 시조와 무가, 민요, 잡가, 범패 등 양반들의 노래나 종교음악을 말한다.

　노래는 삶과 같은 것이다. 거기에는 균형과 아름다움의 질서가 내재되어 있으며 사상과 감정이 담겨 있다. 그래서 사람들은 노래를 부르고 들으며 감동을 받고 눈물을 흘린다. 인간 생활에서 음악은 생활필수품이다.

　신앙적으로는 하나님의 세미한 음성 즉 마음에 고동치는 주님의 소리를 듣는 것이다. 작은 소리는 사람들에게 긴장감을 주며 집중하게 하고 생각하게 한다. 좋은 소리는 아름다우며, 활력이 넘치고 의욕을 준다.

　현대에는 증폭장치를 통하여 큰 소리를 듣는 경우가 많다. 심지어 예배에서 청력 손상이 우려될 정도인 100데시벨을 넘는 소리를 듣고 있다. 인간의 생활에서 어떤 소리를 듣는가는 중요하다. 다시 듣고 싶은 소리, 아름다운 소리, 잘 조정되고 기획된 소리를 듣는 것이 필요하다.

*사도신경(The Apostles Creed)

(1) 사도신경의 역사

가톨릭교회에 의하면 사도신경은 AD55년에 12사도가 예루살렘에 모여서 기독교의 요약을 위해 성령의 영감으로 베드로가 처음 한 구절을 기록하자 한 구절씩 더하여 오늘의 사도신경을 완성했다고 한다. 또 사도신경은 사도들이 제정하지는 않았으나 사도들의 신앙이 요약되어 사도신경이라고 붙여졌다고 한다.

사도신경은 AD300년 이후에 생겼다. 신약교회가 생긴 AD33년부터 100년경까지 사도들이 있었으므로 사도신경이 있었을 것 같지 않고 사도들이 죽은 후 그 제자들, 또는 교부들에게 세례 문답 시 안내서로서 필요성이 짐작된다. AD100년~125년 사이로 추정되는 신앙의 규율(Rules of Faith)이란 것은 오늘의 요리문답 비슷한 것이다. 170~180년경에 사도신경의 형태가 있었다는 설도 있다.

역사적으로 최초의 신조는 AD325년의 니케아신조이다. 이 내용은 Arius의 신학사상을 공격한 아타나시우스(Athanasius)의 주장이 반영되고 있다. 그것은 지금의 사도신경과 다른데 회의가 계속되어 381년 콘스탄티노플 회의에서 이전 니케아신조를 확인했고, 431년 에베소회의에서 펠라기우스 주장이 부정되었다. 451년, 칼케돈신조로 삼위일체론, 553년 680년에, 2, 3차 콘스탄티노플 회의가 열렸다.

역사에 의하면, 사도신경은 AD400년경에 활약한 Ambrose와 Rufinus에 의해서 사도들에 의해 지어졌다고 한다. AD650년경 '거룩한 가톨릭 교회(Holy Catholic Church)'란 말이 삽입되었고, '성도의 교제'란 말은 650년 이후에 삽입되었다. AD750년경에는 '음부에 내려 가사'가 삽입되었다.

이것이 사실이라면 AD325년의 니케아신조가 한 시발점이 되어 계속 발전되어 완성된 것이라 볼 수 있다. 오늘날의 사도신경은 AD750년대의 가톨릭교회의 작품이라는 결론이다.

(2) 사도신경 내용

1) AD45년경에는 야고보가 순교했고(사도행전 12:1), 또 신약 중 절반을 쓴 바울 사도가 배제된 사도신경은 그 이름이 맞지 않다. 사도신경의 형성이 AD55년이라는 주장은 문제가 있다.

2) 내용 중 '본디오 빌라도에게 고난 받으사'라는 구절이 있다. 동방 희랍정교회 시리아 교회는 본디오 빌라도의 아내인 클라우디아 프로클라(Claudia Procla)를 마태복음 27:19에 근거하여 성녀의 반열에 놓고 있을 뿐, 사도신경을 사용하지 않는다. 애굽의 콥트(Coptic)교회도 사도신경을 사용하지 않는다. 사도신경은 로마 가톨릭과 개신교회가 사용한다.

3) 사도신경의 원문에는 "I believe in the Holy Spirit, the Holy Catholic Church, the Communion of Saints"라고 되어 있다. 즉 "나는 성령을 믿사오며, 성도들의 교통을 믿사오며, 거룩한 가톨릭교회를 믿습니다." 라는 뜻이다.

*니케아 공의회 Councils of Nicaea

이 공의회는 소아시아 북쪽에 있는 비티니아 주 니케아에서 동, 서방 교회가 모여 개최한 종교회의이다. 니케아는 지금의 터키 이즈니크 근처이다. 제1차 회의는 325년 5월 20일 로마황제 콘스탄티누스 1세가 소집하였다. 회의 목적은 아리우스 논쟁 즉, 예수 그리스도의 신성(神性)을 부정하는 아리우스파를 이단으로 단죄하여 분열된 교회를 통일시키고, 로마교회의 안정을 이루기 위한 것이었다. 참석자는 318명이라고 하지만 불분명하다. 공의회에서는 2편의 신경(信經)이 채택되었다. 아리우스파인 니코메디아의 에우세비오가 제출한 것은 폐기되었고, 팔레스티나 공동체의 '세례신경'을 기초로 '동질'이라는 용어를 보완한 케사르의 에우세비오신경이 채택되어 이것을 기준으로 '니케아신경'이 형성되었다. 그 결과 4명의 아리우스파가 파문, 유형 당했다. 이 밖에도 이 회의에서 부활의 시기, 이단자 세례, 서품의 장애, 속죄 및 사제제도 등을 제정하고 의결하였다.

10. 시편에 나타난 다양한 찬양 요소와 그 구절들

경배

시편 96:9 아름답고 거룩한 것으로 여호와께 경배할지어다. 온 땅이여 그 앞에서 떨지어다.
시편 138:2 내가 주의 성전을 향하여 예배하며 주의 인자하심과 성실하심으로 말미암아 주의 이름에 감사하오니 이는 주께서 주의 말씀을 주의 모든 이름보다 높게 하셨음이라.

감사

시편 30:4 주의 성도들아 여호와를 찬송하며 그 거룩한 이름에 감사할지어다.
시편 75:1 하나님이여, 우리가 주께 감사하고 감사함은 주의 이름이 가까움이라 사람들이 주의 기사를 전파하나이다.
시편 79:13 우리는 주의 백성이요, 주의 목장의 양이니 우리는 영원히 주께 감사하며 주의 영예를 대대에 전하리이다.
시편 92:1 지존자여, 십현금과 비파와 수금의 정숙한 소리로 여호와께 감사하며 주의 이름을 찬양하며 아침에 주의 인자하심을 나타내며 밤마다 주의 성실하심을 베풂이 좋으니이다.
시편 95:2 우리가 감사함으로 그 앞에 나아가며 시를 지어 즐거이 그를 노래하자.
시편 105:1 여호와께 감사하고 그의 이름을 불러 아뢰며 그가 하는 일을 만민 중에 알게 할지어다.
시편 136:1 여호와께 감사하라. 그는 선하시며 그 인자하심이 영원함이로다. 신들 중에 뛰어난 하나님께 감사하라. 그 인자하심이 영원함이로다. 주들 중에 뛰어난 주께 감사하라. 그 인자하심이 영원함이로다.

찬양

시편 63:3 주의 인자하심이 생명보다 나으므로 내 입술이 주를 찬양할 것이라.

시편 67:3 하나님이여 민족들이 주를 찬송하게 하시며 모든 민족들이 주를 찬송하게 하소서.

시편 84:4 주의 집에 사는 자들은 복이 있나니 그들이 항상 주를 찬송하리이다.(셀라)

시편 96:4 여호와는 위대하시니 지극히 찬양할 것이요, 모든 신들보다 경외할 것임이여.

시편 135:3 여호와를 찬송하라 여호와는 선하시며 그의 이름이 아름다우니 그의 이름을 찬양하라.

시편 135:20-21 레위 족속아 여호와를 송축하라. 여호와를 경외하는 너희들아 여호와를 송축하라. 예루살렘에 계시는 여호와는 시온에서 찬송을 받으실지어다. 할렐루야.

시편 148 할렐루야 하늘에서 여호와를 찬양하며 높은 데서 그를 찬양할지어다. 그의 모든 천사여 찬양하며 모든 군대여 그를 찬양할지어다. 해와 달아 그를 찬양하며 밝은 별들아 다 그를 찬양할지어다. 하늘의 하늘도 그를 찬양하며 하늘 위에 있는 물들도 그를 찬양할지어다. 그것들이 여호와의 이름을 찬양함은 그가 명령하시므로 지음을 받았음이로다. 그가 또 그것들을 영원히 세우시고 폐하지 못할 명령을 정하셨도다. 너희 나는 새며 세상의 왕들과 모든 백성들과 고관들과 땅의 모든 재판관들이며 총각과 처녀와 노인과 아이들아 여호와의 이름을 찬양할지어다. 그의 이름이 홀로 높으시며 그의 영광이 땅과 하늘 위에 뛰어나심이로다. 그가 그의 백성의 뿔을 높이셨으니 그는 모든 성도 곧 그를 가까이 하는 백성 이스라엘 자손의 찬양 받을 이시로다 할렐루야.

시편 150 할렐루야 그의 성소에서 하나님을 찬양하며 그의 권능의 궁창에서 그를 찬양할지어다. 그의 능하신 행동을 찬양하며 그의 지극히 위대하심을 따라 찬양할지어다. 나팔 소리로 찬양하며 비파와 수금으로 찬양할지어다. 소고 치며 춤추어 찬양하며 현악과 통소로 찬양할지어다. 큰 소리 나는 제금으로 찬양하며 높은 소리 나는 제금으로 찬양할지어다. 호흡이 있는 자마다 여호와를 찬양할지어다. 할렐루야.

영화롭게

시편 29:1-2 너희 권능 있는 자들아 영광과 능력을 여호와께 돌리고 돌릴지어다. 여호와께 그의 이름에 합당한 영광을 돌리며 거룩한 옷을 입고 여호와께 예배할지어다.
시편 86:9 주여 주께서 지으신 모든 민족이 와서 주의 앞에 경배하며 주의 이름에 영광을 돌리리이다.
시편 86:12 주 나의 하나님이여 내가 전심으로 주를 찬송하고 영원토록 주의 이름에 영광을 돌리오리니
시편 96:7-8 만국의 족속들아 영광과 권능을 여호와께 돌릴지어다. 여호와께 돌릴지어다. 여호와의 이름에 합당한 영광을 그에게 돌릴지어다. 예물을 들고 그의 궁정에 들어갈지어다.

높이는 것

시편 34:3 내가 여호와께 간구하매 내게 응답하시고 내 모든 두려움에서 나를 건지셨도다.
시편 99:5 너희는 여호와 우리 하나님을 높여 그의 발등상 앞에서 경배할지어다. 그는 거룩하시도다.
시편 99:9 너희는 여호와 우리 하나님을 높이고 그 성산에서 예배할지어다. 여호와 우리 하나님은 거룩하심이로다.
시편 118:28 주는 나의 하나님이시라. 내가 주께 감사하리이다. 주는 나의 하나님이시라 내가 주를 높이리이다.
시편 138:2 내가 주의 성전을 향하여 예배하며 주의 인자하심과 성실하심으로 말미암아 주의 이름에 감사하오리니 이는 주께서 주의 말씀을 주의 모든 이름보다 높게 하셨음이라.
시편 145:1 왕이신 나의 하나님이여 내가 주를 높이고 영원히 주의 이름을 송축하리이다.

섬기는 것

시편 2:11 여호와를 경외함으로 섬기고 떨며 즐거워할지어다.
시편 100:2 기쁨으로 여호와를 섬기며 노래하면서 그의 앞에 나아갈지어다.

칭찬하는 것

시편 30:1 여호와여 내가 주를 높일 것은 주께서 나를 끌어내사 내 원수로 하여금 나로 말미암아 기뻐하지 못하게 하심이다.

시편 68:4 하나님께 노래하며 그의 이름을 찬양하라. 하늘을 타고 광야에 행하시던 이를 위하여 대로를 수축하라. 그의 이름은 여호와이시니 그의 앞에서 뛰놀지어다.

시편 145:1 왕이신 나의 하나님이여 내가 주를 높이고 영원히 주의 이름을 송축하리이다.

시편 147:12 예루살렘아 여호와를 찬송할지어다. 시온아 네 하나님을 찬양할지어다.

축복

시편 16:7 나를 훈계하신 여호와를 송축할지라. 밤마다 내 양심이 나를 교훈하도다.

시편 34:1 내가 여호와를 항상 송축함이여, 내 입술로 항상 주를 찬양하리이다.

시편 68:26 이스라엘의 근원에서 나온 너희여 대회 중에 하나님 곧 주를 송축할지어다.

시편 103:1-2 내 영혼아 여호와를 송축하라. 내 속에 있는 것들아, 다 그의 거룩한 이름을 송축하라. 내 영혼아 여호와를 송축하며 그의 모든 은택을 잊지 말지어다.

시편 104:1 내 영혼아 여호와를 송축하라. 여호와 나의 하나님이여 주는 심히 위대하시며 존귀와 권위로 옷 입으셨나이다.

시편 104:11 각종 들짐승에게 마시게 하시니 들나귀들도 해갈하며,

시편 115:18 우리는 이제부터 영원까지 여호와를 송축하리로다. 할렐루야.

시편 135:19-20 이스라엘 족속아 여호와를 송축하라 아론의 족속아 여호와를 송축하라 레위 족속아 여호와를 송축하라 여호와를 경외하는 너희들아 여호와를 송축하라.

광대하심을 말하는 것

시편 34:3 '나와 함께 여호와를 광대하시다'하며 함께 그의 이름을 높이세.

시편 69:30 내가 노래로 하나님의 이름을 찬송하며 감사함으로 하나님을 위대하시다 하리니.

시편 70:4 주를 찾는 모든 자들이 주로 말미암아 기뻐하고 즐거워하게 하시며 주의 구원을 사랑하는 자들이 항상 말하기를 하나님은 위대하시다 하게 하소서.

경외

시편 5:7 오직 나는 주의 풍성한 사랑을 힘입어 주의 집에 들어가 주를 경외함으로 성전을 향하여 예배하리이다.

시편 33:8 온 땅은 여호와를 두려워하며 세상의 모든 거민들은 그를 경외할지어다.

시편 34:9 너희 성도들아 여호와를 경외하라. 그를 경외하는 자에게는 부족함이 없도다.

시편 96:4 여호와는 위대하시니 지극히 찬양할 것이요, 모든 신들보다 경외할 것임이여.

시편 128:1 여호와를 경외하며, 그의 길을 걷는 자마다 복이 있도다.

사랑

시편 18:1 나의 힘이신 여호와여 내가 주를 사랑하나이다.

시편 31:23 너희 모든 성도들아, 여호와를 사랑하라, 여호와께서 진실한 자를 보호하시고 교만하게 행하는 자에게 엄중히 갚으시느니라.

시편 116:1 여호와께서 내 음성과 내 간구를 들으시므로 내가 그를 사랑하는도다.

노래하는 것

시편 59:16-17 나는 주의 힘을 노래하며 아침에 주의 인자하심을 높이 부르오리니 주는 나의 요새이시며, 나의 환난 날에 피난처이시다. 나의 힘이시여, 내가 주께 찬송하리니 하나님은 나의 요새이시며 나를 긍휼히 여기시는 하나님이심이다.

시편 95:1 오라 우리가 여호와께 노래하며 우리의 구원의 반석을 향하여 즐거이 외치자.

시편 98:1 새 노래로 여호와께 찬송하라. 그는 기이한 일을 행하사 그의 오른손과 거룩한 팔로 자기를 위하여 구원을 베푸셨음이로다.

외치는 것

시편 20:5 우리가 너의 승리로 말미암아 개가를 부르며 우리 하나님의 이름으로 우리의 깃발을 세우리니 여호와께서 네 모든 기도를 이루어 주시기를 원하노라.

시편 47:1 너희 만민들아, 손바닥을 치고 즐거운 소리로 하나님께 외칠지어다.

시편 98:4 온 땅이여, 여호와께 즐거이 소리칠지어다. 소리 내어 즐겁게 노래하며 찬송할지어다.

즐거운 소리

시편 66:1 온 땅이여, 하나님께 즐거운 소리를 낼지어다.

시편 81:1 우리의 능력이 되시는 하나임을 향하여 기쁘게 노래하며 야곱의 하나님을 향하여 즐거이 소리칠지어다.

시편 95:1-2 오라, 우리가 여호와께 노래하며 우리의 구원의 반석을 향하여 즐거이 외치자 우리가 감사함으로 그 앞에 나아가며 시를 지어 즐거이 그를 노래하자.

시편 98:6 나팔과 호각 소리로 왕이신 여호와 앞에 즐겁게 소리칠지어다.

시편 100:1 온 땅이여 여호와께 즐거운 찬송을 부를지어다.

기뻐하는 것

시편 5:11 그러나 주께 피하는 모든 사람은 다 기뻐하며 주의 보호로 말미암아 영원히 기뻐 외치고 주의 이름을 사랑하는 자들은 주를 즐거워하리이다.

시편 9:2 내가 주를 기뻐하고 즐거워하며 지존하신 주의 이름을 찬송하리니.
시편 68:3 의인은 기뻐하여 하나님 앞에서 뛰놀며 기뻐하고 즐거워할지어다.
시편 96:11 하늘은 기뻐하고 땅은 즐거워하며 바다와 거기에 충만한 것이 외치고.

손뼉

시편 47:1 너희 만민들아, 손바닥을 치고 즐거운 소리로 하나님께 외칠지어다.

*손을 드는 것

시편 28:2 내가 주의 지성소를 향하여 나의 손을 들고 주께 부르짖을 때에 나의 간구하는 소리를 들으소서.
시편 63:4 이러므로 나의 평생에 주를 송축하며 주의 이름으로 말미암아 나의 손을 들리이다.
시편 134:2 성소를 향하여 너희 손을 들고 여호와를 송축하라.

허리 굽혀 경배하는 것

시편 22:27-31 땅의 모든 끝이 여호와를 기억하고 돌아오며 모든 나라의 모든 족속이 주의 앞에 예배하리니. 나라는 여호와의 것이요, 여호와는 모든 나라의 주재심이로다. 세상의 모든 풍성한 자가 먹고, 경배할 것이요, 진토 속으로 내려가는 자 곧 자기 영혼을 살리지 못할 자도 다 그 앞에 절하리로다. 후손이 그를 섬길 것이요, 대대에 주를 전할 것이며 와서 그의 공의를 태어날 백성에게 전함이여 주께서 이를 행하셨다 할 것이로다.
시편 95:6 오라, 우리가 굽혀 경배하며 우리를 지으신 여호와 앞에 무릎을 꿇자.

11. 성서에서 말하는 찬양 방법들

1) 입으로 찬양
요한계시록 19:1 이 일 후에 내가 들으니 하늘에 허다한 무리의 큰 음성 같은 것이 이어 가로되 할렐루야 구원과 능력이 우리 하나님께 있도다.
고린도전서 14:15 내가 영으로 기도하고 또 마음으로 기도하며 내가 영으로 찬미하고 또 마음으로 찬미하리라.
에베소서 5:19 시와 찬미와 신령한 노래들로 서로 화답하며 너희의 마음으로 주께 노래하며 찬송하며
요한계시록 7:10 큰 소리로 외쳐 가로되 구원하심이 보좌에 앉으신 우리 하나님과 어린 양에게 있도다.
시편 126:2 우리 입에는 웃음이 가득하고 우리 혀에는 찬양이 찼었도다.
시편 98:4 온 땅이여, 여호와께 즐거이 소리할지어다. 소리를 발하여 즐거이 노래하며 찬송할지어다.

2) 손을 사용해서 찬양
(1) 손을 듦
  시편 63:4 주의 이름으로 인하여 내 손을 들리이다.
  시편 119:48 주의 계명에 내 손을 들고.
  시편 134:2 성소를 향하여 너희 손을 들고 여호와를 송축하라.
  시편 141:2 나의 손드는 것이 저녁 제사같이 되게 하소서.
(2) 손뼉을 침
  시편 47:1 너희 만민들아 손바닥을 치고
  시편 98:8 큰물이 박수하며
  이사야 55:12 들의 모든 나무가 손바닥을 칠 것이며

3) 악기로 찬양
  시편 57:8 내 영광아 깰지어다. 비파와 수금아 깰지어다.

시편 144:9 열 줄 비파로 주를 찬양하리이다.

시편 150:3-5 나팔 소리로 찬양하며 비파와 수금으로 찬양할지어다. 소고 치며 춤추어 찬양하며 현악과 퉁소로 찬양할지어다. 큰 소리 나는 제금으로 찬양하며 높은 소리 나는 제금으로 찬양할지어다.

4) 몸의 자세나 동작으로 찬양

(1) 춤을 춤

　시편 149:3 춤추며 그의 이름을 찬양하며
　시편 150:4 춤추어 찬양하며
　사무엘하 6:14 다윗이 여호와 앞에서 힘을 다하여 춤을 추는데 그 때에 다윗이 베 에봇을 입었더라.

(2) 걷고 뜀

　사도행전 3:8 뛰어 서서 걸으며 그들과 함께 성전으로 들어가면서 걷기도 뛰기도 하며 하나님을 찬미하니
　사무엘하 6:16 다윗 왕이 여호와 앞에서 뛰놀며 춤추는 것을

(3) 서 있음

　시편 135:2 여호와의 집 우리 하나님의 진정에 서 있는 너희여
　시편 134:1 밤에 여호와의 집에 섰는 여호와의 모든 종들아 여호와를 송축하라.

(4) 허리를 굽히고 무릎을 꿇음

　시편 95:6 오라 우리가 굽혀 경배하며 우리를 지으신 여호와 앞에 무릎 꿇자.
　에베소서 3:14 내가 하늘과 땅에 있는 각 족속에게 이름을 주신 아버지 앞에 무릎을 꿇고 비노니

*음악인의 삶

영화 '타이타닉'에서의 현악4중주단은 배가 점점 침몰하여 사람들이 우왕좌왕하자, "승객들이 요동하지 않도록 밝고 힘차게 연주합시다."라고 말하며 동료에게 연주하기를 청한다.

"아무도 안 듣는데…"

"언제는 들었나? 몸도 데울 겸 연주를 계속하자."

연주가 모두 끝나고 나서 "행운을 비네."하고 헤어진다. 그러나 더 이상 갈 길이 없자, 다시 모여서 제1바이올린이 연주를 시작하고 제2바이올린이 받으며 ,이어서 비올라, 첼로가 합세하여 연주한다.

내 주를 가까이하려 함은… 연주를 마치고 현악 4중주단원 중 한 사람이 "오늘 연주는 생애 최고의 연주였다."라고 말한다. 진정한 음악인의 삶을 보여 준다.

12. 초기의 찬송

기독교 초기에는 어떤 찬송을 불렀을까? 교독문은 왜 찬송가에 포함되어 있을까?

시편은 성서 즉 구약의 이스라엘 백성들과 신약의 사도들이 보여준 교훈이자 모범적 찬송이었으며 초대교회와 교부시대 교회들이 불렀다. 히브리 성서에서 시편을 '테힐림'이라고 부른다. 찬양의 노래라는 뜻이다. 초기 기독교인들은 구약성서를 헬라어로 번역된 것을 읽었다. 이것을 '셉투아긴트(Septuagint)'라고 부른다. 여기에서는 시편을 '살모이(Psalmoi)'라고 부르고 있다. 현악기에 맞추어 부르는 노래라는 뜻이다. 그래서 시편을 '제2성전의 찬송가(Hymnbook of the Second Temple)'라고 한다.

성전에서는 시편을 일주일동안 날마다 부르도록 다음과 같이 정했다.10) 히브리인들은 예배의식과 신앙생활에서 시편을 사용하였다.

---

10) 주성희,『교회음악문헌』, 총신대 출판부, 2009, 14쪽

제1일 시24편
제2일 시48편
제3일 시82편
제4일 시94편
제5일 시81편
제6일 시93편
제7일 시92편

(1) 시편가의 구조 및 연주방법
  1. 시작음(Initium)- 선율은 처음에 순차진행으로 상행진행 한다.
  2. 테노르(Tenor or Tuba 낭송음)- 시편 내용을 동일한 음높이로 낭송하듯 읊는다.
  3. 플렉사(Flexa)- 긴 시행을 문장 구조에 맞게 끊어 숨을 쉬게 하기 위하여 낭송음에서 2도 혹은 3도 하행진행 한다.
  4. 메디아치오(Mediatio)- 중간에 나타나는 몇 개의 음으로 구성된 반종지 형태의 음형, 음의 연장이나 쉼을 요구한다.
  5. 주음(Fnalis)- 끝에는 주음으로 돌아가도록 하행 진행하는 마침으로 맺는다.

(2) Troparia 트로파리아
시편의 응답송으로 시행 사이에 부르던 성서 이외의 노래이다. 이것은 4~5세기에 있었던 시적인 단성부의 1절로 된 짧은 비잔틴 찬송 기도이다. 응답적 성격의 삽입구다. 처음에는 시적인 산문형태의 짧은 기도문이었으나 5세기부터 몇 개의 절로 된 긴 시로 발전하였다. 조과(Matins) 만과(Vespers)에서 불렸다.

(3) Kontakia 콘타키아
콘타키아는 6, 7세기에 복음서 낭독 후 해설적 성격으로 불렸던 여러

절(18-30절)의 시 형식으로 각 절을 트로파리온이라 불렀다. 이것은 3-13행, 또는 24-30행으로 구성되어 있고 각 절의 끝에 후렴이 있다. 동일한 선율을 반복하지만 계속 장식적으로 노래한다.

(악보1) 시편의 연주

(악보2) 그레고리안 찬트. 안티폰이 있는 시편 146편

(4) 7~9세기에는 성서에 있는 9개의 칸티클을 가사로 하여 카논(Kanon) 칸티쿰(Canticum) 혹은 송가(Ode)라고 하였다.

(5) 교송법(Antiphon)- 오늘날의 시리아 지방(안디옥)에는 일찍부터 복음이 전해져 기독교가 발달하였는데 아리우스 파 이단과 대항하는 하나의 방법으로 안디옥 지방에는 교송법이 도입되었다. 안디옥교회에 교송법을 처음 도입한 사람은 이그나티우스(Ignatius of Antiock, 시리아지방 안디옥의 감독, 30~35년경 태어남)로 알려져겼다. 이것은 이미 유대교회

당에서 사용되던 찬송방법이었다. 회중들은 두 그룹으로 나누어 시편과 찬송을 교대로 불렀다.

교송법

V(시행) A(응답) R(후렴) S(독창) C(합창)

1. 시편의 모든 시행이 동일한 선율로 반복됨.

　　　가사　　　V1　V2　V3　V4　V5　V6
　　　음악　　　a　　a　　a　　a　　a　　a
　　　연주형태　1　　2　　1　　2　　1　　2

2. 시편의 시행 두 개씩이 같은 선율로 불리는데 이 선율은 합창단 1,2가 교창하는 형태로 후에 시퀀스(Sequence)의 형태로 발전하였다.

　　　가사　　　V1　V2　V3　V4　V5　V6
　　　음악　　　a　　a　　b　　b　　c　　c
　　　연주형태　1　　2　　1　　2　　1　　2

3. 합창단이 두 그룹으로 나뉘어 서로 다른 선율로 한 시행씩 노래하고 두 합창단이 동일한 가사와 선율로 응답 시구를 후렴으로 노래하는 형태이다.

　　　가사　　　V1　V2　A　　V3　V4　A
　　　음악　　　a　　b　　R　　a　　b　　R
　　　연주형태　1　　2　　1,2　1　　2　　1,2

(6) Respons 응창, 응답송, Responsorial Singing

1. 응답식 형태로 독창자와 합창단이 교대로 교창하는데 독창자의 선율이 동일하며 합창단 혹은 회중들이 후렴을 노래한다.

　　　가사　　　V1　A　　V2　A　　V3　A
　　　음악　　　a　　R　　a　　R　　a　　R
　　　연주형태　S　　C　　S　　C　　S　　C

2. 응답식 형태로 독창자와 합창단이 교대로 교창하는데 독창자의 선율이 바뀌며 합창단 혹은 회중들이 후렴을 노래한다.

가사	V1	A	V2	A	V3	A
음악	a	R	b	R	c	R
연주형태	S	C	S	C	S	C

2 찬송의 역사

*초대교회의 찬송형성.
Cantillation, Contrafacta, Chant
Jubal, Jubilate, Jubili club, Jubili song

2 찬송의 역사

구약성서에서 최초로 등장하는 음악인은, 가인의 후손이며 전쟁에서의 용맹을 찬양한 검가(창세기 4:23-24)를 노래한 라멕의 아들(두 아내와 아다와 씰라 중에 아다의 소생) 유발(Jubal)이다. 창세기 4:20-21에 "아다는 야발을 낳았으니 그는 장막에 거하여 육축 치는 자의 조상이 되었고 그 아우의 이름은 유발이니 그는 수금과 통소를 잡는 모든 자의 조상이 되었으며"라고 기록되어 있다. 유발은 숫염소라는 말의 <요벨(Jobel)>과 관련되는 것으로 보이며 출애굽기 19:13에서는 요벨이라는 단어로서 '숫염소의 뿔'인 나팔을 의미하고 있다.

1. 성전음악 시대

(1) 시편창-Psalm
시편창은 시 구조에 따라 시편의 모든 절을 같은 음으로 읽는 듯하게 노래하였다. 낭송음(reciting tone)이라고 한다. 리듬과 음높이는 시편에 따라 다르고 교창형식으로 진행되었다.

시편의 성격 분류
- 예배의식의 기도(17, 90, 102, 142편)
- 음악이 따르는 시(48, 66, 83, 88, 108편)- 응답 형식
- 순례가(120-134편)- 축일에 예루살렘으로 순례하던 순례자들의 노래
- 사랑의 노래(45편)- 결혼식 노래
- 특별 찬양 마스길(32, 42편) 독창에 회중이 보조적 참여
- 교훈(60편) 청년 대상
- 민요의 곡조, 믹담(16, 56, 57, 58, 59, 60편)
  - 뭇랍벤 곡(9편) 아들의 죽음 혹은 벤이라는 악사의 죽음
  - 아앨렛사할(22편) 암사슴이 새벽 일찍이 경쾌한 곡으로 추정
  - 소산님(45, 69, 80편) 백합화 곡조
  - 수산에듯(60편) 백합화의 증거, 80편과 같은 곡으로 추정
  - 요낫 엘림 르호김(56편) 먼 곳의 느티나무에 앉은 비둘기, 비정하고 절제된 곡 추정
  - 알 타스헷(57, 58, 59, 75편) 그것을 상하지 말라, 성전 찬송으로 추정
- 악기 현악에 맞추어(4, 6, 54, 55, 61, 67, 76편)
- 높은 소리 나는 악기 또는 여성이나 어린이 목소리에 맞추어(46편)
- 낮은 소리 나는 악기로 반주(6, 12편)
- 피리로 반주(53, 83편)
- 관악에 반주(5편)

*나팔(트럼펫), 퉁소(플루트一), 수금(하프), 소고(탬버린), 제금(심벌즈)

다윗 이외의 시편의 작자

작사자	기록한 시편
고라의 아들들	42, 44-49, 84, 85, 87, 88편
아삽	50, 73-83편
솔로몬	72, 127편
에스라인 에단	89편
모세	90편

시의 양식과 관련된 용어

미즈모르(시편 3편)-시, 현악기로 연주하는 노래
식가욘(Shiggaion 시편 7편) 슬픔의 노래
믹담(Miktam 시편 16, 56-60편) 황금시, 금언시
테필라(시편 17, 86, 90, 102, 142편) 기도
쉬르(시편 4편) 기도
마스길(Maskil 시편 32, 42, 44, 45, 52-55, 74, 78, 88, 89, 142편)교 훈시
테힐라(시편 145편) 찬송시

시편에 있는 음악용어들

1. 알라못(시편 46편) 대상 15:20 알라못은 여성의 고음(소프라노)일 것으로 추측한다. 또는 원어의 뜻이 처녀라고 보아 젊은 처녀들이 연주하도록 만들어진 악기로 보기도 한다.

2. 깃덧(시편 8, 81, 84편) 포도즙 짜는 노래 혹은 포도 수확기의 노래(느헤미야 13:15 포도주 틀) 또는 블레셋가드(Gath)에서 전해 받은 악기로 알려져 있다. 여호수아 11:22

3. 마스길(시편 32편) 시편의 형태. <u>교훈적 시</u>, 묵상 시, 능력 있는 노래 등으로 추정한다.

4. 믹담(시편 16편) 히브리말 미크림은 속죄의 뜻, 황금의 시, 주옥같은 시라고 해석한다.

5. 셀라 소리를 높여라(높은 음). 솟아오르다, 쉼, 간주곡, 되풀이한다는 뜻이다.

6. 스미닛(시편 6편) 히브리말 여덟 번째라는 뜻으로 팔현금 혹은 제8음을 뜻한다.

7. 식가욘(시편 7편) 아카드 말 세구(Shegu-슬픔의 노래) 히브리말 샤가로 다양한 양식들의 집합이다.

8. 쉬르 일반적으로 부르는 노래, 성가 혹은 세속적 노래를 말한다.

9. 힉가욘(시편 9:16) 묵상의 뜻 시 92편 3절에서는 선율로 번역되었다. 깊이 생각하다에서 조용한 선율로 해석하기도 한다. 엄숙하게 노래한다.

(2) 낭독창

성서의 산문이나 기도문의 낭독이 기원전 5세기경부터 낭독창으로 발전하였다. 낭독의 시작과 끝, 중요한 부분들에 음높이에 변화가 있다. 장식음이 낭송에 부가되어 생명을 불어 넣었다.

(3) 찬미가

시편창 중 가사의 절수에 따라 선율이 반복되는 형태이다. 에스라 3: 11 믿는 자여 보라(Christian! Dost Thou See Them,1862 John Mason Neale 개편 347장)은 본래 250행 이상의 긴 시였다.

(4) 카논은 성서의 9개의 Canticle(Cantica, Canticum, 송가)을 모범으로 만들어졌다. 캔티클은 어떤 인물의 공적을 기리는 노래이다. 7세기 말 카논이라는 새로운 시형식이 아침 기도회에서 불렸다. 원래 카논은 수난절을 위하여 만들어졌지만, 부활절과 성령강림절을 위한 것도 만들어졌다. 교회 예배의식에 의해 불렸다.

1. 모세의 노래(출애굽기 15:1-26)는 모세와 히브리인들이 홍해를 건넌 후 하나님이 큰 승리를 거둔 것을 노래한 찬송이다.

2. 모세의 두 번째 노래(신명기 32:1-43)는 모세가 죽음을 앞두고 히

브리인들을 마지막으로 축복하며 설교하기 전에 부른 고별찬송이다.

3. 한나의 노래(사무엘상 2:1-10)는 한나가 아이를 낳지 못한다고 업신여김을 받다가 아이를 낳은 후 하나님께 감사드리는 감사 찬송이다.

4. 하박국의 노래(하박국 3:2-19)는 제사의식의 음악이다.

5. 이사야의 노래(이사야 26:1-21)는 심판 중 살아남은 사람들이 하나님의 구원을 찬양한다.

6. 요나의 노래(요나 2:2-9)는 요나가 아직 고기 뱃속에 있었지만 기도가 응답되었음을 노래 한다.

7. 세 아이들의 노래(외경)
8. 세 아이들의 노래(외경)
9. 마리아의 노래(Magnificat 누가복음 1:46-55)

2. 고대찬송

(1) 히브리 찬송으로 미리암의 찬송(출애굽기 15:21)은 홍해를 건너자마자 구원받은 기쁨을 응답식 찬송으로 불렀을 것으로 추정하고 있다. 여호와를 경배찬송이다. 4,000명의 음악가와 성악가로 구성된 성가대가 있었고 음악지도자는 아삽이었고 성악지도자 그나냐가 있었다.

음악담당자는 세 파가 있었는데 헤만파, 아삽파(기악지도자), 에단파(역대상 15, 16장)로 시편의 작곡자들이다.

(2) 우물의 노래는 광야에서 우물을 파면서 부른 일종의 노동가(민수기 21:17-18)이다.

(3) 드보라의 노래는 가나안 왕 야빈과 군대장관 시스라 군사를 몰살시키고 기쁨으로 부른 노래(사사기 5:2-31)이다.

(4) 포도원의 노래는 포도를 수확하며 풍작의 기쁨을 노래(이사야 5:1-7)이다.

(5) 승전가는 다윗이 골리앗을 죽이고 이스라엘이 승리한 것을 축하한

노래 (사무엘상 18:7)이다.

(6) 왕의 결혼의 노래는 혼인 예식 축가(시편 45편)이다.

(7) 아가서는 모두가 연가이다.

3. 신약시대 초기 기독교 찬송

(1) 마리아의 노래 Magnificat(누가복음 1:46-55) 구원의 주님이신 하나님을 칭찬하고 자랑하며 사회의 개혁을 노래한 종말론적 노래이다. 마그니피카트는 라틴어 성서(Vulgata)의 누가복음 1장 46절의 마리아가 찬양하였다(magnificat)는 문구에서 온 것이다.

평범한 여인으로 구주 예수를 잉태한 기쁨을 노래한 곡이다. 구약 한나의 노래(사무엘상 2:1-10)와 유사하다. 뒤파이, 라소, 팔레스트리나, 바흐, 모차르트의 작품이 유명하다. 가톨릭의 성무일과에서는 저녁기도 시간(Lauds)에 찬양하였고 성공회에서는 아침기도회에서 부른다.

예수님 탄생과 관련된 3편의 노래를 대송가(Greater Canticle)라고 한다.

> 내 영혼이 주를 찬양하며
> 내 마음이 하나님 내 구주를 기뻐하였음은
> 그의 여종의 비천함을 돌보셨음이라
> 이제 후로는 만세에 나를 복이 있다 일컬으리로다.
>
> 능하신 이가 큰일을 내게 행하셨으니
> 그 이름이 거룩하시며
> 긍휼하심이 두려워하는 자에게 대대로 이르는도다.
>
> 그의 팔로 힘을 보이사
> 마음의 생각이 교만한 자들을 흩으셨고
> 권세 있는 자를 그 위에서 내리치셨으며
> 비천한 자를 높이셨고

주리는 자를 좋은 것으로 배불리셨으며
부자는 빈손으로 보내셨도다.

그 종 이스라엘을 도우사
긍휼이 여기시고 기억하시되
우리 조상에게 말씀하신 것과 같이
아브라함과 그 자손에게 영원히 하시리로다

 (2) 사가랴의 찬송(Benedictus 누가복음 1:67-80) 찬양, 축복. 사가랴는 엘리사벳의 남편이고 세례 요한의 아버지다. 자기 아들 요한의 출생을 노래하였다. 사가랴의 찬송은 세례 요한을 낳은 기쁨과 그 사명을 예언적으로 노래한 것이다. 구약의 예언서의 형식을 모방한 것으로 베네딕투스라고 한다. 성공회에서는 아침기도(Laudes)에 부른다.

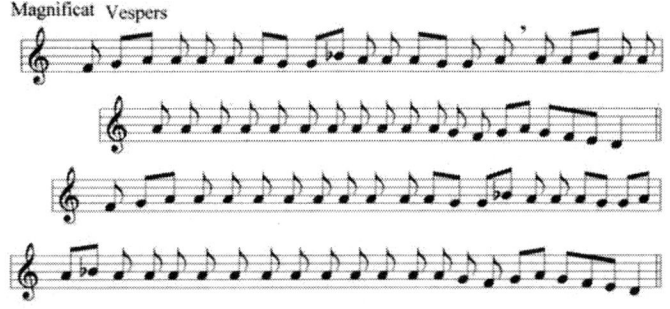

(악보3) 마리아의 노래(찬트)

찬송하리로다. 주 이스라엘의 하나님이여
그 백성을 돌보사 속량하시며
우리를 위하여 구원의 뿔을 그 종 다윗의 집에 일으키셨으니
이것은 주께서 예로부터 거룩한 선지자의 입으로 말씀하신 바와 같이
우리 원수에게서와 우리를 미워하는 모든 자의 손에서 구원하시는 일이라

우리 조상을 긍휼히 여기시며

그 거룩한 언약을 기억하셨으니
곧 우리 조상 아브라함에게 하신 맹세라

우리가 원수의 손에서 건지심을 받고
종신토록 주의 앞에서 성결과 의로 두려움이 없이 섬기게 하리
라 하셨도다.

이 아이여 네가 지극히 높으신 이의 선지자라 일컬음을 받고
주 앞에 앞서 가서 그 길을 준비하여
주의 백성에게 그 죄 사함으로 말미암는 구원을 알게 하리니
이는 우리 하나님의 긍휼로 임함이라
이로써 돋는 해가 위로부터 우리에게 임하여
어둠과 죽음의 그늘에 앉은 자에게 비치고
우리 발을 평강의 길로 인도하시리로다.

    (3) 시므온의 노래 Nunc Dimittis (누가복음 2:29-32 이제는 떠나가게 하소서라는 뜻), Evening Hymn: 아기 예수의 봉헌 찬송이다. 구원자이신 예수를 보았으니 이제 죽어도 여한이 없다는 뜻의 노래이다. 늙은 시몬의 찬송을 라틴어로 번역한 것으로 일생동안 메시아를 기다리던 끝에 예수를 만난 기쁨을 노래하였다. 4세기부터 그리스도교 경배에서 밤 기도 때 사용했으며 저녁기도로 사용되기도 했다. 로마 가톨릭 교회에서는 종고(compline)에 성공회에서는 저녁 찬송으로 루터교에서는 성찬식 후 찬송으로 부른다.

주여 말씀하신대로 이제는 종을 편안히 놓아 주소서.
내 눈이 주의 구원을 보았사오니
이는 만민 앞에 예비하신 것이요
이방을 비추는 빛이요
주의 백성 이스라엘의 영광입니다.

(악보4) 사가랴의 찬송(찬트)

(4) Te Deum Laudamus 거룩한 삼위일체의 노래(Hymn in honorem Trinitatis) 교황 암부로시우스 혹은 성 아우구스티누스가 지었다고 알려졌으나 작자는 미상이다.

"오 하나님 우리는 당신을 찬양하나이다. 우리는 당신이 주님이신 줄 아나이다."

"Te Deum Laudamus, te Dominum Confitemur.
Te aeternum patrem Omnis terra Veneratur.
Tibi omnes angli, tibi coeli et universae potestates.
Sanctus, Santus, Santus, Dominus Deus Sabaoth."

이것은 희랍어 원문을 토대로 하여 라틴어로 번역한 것이다. 테 데움은 500년부터 로마 가톨릭의 성무일과, 축일, 전승과 같은 국가적 기념의 노래, 만과에 불렸으며 16세기 이후에는 축일, 추수감사절에 불렀다.

(5) 천사의 노래(대송영 Gloria in Excelsis) 누가복음 2:14

2세기경의 대영광송(Doxology) 첫 가사가 예수 탄생 시 부른 천사의 노래로부터 나왔기에 천사의 찬송이라고 한다.

(악보5) 〈주여 말씀하신대로〉

지극히 높은 곳에서는 하나님께 영광이요,
땅에서는 하나님이 기뻐하신 사람에게 중에 평화로다.
(우리는 주님을 찬양하며, 경배하며 영광을 돌리고
크신 영광을 인하여 감사드립니다.)

(6) 소송영(Gloria Patri): 소영광송, 삼위일체 하나님을 찬양하는 내용의 송영이다. 다른 말로 'Lesser Doxolog'라고 한다. 가사의 중심은 "성부, 성자, 성령께 영광"이다.

소송영은 아리안 논쟁(325년)이후 서방교회는 "태초에도 그러하였음과 같이 이제와 영원히 영광"을 추가하였다.

라우디게아 회의(Council of Laodicean 381년)에서는 직설적인 표현과 신앙적으로 바람직하지 않은 가사로 찬송 부르는 것을 금하였다. 교회에서는 설교단에 올라가서 찬송가를 노래하는 인도자 이외에는 일반 회중이 노래하지 못하도록 하였다(교회법전 13조). 이때는 시편과 송가(Canticles)만 불렀다. 찬송의 창작활동이 활발하지 못하였으나 교회 밖의 사적 모임이나 축제나 특별한 행사에서는 창작찬송들을 불렀다.

578년 이후 어린이가 여성파트를 대신하여 찬송하였다. 성경시대에는 신부를 맞으려면 재산(일꾼)으로 여겨 값을 지불해야 했고, 예배도 남자들은 성전과 회당에서 드렸으며 여자들은 밖에서 드렸다.

(7) 세 번 거룩 -이사야 6:3, 요한계시록 4:8

"천사와 천사장들과 하늘의 모든 천군과 함께 우리는 당신의 영광스런 이름을 찬양하며 말하기를 거룩, 거룩, 거룩 만유의 주 하나님 하늘과 땅에 당신의 영광이 충만하오니 지극히 높으신 주여 당신께 영광이 있을지어다. 아멘."

(8) 할렐루야 Antiphon, Responce

찬송을 부름에 대한 백성들의 화답-오랫동안 히브리 형식으로 사용되었다. "만민들아 주를 찬양하라-주의 이름을 찬송할지어다."

(9) Benedicite

"오! 너희 주님이 지으신 만물들아 너희는 주님을 찬양하라 그를 영원히 찬양할 지어다." 외경에서 취해진 세 히브리 아이들의 노래는 시편 48편을 의역한 것이다. 감독교회의 기도서에서 볼 수 있다. 테 데움과 교체하여 사용한다.

(10) 옥시린쿠스(Oxyrynchus, Papyrus)

현존하는 가장 오래된 찬송으로 기원후 270년경의 것으로 추정한다. 외경, 도마복음의 저작 시기를 말할 때 흔히 파피루스 옥시린쿠스를 말한다. 마태복음 1장, 11-12장, 19장, 마가복음 10-11장, 요한복음 1장, 20장 히브리 복음서 헤르메스 목자서가 발견되었으며 이 이외에도 기도서, 찬송가, 교부들의 글이 함께 발견되었다. 옥시린쿠스는 이집트 나일강 상류에 있는 도시로서 그리스, 로마 시대에 매우 번성하였고 많은 교회와 수도원들이 있었다. 히브리어로 기록된 초기 기독교음악의 유일한 자료로 헬라어 가사와 성악기보법 음악이 함께 전해진다. 옥시린쿠스는 알렉산드리아 학파 시인의 작품으로 판명되었으며 1922년 출판되었다.

가사의 내용

하나님이 지으신 모든 영광스러운 피조물들과 함께 침묵을 지키지 못할 것이며 별들이 빛을 비치지 않을 수 없을 것이다. 억세게 치는 강의 모든 파도는 성부와 성자와 성령을 찬양할 곳이며 모든 세력이 함께 합할 것이다. 아멘! 아멘! 능력과 찬송과 영광을 하나님께 돌릴지어다. 하나님은 모든 좋은 것을 주시는 이시다. 아멘! 아멘!

(악보6) 파피루스 옥시린쿠스 악보(270년)

(11) 바울의 그리스도 찬가-빌립보서 2:6-11, 골로새서 1:15-20

*찬송을 언제 부를까, 성서의 기록을 살펴본다.

1) 새벽에, 밤중에 찬양한다. 이른 새벽 미명에 찬양으로 경배한다.
   내 영광아 깰지어다. 비파야, 수금아 깰지어다. 내가 새벽을 깨우리로다(시편 57:8).

2) 침상에서 하루를 정리하며 찬양하고 밤에도 즐겁게 찬양한다.
   밤에 여호와를 송축하라(시편 134:1) 밤중 쯤 되어 하나님을 찬미하매…(사도행전 16:24, 25)

3) 구원 또는 도움을 경험했을 때 절망적 어려운 상황에서 찬양한다.

4) 예물을 드릴 때 찬양한다.
5) 복을 경험했을 때 찬양한다.
6) 재앙과 환란을 당했을 때 찬양한다(욥기 1:21, 시편 42:11).
   전쟁을 앞두고 찬양한다(역대하 20:21).
7) 즐거울 때 찬양한다.
8) 공의의 심판을 보았을 때 찬양한다(사무엘상 25:39)
9) 하루 종일 찬양한다.
   종일 찬송하리로다(시편 72:15) 매일 날마다 주를 송축하며(시편 145:2)
   하루 일곱 번씩-내가 하루 일곱 번 씩(시편 119:164)
   끊임없이-내가 여호와를 항상 송축함이여(시편 34:1)
10) 의식, 예배 감사함으로 그 문에 들어가며 찬양한다(시편 100:4)
11) 살아있는 동안 판양한다-나의 평생에… (시편 146:2)
    영원토록 찬양한다-영원부터 영원까지 찬양(역대상 16:36)

성서의 찬양 방법
1) 공교한 소리로(시편 33:3)
2) 기쁜 소리, 즐거운 소리로(시편 63:5)
3) 극진히 감사로(시편147:7)
4) 영화롭게
5) 진심으로, 온 마음 다해(시편 9:1)
6) 새 노래로(시편 96:1)
7) 춤추며, 손뼉 치며, 소고와 수금으로
8) 큰 소리로
9) 거룩한 예복을 입고.

3 시의 음절, 장단, 운율

* 찬송가 가사 구성방법, 외국찬송가 번역, 그 검증방법
* 헬라어 찬송의 구조-평행법, 대조법, 교송법

3. 시의 음절, 장단, 운율

1. 고대 헬라시의 운율형식

1. 장단격(Throchaus) 길고-짧음, 셈-여림, 아르시스-테지스
   Kommt und lasst uns tan-zen, Eltern
2. 단장격(Jambus) 짧고-길다, 여리고 세다, 무곡에서 볼 수 있다.
   Roman
3. 장단단격(Daktylus) 길고- 짧음- 짧음, 약동감이 있다.
   Lampenschirm
4. 단단장격(Anapast) 가보트, 부레 리듬에서 볼 수 있다. Lorelley
5. 장장격(Spondaus)동일한 2개의 긴 음이 셈여림에 따라서 내적인 크센도를 나타낸다. Weltschmerz
6. 단단단격(Tribrachys) 3개의 짧은 음, 스케르초 음악에서 볼 수 있다.
   Im Mä-zen der Bau-er sein Rös-lein ein spannt.

2. 운율

(악보7) 6가지 운율과 리듬

찬송가의 운율 표시는 왜 생겼을까?

    6 6 8 6   단운율,   Short meter,   SM
    8 6 8 6   보통운율,   Common meter,   CM
    8 8 8 8   장운율,   Long meter 후렴 포함, LM
    8 8 8 8 D   L. M. Double

보통 운율(韻律)을 영어로는 Metre라고 하는데 운(韻 rhyme)과 율(律 rhythm)이 합해진 것이다. 운(韻)은 같거나 비슷한 소리가 특정한 위치에서 규칙적으로 나타나는 것이다. 이렇게 읽음으로 시의 분위기를 효과적으로 나타내고 우리들에게 흥미를 준다. 율은 수량적으로 반복되어 나타나는 소리의 고저, 장단, 강약 등의 주기성을 의미한다. 우리말 시는 운보다는 율에 의해 시의 음악적 특징이 규정된다. 시에 있어서 리듬을 명확하게 구분하기 위하여, 시가(詩歌)의 청각적인 형상을 이루는 형식으로 음율(音律 rhythm)을 기초로 하고, 운(韻 rhyme)에 의하여 장식되고, 음보(音步 foot)에 의하여 강조된다. 음율은 음성의 흐름 속에서 시간적으로 거의 일정한 길이의 단위를 갖는 행(行), 음보(音步), 음군(音群)이 반복됨으로 생긴다.

번호	이름	구조 및 특징	박자 및 음표	찬송의 예
제1 Mode	Trochaic	장-단(강-약)	3박 ♩ ♪	75장
제2 Mode	Iambic	단-장(약-강)	3박 ♪ ♩	2장, 20장
제3 Mode	Dactylic	장-단-단(강-약-약)	♩ ♩. / ♪ ♩ ♩ ♩ ♩	138장
제4 Mode	Anapestic	단-단-장(약-약-강)	♪ ♩ ♩. / ♪ ♪ ♩	463장
제5 Mode	Spondaic	장-장	♩. ♩.	31장
제6 Mode	Tribrachic	단-단-단	♪ ♪ ♪	
기타	Bacchic	단-장-장	♪ ♩ ♩ / ♪ ♪ ♪	
	Creticic	장-단-장	♩ ♪ ♩.	Trostgedicht
	Lonicic	단-단-장-장	♪ ♪ ♩ ♩	
	Choriambic	장-단-단-장	♩ ♪ ♪ ♩	
	Amphibrach	단-장-단(약-강-약)	3박 ♩ ♩ ♩	22장, 66장 besessen
	Pyrrhic	단-단	♩ ♩	

(표3) 그리스 시 운율 이름과 구조 및 특징

위 용어들은 13세기 말, 고대 그리이스 시 운율의 이름을 따서 이름 붙여졌다.

각운
    이 강의에 참여하는 꿈 많은 님들**아**
    문앞에만 앉지 말고 가운데 앞자리에 앉**아**
    승리와 보람의 도장을 확실히 찍**자**!

두운
>　　**자**거나 조는 **이**
>**감**긴 눈만큼 닫힌 마음 **문**
>　　**아**!! 청**승**!

요운, 각운
배려의 마음**이** 이어지**면**
친구의 가슴**문** 화알짝 열**려**
더불어 이문**승** 교수님도 좋아하**셔**

리듬의 구조는 약박이 악센트와 어느 위치에 어떤 방식으로 결합되어 있는가에 따라 그 음악의 성격을 좌우한다. 다음 예는 같은 음정이지만, 운율이 달라짐으로 인하여 다른 리듬 구조가 된다.

시를 읽으면 노래를 부르는 것 같은 음악적 감각을 느낄 수 있다. 시의 내적구조를 이루는 운율(Rhyme & Meter)에는 내재율(시의 내면에 흐르는 호흡이나 분위기를 나타내는 운율)과 외형율이 있는데 외형율에는 음위율, 음수율, 음성율 등이 있다. 음위율은 두운, 요운, 각운 등 일정한 위치에 동일한 모음 또는 자음을 반복하는 것이다. 음수율은 시의 일정한 음절수 즉 3·4조, 4·4조, 7·5조 등을 말한다. 음성률은 한시(漢詩)에서처럼 말의 고저, 장단, 그리고 강약과 관련된 발음을 말한다.

한국찬송은 영어찬송으로부터 많은 영향을 받았다. 영시찬송에서 가장 많이 쓰이는 운율은 단운율(Short Meter 6.6.8.6), 보통운율(Common Meter 8.6.8.6), 장운율(Long Meter 8.8.8.8.)이며 현대에는 과거의 고전적인 시에 비하여 정형시로부터 탈피하는 경향이 있어 불규칙적 운율이 더 많이 쓰이고 있다.

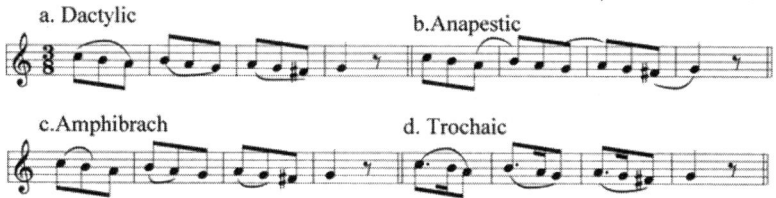

(악보8) a. Dactylic b. Anapestic c. Amphibrach d. Trochaic 비교

영어의 4가지 억양법(Accentuation)

2음절 이상으로 구성된 단어의 악센트의 위치에 따라 리듬형이 달라진다.
1. 약, 강조(弱,强調 Iambic foot) 영어 단어의 예: toDAY, prePARE
2. 강, 약조(Trochaic foot) 영어 단어의 예: STANDing, MOther
3. 약, 약, 강조(Anapestic foot) 영어 단어의 예: underSTAND, tambouRINE
4. 강, 약, 약조(Dactylic foot) 영어 단어의 예: SILently, SAturday

4 송영
(頌詠 Doxology)

*송영, 영광송, 찬송가 끝에 아멘을 붙이는 기준

4 송영
(頌詠 Doxology)

송영은 영광송이다. 『21세기 찬송가』의 앞부분에 있는 송영은 가사의 내용이 비교적 같은데 이에 대한 근본적 이해를 다르게 하는 경우가 가끔 있다. 예배를 끝맺거나 성가대가 폐회송을 부를 때 알려진 CCM을 부르는 정도로 대신하고 있는 경우가 그것이다. 송영에 대한 바른 이해와 함께 관련 성경구절, 어원, 그 역사 및 내용, 그리고 송영의 활용 방법을 말한다.

1. 어원 및 관련 성경구절

송영(頌詠)이라는 말은 기리고 노래한다는 뜻의 한자어이다. 이것은 '노래로 하나님께 영광을 돌리는' 중요한 찬양이다.

그리스어 Doxa(경배)는 '영광, 명예, 빛, 빛의 발광체, 그리고 빛나는 영광' 등의 뜻을 포함한다. Doxa는 찬양, 찬미, 명예, 영광의 뜻을 가진 명사형이고. Doxazo는 영광스럽게 하다. '영광스럽게 여기다, 영광을 돌리다'는 뜻의 동사형이다. 그러므로 현재 우리가 사용하고 있는 영어의 Doxology는 송영, 영광송을 뜻한다.(누가복음 14:10, 고린도전서 11:15, 데살로니가전서 2:6)

구약에서 히브리어 카보드(kabod)의 기본 의미는 '무겁다'인데 문자적 의미로는 드물게 사용되고 비유적인 용법으로 더 많이 사용된다. '명예로운, 존경스러운, 영광스러운, 미화된' 등이 일반적 번역이다. 이 단어는 하나님의 인상에 관련된 단어이다. 영광은 신의 현현에서 나타난 광채 또는 빛남을 말한다. 하나님의 근본적인 성격 또는 그것의 현현을 말할 때 사용된다.[11] 송영은 원래 설교에 대한 반응이나 마감의 역할로 시작되었다. 그래서 초대교회시절부터 송영법이 있었다. 하나님께 영광 드린다는 내용의 노래나 말(선율이 붙지 않은 송영의 내용을 낭독하기도 함)로서 끝맺는다. 그것은 신약에서 인식되는 20여 개의 송영들 중 오직 3개(누가복음 2:14, 고린도후서 11:31, 요한계시록 19:1)를 제외하고 모두 아멘을 종결된다.[12]는 것을 보아도 알 수 있다. 구약, 신약에서의 하나님을 찬양했던 송영들은 다음과 같다.[13]

구약의 시편으로 송영을 부른다.

유월절에 Hallel(찬송)을 송영하는 것은 유대교의 전통이었다.

마리아의 노래(Magnificat 누가복음 1:46-55)

사가랴의 노래(Benedictus 누가복음 1:68-79)

예수 나신 밤에 허다한 천군이 하나님을 찬양한 노래

시므온의 노래(Nunc Dimitis눅 2:29-35) 등을 라틴어로 노래했다.

"지극히 높은 곳에서는 하나님께 영광이요 땅에서는 기뻐하심을 입은 사람 중에 평화로다."(누가복음 2:14)

"이같이 너희 빛을 사람 앞에 비췌게 하여 저희로 너희 착한 행실을 보고 하늘에 계신 너희 아버지께 영광을 돌리게 하라."(마태복음

---

11) 하영조 편찬, 『비전성경사전』, 2004, 두란노, 468쪽
12) 조기연, 『한국교회와 예배갱신』, 대한기독교서회, 2004, 211쪽
13) 원진희, 『교회음악 약사』, 대한기독교서회, 1978

5:16)
할렐루야(요한계시록 19:1-6)[14]
역대상 29:11, 13
이사야 6:3,
누가복음 18:43
마태복음 15:31
사도행전 16:24-25
로마서 1:25, 9:5, 9:8, 11:36, 15:6, 16:27
에베소서 3:21 5:15
빌립보서 4:20
갈라디아서 1: 5
디모데전서 1:17, 3:166: 16
디모데후서 2:11-13, 4:18
베드로전서 4:11
베드로후서 3:18
유다서 1:25
요한계시록 1:6, 4:8, 4:11, 5:9-10, 5:13, 7:10, 7:12, 15:3-4, 19:1 19:6-8

1) 송영의 역사 및 내용

초대교회에서 불렀던 송영들을 살펴보면, 2세기 말 라틴어 송영(Gloria Patri)은 가사가 '영광, 성부 성자 성신께'인데 사도 요한의 제자 폴리캅(서머나 현 이즈메르의 감독)이 찬송을 불렀다고 한다. 그는 주후 69년에 태어나 155년(86세) 화형으로 순교 하였다. 헬라말로 '지금과 옛날과 영원토록'을 끝에 붙였다.

5세기에 넓어진 의미로 테 데움(당신을, 하나님이여)은 5세기 말의 소

---

14) 조기연, 211쪽

중한 송영이 되었다. 이것은 '당신을, 하나님이여. 우리가 찬송하나이다' 라는 말에서 온 것이다. 긴 찬송으로서 찬양과 간구 그리고 신앙고백이다. 서방 송영은 서방의 문화에 따라 힐러리 주교가 쓴 라틴말로 된 송영을 말하고 동방송영은 클레멘트가 쓴 헬라 송영을 말한다. 그러나 송영 자체에는 큰 차이가 없으나, 동방 송영법은 고전 헬라 양식에 의해 만들어졌고 많은 회중들이 찬송하였으며 로마제국 전체로 확산되었다.

암브로시우스는 자신이 라틴어로 찬송을 작사하였지만, 예배 때에 동방식 송영을 권고하였고 밀라노에 있는 자기 교회에 응답식 송영법을 소개하였다.

성 오거스틴은 밀라노식 송영법은 찬송과 시편송가가 동방식을 본뜨고 있는데 사람들이 더 흥미롭게 부르고 있어 세계 모든 교회가 모방하게 되었다[15]고 하였다.

> 서방: 라틴학파, 카르타고, 로마, 터툴리아누스, 법적 행정적 실재적,교회 문제에 관심(성례, 예배, 조직, 교회행정) 구원론적 교리 발전
> 동방: 알렉산드리아학파, 알렉산드리아 오리게네스, 사변적 사색적 철학적, 철학에 관심(신학과 모순되지 않고 조화를 이룸),
> 삼위일체와 기독론

대송영(대영광송 Gloria)은 천사가 불렀던 노래 그대로이다. 점차로 교인들의 입에 올라 차츰 그것이 염원의 형태로 바뀌면서 교회에서 가장 애창하는 노래로 불리게 되었다.[16] 많은 순교자들이 이 찬송을 부른 것이 사도법전(Apostolic Constitutions)에 기록되어 있다. 누가복음 2장 14절을 시적으로 의역화한 것이다(Gloria in Excelsis Deo 높은 곳에서는 하나님께 영광이요)

---

15) Julian Benson, Lewis F. The Hymnody of the Christian Church(기독교회의 송영법) 642 원진희, 『교회음악약사』 34쪽에서 재인용.
16) 김이호, 『찬송가 연구』, 도서출판 지혜원 1998, 86쪽

Greater Doxology(대영광송)는 내용이 길기 때문에 이름 붙여진 것이다. 헬라어로 된 기독교의 '개인의 시편(private psalm)'이라고 한다. 성경에 포함된 시편을 모델로 하여 작사한 찬미이다.

4세기 가톨릭의 아침예배 때의 예배의식의 일부분이 되었다. 8세기부터의 관습에 따라 대림절과 사순절을 제외한 미사순서에서 키리에 다음에 왔다. 1549년 영국 성공회의 일반 기도서 키리에 다음이 아니라 축도 바로 전으로 변경되었다. 1980년부터는 자유로워졌다. 팔레스트리나는 104곡을 라수스는 73곡을 스카를라티는 200곡을 훅스는 80곡을 작곡하였다.

소송영(Gloria Patri, Lesser Doxology 소영광송)의 가사는 '아버지와 아들과 성령께 영광 있으라'인데 다음은 영어와 라틴어 가사이다.

영어 Glory be to the Father and to the Son,
and to the Holy Spirit: As it was in the beginning,
is now, and ever shall be, world without end. Amen

라틴어 Gloria Patri et Filio et Spiritui Santo, sicuterat in principio
et nunc et semper et in saecula saeculorum, Amen.

이 가사는 로마의 클레멘스(Clement, 95년, 로마감독)의 첫 서신으로 기독교 최초 문헌 중 하나이다. 시편 교독과 연결되어 사용된 것이고 유대교적 전통에서 기독교적 전통으로 전환된 것이다.

삼위일체 말씀을 가지고 있는 '성부 성자 성령께'는 마태복음 28장 19절에 대명령(Great Commission)에 나와 있는 말씀이며 후반부의 '예부터 지금까지 영광 있으라'는 후에 예수의 영원성에 의심을 가지기 시작했을 때 부가했던 것이다.[17] 여러 송영들의 내용을 정리하면 예배의

---

17) 김이호, 『찬송가학』, 86쪽

끝이나 중간에 사용하며, 내용 중 '삼위일체, 찬송과 영광을 돌림, 하나님의 영광과 존귀, 그의 지혜와 능력, 여호와 하나님의 거룩하심과 영원히 찬송할 분이심 그리고 영원성'을 포함하고 있다.

로마서 16:27 지혜로운 하나님께 예수 그리스도로 말미암아 영광이 세세 무궁토록 있을지어다.
빌립보서 4:20
하나님 곧 우리 아버지께 세세 무궁토록 영광을 돌릴지어다. 아멘
요한계시록 5:13
보좌에 앉으신 이와 어린 양에게 찬송과 존귀와 영광과 은혜을 세세토록 돌릴지어다.
마태복음 28:19 그러므로 너희는 가서 모든 족속으로 제자를 삼아 아버지와 아들과 성령의 이름으로 세례를 주고…
송영은 4세기 시편과 찬미(칸티클) 끝부분에서 사용하였고 아침예배, 저녁예배 3번씩 반복하기도 하였다.

참고로 우리가 볼 수 있는 송영들은 다음과 같다.
　　만복의 근원 하나님(소송영) 찬송가 1장[18]
　　찬양 성부 성자 성령(소송영) 2장
　　성부 성자와 성령(소송영) 3장
　　이 천지간 만물들아(소송영) 5장
　　목소리 높여서(소송영) 6장
　　성부 성자 성령 삼위일체께(소송영) 7장,
　　천사들의 노래가(대송영) 125장
　　Glorify Thy Name(Donna Adkins 작사, 미국 한인 연합감리교 찬송가)
　　Praise God from whom all blessings flow

---

18) 서양에서는 4절 또는 5절로 된 찬송을 부른다. The Baptist Hymnal 5장

(곡명 FAIRHILL Thomas Ken 작사, 미국 한인 연합감리교 찬송가)
For Thine Is the Kingdom
(곡명 HE LORD'S PRAYER Matthew 6:13) 『The Baptist Hymnal』 659장
성부 성자 성령(EHR SEI DEM VATER 『일본 찬미가21』, 25장)
Gloria, Gloria(GLORIA PATRI ET FILIO 『일본 찬미가21』, 26장)
마그니피카트 끝부분(『대한 성공회 성가』 602, 603, 604장)
영광송(대송영, 『대한 성공회 성가』 676쪽)
영광송(소송영, 이문승, 명정훈, 유병용 곡, 『기독교 대한 성결교회 예배와 예식서』 433-434쪽)

2. 송영의 활용

예전 교회에서는 죄의 고백순서(용서의 말씀)가 끝나면 글로리아(대영광송)를 곧바로 부른다. 이는 하나님으로부터 용서받은 축복을 백성들이 성부, 성자, 성령께 감사와 기쁨으로 표현하는 것이기 때문에 음악이 대개 크고 화려하고 장엄하고 웅장해서 일반적으로 찬양대가 회중을 대신해서 부르는 경우가 많다.[19]

송영은 마그니피카트 뒤의 후렴구로도 사용된다. 산문 시편 낭독의 끝을 Gloria Parti(소송영)로 끝맺는다. 이것은 유대인의 시편을 그리스도인의 찬양행위로 바꾸는 것이다.[20] 이렇듯 어떤 순서가 끝나면 노래하는 과정을 보며 송영은 예배의 시작부터 끝까지 모든 순서의 맥을 이어주는 것[21]으로 오해되기도 하지만 이것은 잘못된 것이다.

소송영 글로리아 파티를 개신교에서는 삼위영가라고 표현하기도 한다.

---

19) 최시원, 『음악목회입문』, 도서출판 엠마오, 1991, 97쪽
20) R. 압바, 『기독교 예배의 원리와 실제』, 대한기독교서회, 허경삼역, 1974, 153쪽
21) 전희준, 이택희 공저, 『예배음악의 이론』, 교회음악사, 1984, 184쪽

글로리아 파티는 일반적으로 고백의 기도가 끝난 후 인간의 죄를 사하여 주신 하나님의 무한한 은혜에 감사하는 응답의 찬송이다. 삼위영가는 삼위이신 성부, 성자, 그리고 성령 되시는 하나님을 찬양하며 모든 감사와 영광을 돌리는 단순하면서도 가장 감격 어린 표현의 찬송이다. 시편송은 소송영으로 마친다. 성부, 성자, 성령, 삼위일체 하나님께 영광을 돌리는 회중들의 화답송이다. 간혹 송영은 성삼위 하나님을 찬양하며 예배의 시작부터 마칠 때까지 예배의 모든 순서를 이어주는 거룩하고도 다양한 짧은 음악으로 이해하는 경우가 있다. 그러나 성가대가 담당하는 입례송, 기도 응답송 봉헌송, 헌금 응답송, 폐회송(축복송)은 각각 그 음악과 가사의 내용, 구성 그리고 역할이 다르다. 가사의 내용 중에 송영의 가사가 포함될 수는 있지만 모두가 송영일 수는 없다. 기악곡으로 전주, 간주, 후주가 송영이라는 것은 가사가 없다는 측면에서 어색하다. 그러나 예배사후, 기도 후, 축도 후 송영을 성가대가 노래할 수 있다.

　회중이 일어나서 부르는 송영, 그리고 성가대가 회중을 대신하는 경우에도 습관적으로 부르는 것은 피해야 한다. 송영을 노래하는 태도는 장엄하고 웅장하면서도 기쁨으로 노래해야 한다. 삼위영가 역시 찬양과 경배의 찬송과 같이 회중이 일어서서 찬양해야 한다. 전주 없이 반주자의 첫 음만 듣고 노래를 시작한다.[22] 또 송영에 대한 선곡도 적절하게 바꾸어 불러야 신선한 예배가 될 수 있다.[23] 이러한 주제를 거론하는 것은 자유스러운 예배라 할지라도 하나님의 거룩하심에 영광을 돌리는 내용의 초대교회부터 예배의 골격을 이루는 송영에 대한 바른 이해를 가지고 불러야겠다. 잘 계획된 예배순서에 의하여 보다 감격스러운 예배가 되도록 새로운 예배모형을 만들어 가야 할 것이다.

　흔히 예배를 끝내기 전에 부르는 '의례적인 3장 찬송'[24]이 아니라 더

---

22) 김남수, 『예배와 음악』, 침례신학대학교 출판부, 2003, 214쪽
23) 전희준, 『교회성장을 위한 예배와 음악』, 도서출판 미드웨스트, 2006, 162쪽
24) 어떤 모임이 끝나기를 원할 때 '3장 찬송 부르고 끝내자'는 농담은 통일찬송가 3장(이 천지간 만물들아)을 부르고 예배를 마치는 것이 전통 예배순서의 관례였기 때문에 생겨난 말이다.

욱 의미 있는 순서가 되어야 할 것이다. 앞서 보았듯이 송영은 가사의 내용으로 볼 때 예배 형식과 내용을 보다 균형 있게 해 준다. 없어도 되는 순서가 아니다. 송영으로 부를 찬송은 가사를 엄선해야 한다. 잘 아는 복음성가나 CCM을 마치는 노래로 부르며 송영이라고 하면 안 된다. 새롭게 부를 수 있는 송영도 많다. 가사를 검토하고 선곡되어야 할 것이다.

*찬송가에 '아멘'을 붙이는 기준은 무엇일까?
1) 19세기후반 영국에서 시작되어 20세기 영·미 찬송가에 거의 붙어 있다.
2) 1950년 영국에서 출간되는 찬송부터 빼기 시작했다. 미국에서도 최근 20년 동안 붙이지 않았다.
3) 한국에서는 『신정찬송가』(1931), 『신편찬송가』(1935) 찬송가에서 처음 붙였는데 그것은 미국찬송을 번역한 결과다.
4) 『찬양가』(1894), 『찬셩시』(1905)에는 붙이지 않았는데 그것은 초기 미국선교사들이 사용한 19세기 찬송가에는 아멘이 없었기 때문이다.
5) 독일 루터교 코랄, 칼뱅의 시편가에도 아멘이 없다.
6) 1861년 영국 성공회 찬송가(Hymns Ancient and Modern) 중세 라틴어 성가를 번역한 찬송가가 많이 유입되면서 성가의 끝에 항상 소영광송에서 아멘이 따라온 것이다.
7) 1920년 이후 영국에서는 소영광송만 아멘을 붙이는 것으로 결정하였다.
8) 현재 송영, 예배찬송, 수난, 장례 등 일부분에만 붙이는 식으로 절충하고 있다.

5 운율 시편가 (Psalmody)

*시편가, 가톨릭 찬송가와 개신교 찬송가의 차이점, 찬송가의 절

5 운율 시편가 (Psalmody)

1. 운율 시편가(Psalmody)

초대 교회와 중세 가톨릭 교인들은 주로 시편을 찬송으로 노래하였다. 이것은 귀중한 유대교적 전통에서 온 것이다. 16세기 프랑스의 종교개혁자 칼뱅은 자국어에 맞추어 시편을 규칙적 리듬으로 노래하기를 원했다. 짧고도 규칙적인 반복성은 찬송의 흥미를 더하게 되었다.

운율 시편가는 히브리인들의 자유스러운 리듬의 시편을 프랑스, 영국 등 각 나라의 언어로, 규칙적 운율로 만든 것이다. 운율 시편가는 개혁교회의 큰 유산으로 현재의 회중찬송을 낳게 한 것이다.

시편을 노래하다 보면 복잡한 방식의 선율은 지루하기도 하며 길이가 길었다. 그러므로 짧은 선율을 만들어 규칙적 절로 반복하여 노래하면 흥미와 더불어 찬송의 효율성을 높일 수 있었다. 16세기에 이르러 그레고리안 찬트의 자유스러운 리듬이 규칙적 박자에 의한 박절적인 악곡으로 변하게 되었다. 시편은 길이가 긴 것도 많아 정해진 선율에 맞추어 노래하려면 많은 절이 필요하였다. 오늘날 우리들이 볼 수 있는 현대 찬송가는 1절, 3절, 4절, 5절, 이 대부분이나 독일찬송이나 일본찬송에는 많은 절로 된 찬송도 많다. 시편을 부른 전통이 남아 있는 것이다.

1) 클레망 마로(Clément Marot 1494-1544)의 『운율 시편가』

마로는 프랑스의 왕 프랑수아 1세(1517-1547)의 최고의 궁정시인이었고, 종교개혁에 참여하였던 찬송 작사자이다. 그는 1533년부터 시편을 운율에 맞춰 작사해서 1537년 『운율 시편가』를 만들었다. 1538년 종교개혁자 칼뱅이 제네바 시 의회와 의견 충돌로 제네바에서 추방당하여 스트라스부르에 3년간 정착하게 되는데 1539년 그 곳에서 첫 운율 시편가가 출판된다. 1541년 제네바로 돌아오자 그의 시편가가 더 널리 퍼지게 되었다. 칼뱅이 처음 제네바에서 사역하게 되었을 때에 제네바 시 의회에 제출했던 '교회의 조직과 예배에 관한 소고'(1537)에서 다음과 같이 말하고 있다.

> 우리가 교회에서 부르기 원하는 시편찬송이 있습니다. 고대 교회의 유산에서 그 모범을 찾아 볼 수 있으며 사도 바울 자신이 우리에게 증명하듯이 시편찬송은 회중의 입술과 마음으로 부르기에 좋은 찬송입니다. 우리는 시편찬송이 주는 유익과 교훈이 얼마나 크고 대단한 것인지 그것을 직접 경험해 보기 전에는 거기에 대해서 논할 수 없을 것입니다. 시편은 우리가 하나님께로 향할 수 있도록 마음을 고양시켜주며 주의 이름의 영광을 찬미하는 것과 함께 하나님께 간절하게 기도하고 하나님을 높일 수 있는 자리로 우리를 이끌어 줍니다…

2) 장 칼뱅(1509-1564)의 『제네바 시편가』(The Genevan Psalter)

(1) 칼뱅은 1539년 『스트라스부르 시편가』를 발행하였다. 여기에 마로의 곡은 총 22편이다(19편의 시편가와 십계명, 시몬의 노래, 사도신경).

(2) 1541년 부르주아(Louis Bourgeois 1510-1561)는 훌륭한 작곡가로 칼뱅의 시편가에 동 참하여 10년간 작곡과 편곡을 맡았다. 제네바 시편가를 완성하는데 큰 역할을 했다.

(3) 1542년 마로의 '시편가'는 마로가 이단자로 몰려 곤궁에 처하자 칼뱅이 있던 제네바로 가서 다시 만나 그곳에서 만든 것이다. 성령의 감동으로 씌어진 30편의 시편을 번역하고 운율화 하여 만들었다.

(4) 1551년 마로가 지병으로 사망하니 베제(Theodore de Beze 1519-1605)가 마로의 19편과 베제의 작품 34편이 추가된 시편가를 발행하였다. 이 때 만든 시편 134편이 100번째 곡으로 편집되었다. 만복의 근원(1장) 찬송의 곡명이 OLD HUNDRED 인 이유다.

OLD HUNDRED에 대한 다른 주장은 시편 100편이라는 뜻으로 "온 땅이여 여호와께 즐거운 찬송을 부를지어다. 기쁨으로 여호와를 섬기며 노래하면서 그의 앞에 나아갈지어다(All people that on earth do dwell 흠정역)를 근거로 삼는다. 실제로 『성공회 성가』 380장 총5절에는 "땅 위에 사는 만민아 주님께 찬송을 부르자 기쁨에 넘친 맘으로 다 함께 예배드리자."라는 가사로 되어 있다. 또 칼뱅의 『시편찬송가』 100-2 가사는 총 4절로 "온 땅아 주 여호와께 즐거이 찬송 부르라 여호와기쁨으로서 섬기며 나아갈지라."로 되어 있다.

구디멜(1514/1520-1572)에 의하여 4성으로 편곡되었다. 이 시대부터 오늘날 찬송과 같이 4부로 편곡되는 전통이 시작되었다. 구디멜은 1558년 경에 개신교도가 되었고 1572년 가톨릭의 개신교도 학살 때 희생되었다.

(5) 1562 『제네바 시편가』는 마로와 베제 150편 전체를 불어로 운문화한 시편가이다. 1562년에 만도 25판. 1600-1685 90판을 더 인쇄했다. 20여 언어로 번역. 독일, 네덜란드, 영국에서 불렸다.

『제네바 운율 시편가』는 규칙적인 박자와 운이 있는 시편에 새로 작곡한 선율 또는 찬트를 택하여 노래한다. 당시는 시편을 동음으로 읽되 반주가 없었다. 후에 4성부로 편곡하여 예배에서 사용하였다. 시편가가 널리 보급되고 사람들의 마음을 사로잡았던 것은 선율이 쉽고 리듬이 간결하여 기억하기 쉬웠다는 점이다. 『제네바 시편가』는 프랑스와 유럽 대륙으로 퍼져 나갔으며 기독교 노래에 큰 영향을 끼쳤다. 『프랑스 시편가』는 20개국 이상의 언어로 번역 출판되었다. 『제네바 시편가』의 특징은, 교회선법(Church mode)을 사용하여 시편가 선율과 화성을 만들었다. 음역은 주로 옥타브 이내의 평이한 음역이다. 가사의 악센트를 맞추기보다 회중들이 쉽게 부를 수 있도록 회중성을 더 강조하였다. 16세기 음악이므로 성악적이며 2분음표 중심 단위로 작곡하였다. 음악형태는 무게감이 있고 위엄 있으며 온건한 교회의 노래이다. 분명한 박자와 마디가 없었으며 숨을 쉬는 호흡표시가 있다.

총 126곡만 작곡하였고 동일한 선율을 사용하여 나머지 시편가사를 붙였다.

다음은 동일한 선율을 사용하고 있는 시편송의 편수이다.
    1편 46편=82, 51=69, 60=108, 65=72, 66=98=118, 74=116, 77=86, 100(1)=131=142
    100(2)=135, 117=127, 5=64, 14=53, 17=63=70, 18=144, 24=62=95=111, 28=109
    30=76=139, 31=71, 33=67, 36=68.

한국에서 『제네바 시편가』는 대한예수교 장로회(합동) 시편찬송가 편찬 위원회가 2009년 칼뱅 탄생 500주년을 기념하여 칼뱅의 『시편찬송가』(한국어판)로 출판하였다. 시편 150편 전곡의 가사를 2절에서 7절 정도로 운율화하고 음악의 화음배치를 현대에 맞게 새롭게 조정하였다. 작업에 참여한 서창원과 신소섭은 가사를, 이귀자와 주성희는 음악을 맡았다.

시편 1편

(악보9) 『제네바 시편가』 중
〈시편 1편〉

시편 134편

(악보10) 『제네바 시편가』 중 〈시편 134편〉

3) 영국 시편가(1539)

영국과 스코틀랜드에서는 시편가가 매우 발달하였다. 엑서터의 감독인 커버데일(Myles Coverdale)은 성서에서 발췌한 시편가와 영가를 작사하여(Goostly Psalms and Spiritual Songs drawn out of the Holy Sripture) 13개의 시편가를 출판하였다.

1548년에는 George Buchanan이 중요한 시편가 편찬 사업을 하였다.

『스코틀랜드 시편가』는 1564년 발행되었다. 1561년 판 Anglo Genevan와 1562년 English Psalter에 수록되었던 스턴홀드, 홉킨스, 키드, 위팅감 등의 운율시편이 포함되었다. 크레이그(John Craig)와 폰트(John Pont)와 같은 스코틀랜드 작가도 포함되었는데 1650년 출간된 시편가에는 통일찬송가』 437장이 포함되어 있다. 스테른 홀드(Thomas Sternhold1500-1549)와 홉킨tm(John Hopkins d. 1570)는 1609년, 영어 운율 시편가『The Whole Book of Psalms』를 발행하였다.

1609년 시편가 전집에는 홉킨스라고 작사자가 표시되어 있으나 시편가 작자는 윌리엄 케테(William Kethe)이다. 영어 『제네바 시편가』(1561)에는 스턴홀드로 시편가 전집(1562)에는 무명으로, 1564년 판에는 다시 스턴홀드로, 1687년과 1812년 판에는 홉킨즈로 혼돈되어 기록되었다.25)

1696년 테이트(NahumTate)와 브레이디(Nicholas Brady)의 새 번역 시편가(A New Version of the Psalms of David)가 발행되어 150년 간 구번역과 병행하여 사용하였다.

1701년 플레이 휘드(Henry Playford)편찬한 『시편가 곡집』(Divine Companion)이 출판되었다.

1708년 새 번역 부록 출판되었다.

1711년 비숍(J. Bishop)의 『4성부 시편곡집』(A set of New Psalm Tunes in Four Parts)이 출판되었다.

1780년 가드너(H. Gardner)의 『시편가』(Select Portions of the Psalms of David)가 출판되었다.

영국이나 스코틀랜드의 시편가는 선율이 단순하고 가사는 단음절적이

---

25) Patric,『Four Centuries of Scottish Psalmody』(1949), 39 재인용

다. 18세기에 와서야 시편가 선율의 단순성을 탈피하기 위해 다양한 리듬, 선율에 장식음 넣기, 그리고 풍부한 화성 사용 등 음악적 변화를 주었다. 영국의 시편가는 통속적인 발라드 운율을 사용하였다. 운율은 8.6.8.6.이다. 프랑스 시편가 곡조를 사용하였다. 1708년 독일과 라틴찬송을 번역하여 사용하였다.

4) 미국 시편가

미국은 1566년에 네덜란드 시편가를 활용하였고 다신이 제네바 시편가를 번역하여 사용하기도 하였다.

1612년에는 Ainsworth Version으로 화란 청교도들의 찬송을 불렀다(Bay Psalmist).

1620년 미국 메사추세츠의 폴리머스에 정착한 청교도들에 의해 미국에 시편가가 전해졌다.

1628년 프랑스와 네덜란드에서 온 이주민들은 『제네바 시편가』와 『네덜란드 시편가』를 함께 사용하였다.

1640년 베이(Bay) 『시편가』 악보판을 발행하였다.

1787년 와츠의 시편가를 인정하였다.

1802년 와츠의 시편가와 찬송가 중의 하나인 드와이트 와츠를 공식 인정.

1831년 장로교회가 공식 찬송가를 발간하였다.

6 콘트라팍타 (Contrafacta)

*콘트라 팍타란 무엇인가?
*콘트라 팍타가 왜 필요한가?
*콘트라팍타의 문제점

6 콘트라팍타
(Contrafacta)

1. 콘트라팍타의 정의

1) 콘트라팍타(Contrafactum, Kontrafactum)란 기존의 잘 알려진 선율에 찬양 가사를 부쳐 부르는 것이다. 초대교회 시절부터, 그레고리안 찬트를 부르던 당시를 포함하여 마틴 루터가 회중찬송을 만들던 시대까지 흔히 볼 수 있었다. 잘 알려진 세속적 노래, 민요나 국가 혹은 유명한 작곡가의 선율을 차용하여 새로 만든 가사로 찬송하여 흥미와 효율성을 높일 수 있다. 13세기에는 많은 음유시인들의 노래가 옛 전례가의 선율에 새로운 가사를 붙였다. 16세기에는 개신교회에서 세속가의 가사를 바꾸어 친숙한 찬송을 만들었다. 18세기 이후 많은 부흥사들이 콘트라팍타 가사를 많이 만들었다. 한국에서도 이성봉 목사 같은 유명한 부흥사는 복음적 콘트라팍타 찬송을 많이 만들어 보급하였다.

2) 한국의 아리랑 민요 선율을 동남아시아, 혹은 미국 장로교 찬송가(『The Presbyterian Hymnal』 1990년, 346장)에서 활용하고 있다. 생각할 점은 유명한 선율을 빌려 노래할 경우 기존 음악의 가사에서 생각나

는 이미지의 문제를 고려하지 않을 수 없다. 우리나라 사람에게 아리랑 곡에서는 '나를 버리고 가신님은 발병난다'라는 가사의 인식이 있는 것이다. 일본 노래에 찬양 가사를 붙였다거나 성경에 모든 악기로 찬양하라했다고 하여 타종교의 목탁을 치며 하나님을 찬양할 수 없는 이치와 같다. 곡 사용에 대한 신중한 고려와 선별이 필요하다. 그러므로 콘트라팍타에 있어서 고려해야 할 사항은 문화적 감각이 중요하다는 것이다.

그럼에도 우리들이 부르는 옛 노래, 또는 유명한 선율에서는 세속적 오페라에 나오는 곡도 있고 다른 종교적 문화권에 있는 것이 많아 누군가 질문을 하면 난처한 경우가 많다. 어떤 경우 누군가 좋아서 만들고 널리 부르고 있는 것이 현실이기 때문에 다른 잣대로 타종교나, 샤마니즘적 노래자체로만 따지기도 어려운 실정이다. 모든 사람이 아는 유명노래라는 점을 고려하여 좋은 음악을 선별하고 불러 우리들의 귀에 이미 익혀졌기 때문이다.

찬송가의 콘트라팍타를 문화적 종속의 시각으로 보는 이도 있다. 민요나 그 나라의 잘 알려진 선율의 콘트라팍타는 각 나라와 소통의 통로가 되기도 한다.

3) 콘트라팍타의 효율성 문제는 신중하게 활용하여야 한다. 과거를 불문하고 현대에는 가급적 새롭게 창작이 가능하다면 창작 찬송으로 대체하는 것이 바람직하다.

4) 『21세기 찬송가』는 콘트라팍타를 줄이기 위해서 많이 불리는 민요나 국가는 그대로 두되 시비가 있는 것 이른바 권주가(467)시비가 있는 곡, 중복된 곡조, 안 불리는 곡조 등을 삭제하였다.

5) 한편 콘트라팍타와 관련하여 곡조를 선택하는 기준과 구조 때문에 찬송가에 곡명과 운율표시를 하는 전통이 생겼다.

6) 콘트라팍타된 우리 찬송들(국가, 민요, 유명선율)

영국국가는 70장 〈피난처 있으니〉(원제목: God save the Queen)로 한국에서 애국가로 부르기도 했다.

제정 러시아 국가 는『통일찬송가』77장 〈전능의 하나님〉이고, 독일

국가는 210장 〈시온성과 같은 교회〉(하이든)이다.

국가와 관련된 일화가 하나 떠오른다. 2002년 월드컵, 독일과의 4강전에서 독일은 국가를 불렀고, 우리는 찬송가로 불렀다. "어떤 목사님이 우리는 찬송가를, 독일은 국가를 부르고 시합을 했으므로 1:0으로 이길 수밖에 없었다."라고 말했었다.

1852년 미국 소방대원 행진곡 〈마귀들과 싸울지라〉는 남군은 '존 브라운을 신 사과나무에 목매달아 죽였다'고 노래하고, 북군은 남북전쟁 때 북군이 '남군 대통령, 제퍼슨 데이비스를 신 사과나무에 목을 달고'라는 가사로 부른 전투곡으로 알려져 있다. 이 노래는 숭실학교 교가, 조국찬가, 노동운동가 등으로 불렸다.

이외에도 콘트라팍타로디지아(현 짐바브웨) 국가-64장 〈기뻐하며 경배하세〉, (같은 곡 605장 〈오늘 모여 찬송함은〉) 민요- 280장 〈천부여 의지 없어서〉, Auld lang syne(스코틀랜드 사투리 Old long since)가 국가로 불렸다.

영국민요 478장 〈참 아름다워라〉와 184장 〈불길 같은 주 성령〉은
〈애국가〉(동해물과 백두산이…)〈졸업가〉(오랫동안 사귀었던 정든 내 친구여…)

Traditional German melody
26장- 〈구세주를 아는 이들〉
43장- 〈즐겁게 안식할 날, -새 예루살렘 복된 집〉,
Hebrew Melody 14장 - 〈주 우리 하나님〉
Nederlandisch Gendenckelanck 68장- 〈오 하나님 우리의 창조주시니〉,
39장 - 〈주 은혜를 받으려〉
Swedish Folk Melody 79장 - 〈주 하나님 지으신 모든 세계〉
Schlesischen Volkslieder(민요) 32장 - 〈만유의 주재〉
오페라 선율-96장, 예수님은 누구신가. 루소의 오페라 마을의 점쟁이, 일본 동요(주먹 쥐고 손을 펴서)

Plain song Mode 1(그레고리안 찬트와 같은 양식으로 당시 전통적 민요이던 곡을 수정 정리하여 사용한 것) 104장 - 〈곧 오소서 이마누엘〉

18th Century Traditional England Melody 117장 - 만백성 기뻐하여라

Traditional French Melody

    125장 - 〈천사들의 노래가〉

    163장 - 〈할렐루야 할렐루야〉

    397장 - 〈주 사랑 안에 살면〉

옛 스코틀랜드 민요 143장 - 〈웬 말인가 날 위하여〉

웨일스 민요 377장 〈전능하신 주 하나님〉

        460장 〈뜻 없이 무릎 꿇는〉

Gregorian Melody 149장 - 〈주 달려 죽은 십자가〉

165장은 헨델의 유다스 마카 베우스 제3부 제58번 합창곡 〈보라 승리의 용사가 오도다〉

Traditional American Melody 28장 - 〈복의 근원 강림하사〉

    305장 〈나 같은 죄인 살리신〉

    258장 〈샘물과 같은 보혈은〉

    305장 - 〈나 같은 죄인 살리신〉 (미국 장례식 때 부르던 민요)

    515장 - 〈눈을 들어 산을 보니〉

Old English Air(민요) 『통일찬송가』 - 내게로 와서 쉬어라(권주가라는 비판이 있던 곡)

Traditional Irish Melody 484장 - 〈내 맘의 주여 소망 되소서〉

        493장 - 〈하늘가는 밝은 길이〉

스페인 민요 29장, 〈성도여 다 함께〉

핀란드 민요 397장, 〈주 사랑 안에 살면〉

17세기의 대중가요(연가 〈내 마음의 혼란〉)였던 145장, 〈오 거룩하신 주님〉(한스 하슬러 작곡)

    (내 마음이 안절부절못하네. 그 처녀 때문이야. 나는 매우 안절부절 못하고 있네. 내 마음은 큰 병이 들었네.)

오페라 선율- 580장, 〈삼천리반도 금수강산〉(도니체티)『합동찬송가』459장-개편찬송가』 402장에서 이동훈 작곡으로 교체했으나『통일찬송가』371장,『21세기 찬송가』580장에서 다시 도니체티 곡으로 환원되었다.

7) 콘트라팍타와 관련한 사항으로, 찬송곡의 출처, 가사의 구조, 등을 구별하도록 곡마다 곡명(Tune name)과 운율표시를 한다. 곡명은 우리 찬송가의 왼쪽 상단에 반드시 대문자로 쓰고 이어서 운율표시를 옆에 쓴다. 곡명을 알면 외국 찬송가에서도 찾을 수 있다. 찬송가에는 대부분 곡명 색인이 있다.

곡명을 만든 것은 찬송가의 원어제목, 지은 장소, 사람이름, 시편 등 출처, 음악 작품의 제목, 가제목, 가사 내용 요약, 찬송의 용도, 신학적 관점, 곡의 원 이름, 선교지 사건 등 다양하다.

(악보11a) Hassler, 〈Mein Gemueth ist mir Verwirret〉

8) 성결교회의 부흥사 이성봉 목사는 『임마누엘성가』26)라는 제목으로 본인과 이명직, 윤판석, 이인수, 양도천, 작자미상 등의 콘트라팍타 가사를 책으로 엮어 부흥회에서 활용하였다. 〈가시밭의 백합화〉, 〈주

---

26) 이성봉,『임마누엘성가』, 임마누엘사, 서울, 1962

(악보11b)
145장 〈오 거룩하신 주님〉

님 한 분만으로〉, 〈서로 사랑하라〉, 〈허사가〉가 이 책에 수록되어 있다. 음악은 찬송가와 별곡 악보를 사용하고 있다.

  머리말씀(1951년 10월 20일, 구포 집회 중에 지은이 씀)
  추천의 말씀(1951년 11월 1일, 서울신학교 이명직 씀)
  임마누엘 성가목차
  가사, 하늘에 계신 우리 아버지 외 총70곡 수록
  악보와 가사 21곡 수록
  출판사항

* 알려진 콘트라팍타 찬송 중 일제의 잔재

 1. 성경목록노래는 일본의 지리학습용 '철도창가'로 1900년 5월에 지은 것이다. 이것은 일본 메이지 개화기 철도 개통 때 불렀다. 제목은 철도창가-동해도편(東海道編)이고 가사는 신바시에서 고베(神戶)까지 경치와 역들을 묘사하는 4행 66절이다. 작사자는 大和田建樹（おおわだたけき오오와타 다케키）이고 작곡자는 多 梅稚（おおの うめわか 오오노

우메와카)이다. 다음 제시된 악보는 숫자음보로 병행하여 기보되었다. 점은 부점이고, 0은 쉼표이며 도레미파솔이 각각 1,2,3,4,5로 표시되어 있다. 우리나라에서는 민요 〈달아 달아〉, 〈학도가〉 등의 가사를 이 곡에 붙여 불렀다.

"달아달아 밝은 달아 이태백이 놀든 달아
저기저기 저 달 속에 계수나무 박혔으니
옥도끼로 찍어내고 금도끼로 다듬어서
초가삼간 집을 짓고 양친 부모 모셔다가
천년만년 살고지고 천년만년 살고지고"

1. 학도야 학도야 청년 학도야 벽상의 괘종을 들어 보아라.
소년은 역노에 학난성하니 일촌광음도 불가경일세
2. 청산 속에 묻힌 옥도 갈아야만 광채나고
낙낙장송 큰 나무도 깎아야만 동량되네

(악보12a) 〈철도창가〉

(악보12b) 〈달아 달아〉, 학도가, 성경목록가

2. 복음성가 〈부럽지 않네〉(총4절) 〈허사가〉(이명직 작사 총12절)는 일본의 국민가요 〈용감한 수병〉의 선율이다.

〈용감한 수병〉은 1895년 사사키·노부스나(佐佐木信綱) 작사에 오쿠·요시노리(奧好義) 작곡의 국민가요다. 1894~1895년 청일전쟁에 승리한 일본 국민들이 즐겨 부르던 곡이다. 당시 황해 해전이라 불리는 해전이

두 개 있었는데 하나는 풍도(豊島) 앞바다에서 있었던 일본 해군의 청국 군함 기습사건이고(1894년 7월 25일) 또 하나는 약 두 달 후에 있은 압록강 해전이다. 1894년 9월 17일, 청나라와 일본과의 함대간 해전인데 여순항을 본거로 청의 북양함대 총사령관 정여창(丁汝昌)과 일본 연합함대 총사령관 이토·스케유키(伊東祐亨) 중장 간의 전쟁이었다.

정원(定遠, 735톤)이라는 기함을 포함한 12척의 청 함대와 기함 송도(松島, 4,278톤)가 이끄는 11척의 일본함대가 붙은 해전은 장비 면에서 청이 우세하였으나 기동력은 일본이 우세했다고 한다.

청의 기함에 일본의 30센티미터 거포가 불을 뿜자 갑판에 명중하였다. 이 해전에서 피투성이가 된 3등 수병 미우라(三浦虎次郎)가 몸의 부상도 잊은 채 근처 부함장 무가이야마(向山) 소장이 보이자 "각하! 적함 정원은 가라앉았습니까?"하고 부르짖더라는 것이다. 부함장이 감격해 눈시울을 붉히며 "아직 가라앉지는 않았지만 무력화 됐다."라고 알려 주자 그제야 안심하였다는 듯이 숨을 거두었다는 것이다.

"연기도 안보이고 구름도 없고 바람도 일지 않고 파도도 없네. 거울과 같은 황해는 흐리기 시작한다. 순식간에"로 시작되는 이 가사는 총 10절로 이 해전을 묘사하고 있다. 5, 6, 7절에 대화 내용이, 8절에는 "아직 그대롭니까, 적함 정원은? 그 말 한 마디는 짧을지라도 황국을 생각하는 온 국민의 마음에 길이길이 써지리라."라는 구절이 있다.

(악보13a)
〈용감한 수병〉

(악보13b)
부럽지 않네, 해사가

콘트라팍타(Contrafacta) 113

7 비잔틴 찬송 (동방찬송)

*동방찬송의 특징

7   비잔틴 찬송
(동방창송)

1. 비잔틴 찬송

　보통 비잔틴 찬트(Byzantine Chant)로 일컫는 비잔틴 찬송은 콘스탄티누스 황제가 330년 로마제국의 수도를 비잔틴으로 옮기고 콘스탄티노플(현재의 이스탄불)이라고 이름을 바꾼 동방교회의 찬송이다. 이로써 로마제국은 동방과 서방으로 갈라지게 되었고 동방교회가 기독교음악에 기여한 것이 동방찬송 혹은 비잔틴 찬송이다. 비잔틴교회의 언어는 헬라어였지만 비잔틴 찬송은 고대 헬라 음악의 기법보다는 유대교와 시리아의 전통을 따랐으며 음악적으로 볼 때 서방교회의 그레고리안 찬트와 유사하다.
　동방교회의 특징은 무반주로 된 단선율이다. 선율은 임시기호가 없는 전음계적이다. 엄격한 운율이 결여된 비교적 자유스러운 가사로 되어 있다. 가사는 헬라어이며 창작가사로 이루어졌다. 7세기 말경부터 카논이라는 새로운 시 형식(9개의 칸티클)으로 된 찬송이 아침 기도회에서 불렸다.

이때 초기에는 시편송을 낭송음 형태의 응창 형태로 불렀고 회중이 두 부분으로 나누어 교창 형식으로 조직적으로 불렀다. 음악은 유대교와 시리아의 전통을 이어 받은 비교적 단순한 것이었다.

또한 고정된 예배형식에 고정된 예배음악이 생겼다. 키리에, 글로리아, 크레도, 상투스, 아뉴스 데이, 베네딕투스의 형식이 갖춰지기 시작했다. 호산나와 축복송, 삼성송 등이 불렸다.

찬양대가 생겼고 교회음악은 더욱 정교하게 정착되어 갔다. 찬양대는 회중찬송을 이끌었다.

2. 비잔틴 찬송의 흐름

비잔틴 찬송은 비잔틴 시대(330-453)의 영창에서 시작되었는데 비잔틴 왕국이 멸망했어도 그리스 정교회에서는 아직까지도 비잔틴의 '루시안 성가'를 부른다. 비잔틴 찬송으로 4세기 이탈리아 밀라노의 대주교였던 성 암부로시아의 찬송이 유명하다. 대중성 있는 선율을 사용하여 민요처럼 애송되어 이탈리아 북부뿐만 아니라 유럽, 북아프리카 및 소아시아에까지 영향을 미쳤다. 비잔틴찬송은 그레고리안 찬트가 나온 이후에도 한동안 독자적 예배의식과 음악을 유지하였다. 암브로시안 찬트는 그레고리안 찬트보다 선율이 더 유려하고 멜리스마틱하다.

샤르망(Charlemagne)황제가 성가를 로마식으로 바꾸라고 명령했던 800년까지 프랑스에서 번창한 것이 한 때는 이 성가의 일부가 로마 교회까지 흘러 들어갔던 갈리컨(Gallican)식 성가이다.

모자라빅 성가(Mozarabic)는 8~11세기에 걸쳐 아라곤, 카스티야, 레온 지방을 지배하였던 무어족이 스페인을 침략하여 비롯된 것이다. 당시의 기독교인을 의미하던 모자랍스(Mozarabs)라는 말에서 나왔다. 이 성가는 무어족의 통치하에서도 기독교가 오랫동안 허용 받아 불렸던 것인데 9세기말에 출현하였다.

(악보14)
암브로시안 찬트 〈밀라노 성가〉

3. 찬송들

13세기 동방교회 찬송 〈탄일의노래〉
요한의 두개의 노래
    믿는 자여 다 나와(개140)
    주 부활하신 날에(개 138)-카논의 첫 부분
참고: 교황의 십자군 참여 독려(클레몽트회의 우르반 2세)
"십자군에 참여해서 죽으면 즉각 모든 죄가 사하여지고 바로 천국에 갈 수 있다. 귀신을 믿는 천박한 민족이 전능하신 하나님을 믿는 민족을 점령한 것이 얼마나 불명예스러운 일인가! 같은 신앙인끼리 싸우기보다는 불신자들과 싸우는 것이 낫고 봉건 영주도 이슬람교도와 싸우는 것이 낫다. 오랫동안 도적질을 했던 사람은 이번 기회에 기사가 되어라. 적은 돈을 보상으로 받고 용병으로 활동하는 자들은 이번 기회에 영원한 보상을 받기 위하여 이 전쟁에 참여하라. 십자군에 직접 참여하는 자들은 땅

을 팔아서 경비를 조달하라"27)

(악보15) 동방찬송,
〈부활하신 날〉(『개편찬송가』 138장)

---

27) 정병식, 『PPT 한 눈에 보는 세계교회사』 신앙과 지성사, 2011

(악보16) 동방찬송,
〈주 예수의 부활은〉
(『개편찬송가』 140장)

8 라틴찬송 (Latin Hymnody)

*라틴 찬송의 역사, 라틴 찬송의 특징

8 라틴찬송 (Latin Hymnody)

1. 라틴찬송

초기 기독교는 헬라어(그리이스어)의 많은 영향을 받았으나, 4세기가 되면서 헬라어의 영향력은 점차 쇠퇴하였다. 라틴어가 서방언어로 대치되어 70인 역(Setuagint) 헬라어 성경 대신 라틴어 성경(Vulgates)이 사용되었으며 6세기까지 이어졌다. 힐러리(Hilary of Poitier 감독 310-366)주교는 최초의 라틴찬송 작사가이다. 그는 4년간 소아시아에 망명했었는데 이 때 동방교회 찬송과 가까워졌으며, 아리우스에 대항하는 교리찬송을 만들었다.

> 70인역: 고대 헬라어 구약성서이다. B.C. 3세기 중엽에 모세5경이 번역되었고 그 뒤 100년 사이 구약성서 모두가 번역되었다. 불가타(번역된 출판이라는 뜻)는 382년 교황 다마소 1세의 명으로 성 히에로무스가 편찬하였다. 384년에 복음서 번역을 마쳤고 신약 전체는 386년에 마쳤다. 구약을 포함하여 404년에 마쳤다.

1592년 로마 가톨릭 교회의 표준성서가 되었다.

암브로시우스 찬송(Ambrosian Hymnody 밀라노 감독 340-397)

암브로시우스는 라틴 찬송의 아버지라 일컬으며 기독교의 가르침과 삼위일체 교리를 담은 찬송을 만들었다. 희랍의 4음계를 기초하여 새로운 4음계를 만들어 교회에서 가르치며 널리 보급시켰다.

테 데움은 오거스틴이 암브로시우스에게 세례를 받을 때에 성령에 감동되어 두 사람의 입에서 동시에 불렸다고 전하기도 한다.[28]

장운율(8888)찬송이며, 각 절(Stanza)이 4행(lines)으로 되어 있고 짧고 긴 Iambic(약강형)의 리듬형에, 4박(tera meter)으로 되어 있다. 이 찬송은 천년 뒤에 독일 개신교 회중찬송인 코랄의 모범이 되었다. 암브로시우스는 사방에 흩어져 있는 찬송가를 모집하여 정리하였고 교회의식을 재조정하고, 답창적 성가대 사이에서 시편의 절을 나누는 식의 동방찬송을 유럽에 소개하였다. 예배찬송을 재조정하여 응답시편가, 교송시편가, 운율찬송 등으로 발전하였다.

성 오거스틴이 입증한 암부로시우스 찬송들은 다음과 같다.
    Aeterne rerum conditor(땅과 하늘의 구조자)
    Deus Creator omnium(만물의 창조자 높으신 하나님)
    Iam surgit hora tertia(제3시가 지금 나타나다)
    Veni, Redemptor gentium(우리 민족의 구주여 오소서)

성무일과(Divine Office)

수도사들의 8회의 기도회에서 성서 낭송, 기도와 시편, 송가, 찬송 등을 불렀다.

조과(Matins) 해뜨기 전 새벽 4시경의 기도로 독서가 포함되어 독서의 기도라고 한다.

---

[28] 박재훈, 『찬송가 작가의 면모』, 교회음악사, 1972, 8쪽

찬과(Lauds 해뜰 때 아침기도) 사가랴의 찬송(Benedictus)을 불렀다. 창조주이신 하나님을 찬미한다.

제1시과(Prime 오전 6시) 하루의 일과를 시작한다.

제3시과(Terce 오전 9시) 기도문

제6시과(Sext 정오) 기도문

제9시과(None 오후3시) 기도문

만과(Vespers 해질 때) 저녁에 드리는 기도문 마리아의 노래(Magnificat)를 불렀다.

종과(Compline 오후 9시경)하루 일과를 마치는 기도문으로 용서를 빌며 하루를 주께 바치는 기도문이다. 시므온의 노래(Nuns Dimittis)를 불렀다.

한국 찬송가의 라틴찬송가들

〈온 천하 만물 우러러〉 (69장), St. Francis of Assisi

〈나 가진 모든 것〉 (『통일찬송가』 69장)

〈구주를 생각만 해도〉 (85장) Bernard

〈곧 오소서 임마누엘〉 (104장)

〈참 반가운 신도여〉 (122장)

〈왕 되신 우리 주께〉 (140장)

〈성도들아 다 나아와〉 (『통일찬송가』 140장)

〈오, 거룩하신 주님〉 (145장) Bernard

〈예수 부활 했으니〉 (164장) 14세기 라틴 찬송

〈싸움은 모두 끝나고〉 (166장)

〈즐겁도다. 이날〉 (167장) 6세기 라틴찬송

〈날 구원하신 예수를〉 (262장) Bernard

〈예루살렘 금성아〉 (『통일찬송가』 538장)

〈구주를 생각만 해도〉 (85장)
  1. 예수를 생각만 해도 내 맘이 좋거든
    주 얼굴 뵈올 때에야 얼마나 좋으랴
  2. 인류의 구주 예수여 당신의 이름은
    천지에 온갖 이름 중 비할데 없도다.(3, 4, 5절 생략)

베르나르트(Bernard)의 찬송으로 간주되고 있는 이 찬송의 첫 줄은 De Nomine Jesus로 알려져 있으며 본래 4행으로 50절의 찬송이었다고 한다. 우리는 커스웰(Edward Caswall)목사의 번역으로 노래하고 있다.

〈온 천하 만물 우러러〉 (69장)
(일명 태양의 찬가 혹은 피조물의 찬미 All creatures of our God and King)

  온 천하 만물 우러러 내 주를 찬양하여라 할렐루야 할렐루야
  참 빛의 근원되시며 저 밝은 해를 지으신 하나님을 찬양하라 할
  렐루야, 할렐루야

2. 로마 가톨릭교회 전례문(Ordinarium)

  Kyrie eleison 주여, 우리를 불쌍히 여기소서
  Gloria in excelsis Deo- Et in terra Pax hominibus bonae Voluntatis
  영광송. 지극히 높은 곳에서는 하나님께 영광, 땅에서는 기뻐하심을 입은 자들의 평화
  Credo in unum Deum
  신앙고백. 사제: 나는 한 분이신 하나님을 믿습니다.
  성가대: 전능하신 하나님
  Sanctus-Hosanna in excelsis

세 번 거룩, 삼성창, 주의 이름으로 오는 자 복 있다.
Agnus Dei tollis peccata mundi
세상 죄를 지고 가시는 하나님의 어린 양

미사(Mass)의 구성

		사제가 기도, 낭독	성가대 음악, 고유창	회중 음악 통상창
1	입례 의식	입례 기원	Introitus(입례창)	Kyrie Gloria(3)
2	말씀 의식	낭독 서신 낭독: 복음(설교) (공동기원)	Graduale: 승계창(1) Alleluia(2)	Credo(4)
3	성체 의식	봉납기원 서창 전문	Offertorium: 봉헌창	Santus
4	성체배령 의식	주기도 성체배령 기원	Communio:성체배령창	Agnus Dei
5	폐회 의식	이테 미사 에스트		Deo Gracias

3. 중세 라틴 찬송(5-15세기)

라틴찬송을 말할 때는 밀라노의 암브로시우스(Ambrosius, 340-397)를 빼놓을 수 없다. 중세 '찬송은 암브로시우스의 것(Ambrosianum)'이라 할 정도이다. 중세 이후 개신교가 발전시킨 찬송의 중요한 뿌리 중 하나는 암브로시우스 스타일이었다.

첫째는 라틴찬송도 시편가처럼 본래 평신도의 찬송이었으나 점점 수도사의 것이 되었다. 그 이유는 교회의 성직화 뿐 아니라 로마왕국이 쇠약해지면서 사람들은 라틴어보다 자기 나라말을 더 많이 사용했기 때문이다.

둘째는 교회와 로마교회의 찬송에 대한 소극적 태도는 마침내 긍정적이 되었다. 오래전부터 이단들은 다른 교리를 가진 찬송가를 많이 사용했기 때문에 어떤 지방(로마)은 교회지도자들이 찬송을 의심했다. 다른 지방은(밀라노) 바른 교리를 가진 찬송가를 보급했는데 여러 교회 공동 의회에서 나온 규칙까지 의견의 차이가 컸다. 예를 들어서 포르투갈 브라가(Braga)의 교회 의회(563년)의 "시편성가 외에 교회에서 다른 찬송을 부르면 안 된다."라는 규칙이 있을 정도이다.

그러나 몇 년 후 스페인 톨레도(Toledo)교회 회의(633년)에서는 다음과 같이 결정했다.

"그리스도와 그의 사도를 본받는 것이면, 회중예배에서 찬송과 시편가를 불러도 된다. 찬송을 거부하는 자는 제명해야 한다."

마침 10세기 경 로마에 찬송가가 인정되었는데 다른 지방의 교회는 벌써 다 인정하였다." 로마 교회의 지도자들은 아직 찬송가 부르기를 공식적으로 허락하지 않았을 때에도 벌써 아일랜드, 프랑스, 밀라노, 스페인 및 북아프리카의 교회에서는 찬송가를 부르는 것이 인기가 있어서 예배 순서에서 필수가 되었다."

1) 산문으로 된 특별한 찬송들

Te Deum laudamus(오 주여, 저희가 당신을 찬양하나이다) 라틴어로 쓴 모든 찬송 즉 모든 성서에서 인용하지 않은 가사 중에서, 영국의 찬송가 학자 줄리앙(Julian)은 〈Te Deum laudamus〉는 가장 유명한 찬송이라고 하였다.

이 찬송은 4세기 후반에 나왔으며, 학자들은 니케타(Nicetas of Remesiana, 340-414)의 작품이라고 생각한다.

그는 암브로시우스와 같은 시대 사람으로 다뉴브 강 근처에 있는 레메시아나의 선교사 감독으로 교회 정통 교리를 유지하며 라틴어로 부른 교회음악을 보급했다. 찬송가의 어떤 부분이 본래는 희랍어로 되었으나 라틴어로도 좋은 문학적인 시임에는 틀림없다.

한 가지 어려운 점은 운율 없는 산문이니까 노래로 반복할 수 없어 평신도들이 이 찬송을 부르지 않을 뿐만 아니라 찬송 자체를 모른다. 테데움의 번역된 내용을 본다.

1) 오! 주여, 저희가 당신을 찬양하며, 당신을 주님으로 고백하나이다.
2) 온 땅이 영원하신 성부이신 당신을 예배하나이다.
3) 모든 천사와 하늘과 그 안에 있는 모든 권세 잡은 자들이 당신을 높이 찬양하며,
4) 그룹들과 스랍들도 당신을 그치지 않고 찬양하나이다.
5) 거룩, 거룩, 거룩, 전능의 주 하나님!

6) 하늘과 땅이 당신의 영광으로 충만하도다.
7) 영광된 사도들이 당신을 찬양하며,
8) 영예로운 예언자들이 당신을 찬양하나이다.
9) 고결한 순교자들이 당신을 찬양하며,
10) 온 세계의 거룩한 교회가 당신께 고백하나이다.
11) 당신은 지존하신 성부이시고,
12) 당신은 참되시고 유일하신 성자이시며,
13) 또한 보혜사 성령이니이다.
14) 오! 그리스도, 당신은 영광의 왕이시며,
15) 당신은 성부의 영원하신 아들이니이다.
16) 당신께서 인간을 구원하시려고 결심하셨을 때, 자신을 낮추시고 동정녀에게서 탄생하셨나이다.
17) 당신께서 맹렬한 죽음을 이기셨을 때, 모든 믿는 자들에게 천국의 문이 열렸나이다.
18) 당신께서는 하나님 우편에 앉아 계시며, 아버지의 영광 가운데 계시나이다.
19) 저희는 당신께서 저희 심판자가 되시기 위하여, 장차 오실 것을

믿나이다.
20) 그러므로 당신께 기도하오니, 당신의 종들을 도와주소서. 당신께서는 고귀한 피로 저들을 속량해 주셨나이다.
21) 당신께서 저들을 성도의 반열에 있게 하시며, 영원한 영광 가운데 있게 하소서.
22) 오! 주여, 당신의 백성을 구원해 주시고 당신의 선민을 축복해 주소서.
23) 당신께서 저들을 다스려 주시고, 영원히 높여 주소서.
24) 저희가 날마다 당신을 찬양하며,
25) 당신의 이름을 영원히 경배하나이다.

26) 오! 주여, 오늘 저희가 범죄 하지 않게 하여 주옵소서.
27) 오! 주여, 저희에게 자비를 베푸소서, 저희에게 자비를 베푸소서.
28) 오! 주여, 저희가 당신에게 의지할 때, 저희에게 자비를 베풀어 주소서.
29) 오! 주여, 제가 당신을 신뢰하오니 저로 하여금 당황치 말게 하옵소서.

테 데움의 내용은 네 부분으로 요약할 수 있다.
(1) 1절부터 13절까지 **삼위일체이신 하나님을 경배**하고,

(2) 14절에서 19절까지 예수 그리스도를 중심으로 그의 **성육신, 십자가, 부활, 승천**을 기억하게 하고,

(3) 마지막으로 20절과 21절에는 <u>간구</u>이다.
    이 내용은 사도 신경이나 니케아 신경과 비슷하며, 이 두 신경과 똑같은 시대에 나와서 올바른 신앙을 고백함으로 주님께 영광을 돌리도록 하는 주제가 같다.

(4)의 부분은 22절에서 29절까지이며 내용은 거의 다 시편 구절 그대로 나오기 때문에 학자가 이 부분은 테 데움에다가 붙인 예배 순서라고 한다. 4세기부터 교회는 본 찬송의 가치와 권위를 크게 인정해서 옛날 어떤 전설에 의하면 오거스틴이 밀라노 성당에서 387년 부활절에 암브로시우스한테 세례를 받은 다음 이 두 교부들이 이 테데움을 응답식으로 즉흥 독창을 불렀다고 한다. 교회 역사에 있어서 특별히 감사할 때 부르고 지금은 개신교회에 있어서 성공회와 루터교회에서는 아침 기도회 순서에 있다.

2) 운율과 압운(Meter and Rhyme)

운율이라고 하는 것은 시에 있어서 음성적 형식이다. 라틴어 찬송가 운율의 운각(metrical foot)의 종류는 2개가 일반이다. 가장 일반적인 운율의 운각은 단장격(iambic)이며, 암브로시우스의 찬송이 다 유사하다. 예를 들자면 한 줄에는 단장격 운각이 보통 4개 있다:

Splendor Paternae gloriae
찬란한 주의 영광은(『개편찬송가』 38장)

단, 장격을 발음할 때에는 영어 단어 above와 똑같은 약강 악센트이다. 대부분 "성무일과 찬송"에는 이러한 단장격 운 4개의 형태가 있다.
중요한 운율의 운각은 장, 단격(trochaic)이다. 한 줄에 장, 단격 운은 4개가 있다.

　　Pange lingua gloriosi
　　구주께서 십자가에(대한 성공회 성가)
　　그리고 가끔 다른 찬송가의 한 줄에는 장, 단격 운은 3개가 있다.
　　Ave Maris stella(바다 위에 밝은 별)

장단격을 발음할 때에는 영어 단어 faithful과 똑같은 강, 약 악센트이다.

운율의 유형(metrical pattern)을 보게 되면, 대부분 장운율(Long meter, 8.8.8.8)이다. 즉 매 단마다 8음절로 되어 있고 매 절이 4단으로 된다.

Veni Creator Spiritus, 임하소서 성령이여
Mentes tuorum visita: 인간으로 오셨으니
Imple superna gratia 이제 하늘의 은총으로
Quae tu creasti pectora. 감동하게 하여 주소서

가끔 사포시체(Sapphic Meter)도 볼 수 있으며, 음절수의 유형은 11.11.11.5이다.

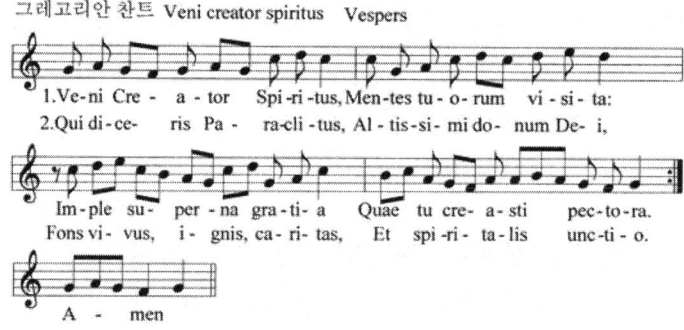

(악보17) 임하소서 성령이여(Veni Creator Spiritus)

Iste Confessor Domini, Colentes   생명을 바친 주의 증거자를
Quem pie laudant populi per orbem   온 세상이 기념하도다
Hac die laetus meruit superemos   그 거룩하신 모범과 공로는
Laudis honores.   훌륭하도다

압운(ryhme)이란 즉 단어와 단어 사이에 모음 발음이 똑같은 것이 초기 라틴어 찬송가에 없었으나 후기에 볼 수 있다.

In labore requies	고통을 잊게 하며
In aestu temperies	유혹을 물리치사
In fle solatium	근심을 위로 하소서
O lux beatissima	복 있으신 빛이여
Reple cor dis intima	우리에게 임하사
Tuorum fidelium	빛나게 하소서

3) 성무일과의 찬송가(Office Hymns)

라틴 찬송가의 중심은 성무일과 찬송이라고 할 수 있다. 즉 중세기 수도원에서는 일과 중 7~8번 기도회 순서를 가졌기 때문이다.

위에서 본대로 그 형식은 대부분 매절 4단이며, 매단에 단, 장격 각운 4개가 있다.

바로 이 간단하고 쉽게 부를 수 있는 형식은 암브로시우스가 평신도를 중심으로 시작했고 중세기에 나온 이 형식을 가진 찬송을 "암브로시아눔"이라고 한다.

5세기에 벌써 이런 찬송의 영향이 있었다. 암브로시우스의 전기를 쓴 밀라노의 바롤리노(Paulinus of Milan, 제 5세기)는 다음과 같이 기록했다:

> "암브로시우스의 유명한 경건 습관은 밀라노 교회의 매일 예배순서에서 사용했을 뿐만 아니라 서양 지방에 거의 다 보급되었다."

내용을 보면 암브로시우스가 작사한 것도, 후에 나온 것도 주로 성서 밖의 가사이며, 거의 그리스도를 중심으로 하고 있다. 11세기에 처음으로 발행된 수도사용 찬송가집(hymnarium)의 찬송가 중에서는 60퍼센트

이상이 암브로시아눔 형식이다. 이러한 암브로시아눔은 본래 평신도가 참여하는 교회음악이었으나, 역사의 흐름에 따라 성직자인 수도사용 성무일과 찬송으로 발전했다. 처음 수도원 운동은 평신도 운동이었으나, 후에 수도사들이 다 교직자가 된 것처럼 찬송가도 평신도의 것이었으나 나중에 성직자만이 부르는 음악이 되었다.

수도원 운동은 북아프리카와 희랍에서 시작해서 5세기에 프랑스를 거쳐 6세기에 이태리에 왔다. 찬송가는 5세기 남프랑스 아를(Arles) 수도원에서 불렀다고 전한다.

그러나 찬송가를 크게 발전시킨 분은 베네딕트(Benedict, 480-547)였다. 그는 529년 이탈리아 몬테 카지노(Monte Cassino)에 수도원을 설립했으며, 그의 모범적인 수도 생활은 찬송가를 부르는 것을 요구했다.

베네딕트의 규칙 제 9조, 12조, 13조, 17조를 보면, 성무일과 가운데 정기적으로 "암브로시아눔을 부른다."고 하는 말이 있다. 성무일과를 매번 모일 때마다 시편 성가를 불렀으나 찬송가는 아침 첫 두 시간(Matin과 Lauds) 그리고 저녁 마지막 두 시간(Vespers과 Compline)에만 나온다.

그 후 500년 간 유럽 어디에나 수도원이 생길 때마다 베네딕트의 규칙을 모범으로 했기에 찬송가도 유럽 어디서나 부르게 되었다. 성무일과 찬송가의 특성을 알려면 그 기능부터 알아야 한다. 즉 부르는 자의 마음이 별로 나타나지 않으며, 시간과 관계, 즉 아침이나 저녁, 교회력의 어떤 날이나 절기적인 주제가 있어도 중심은 예수 그리스도를 찬양하는 것이다.

이러한 단장격(약강격) 장운율(8.8.8.8-Long Meter) 성무일과 찬송가의 훌륭한 예 몇 개를 보면,
  1) A solis ortus cardine (동양에서 서양까지)
    사용 : 성탄절 아침
    저자 : 세둘리우스(Sedulius, 370-430경)

출처 : Liber Usualis

A solois ortus cardine 동양에서 서양까지
Ad usque terrae limitem 모든 교인들 합하여
Christum casamus principem 마리아에게서 탄생하신
Natum Maria Virgine. 예수를 찬송.

이 찬송은 본래 "그리스도께 알파벳형의 찬송"(Paean Alphabeticus de christo)이란 제목에 따라 23절까지 있어서 영문 A부터 시작하며, 둘째 절 Beatus, 셋째 Castae, 넷째 Domus 등등 라틴어 알파벳 끝까지 있다. A solis ortus cardine는 1524년에 말틴 루터가 독일어로 하였으며, 종교개혁 때 모범 찬송중의 하나가 되었다.

세둘리우스는 암브로시우스와 동시대의 사람이었다. 그가 로마 원로원 의원 및 로마 대왕 제 2 테오도시우스(Theodosius II, 401-450)의 고문으로서 수고했으며, 이태리 파비아(Pavia)에서 죽었다.

2) Vexilla regis prodeunt(임금님의 깃발이 보이네)
사용 : 수난절 성주간 주일날 저녁
저자 : 포르투나투스(Fortunatus, 530-609)

(3절) Impleta sunt quae concinit   옛날 다윗의 예언은
      David fideli carmine   이제 성취 되었네
      Dicendo nationibus   주께서 나무에서
      Regnavit a lingo Deus.   만방을 주관하셨다.

569년에 주님의 "십자가 단편" 하나를 찾은 후 교인들이 그것을 가지고 프랑스 보이디애(Poitiers)에까지 행진했다. 보이디애 교회 포르투나투스 목사가 그 행사를 위해 이 찬송을 만들었다고 한다. 앞서 본 3절 내

용은 시 96편과 관계가 잇다. 어떤 라틴어 사본에는 시 96편 10절 다음과 같이 쓰여 있다. "열방 중에서는 이르기를 여호와께서 나무에서(a ligno)즉 십자가에서 통치하신다."

3) Audi benigne Conditor(천지를 내신 천주여)
   사용 : 수난절 첫째 주일 저녁
   저자 : 그레고리우스 1세(Gregorius Magnus, 540-604)

   Audi Benigne Conditor   천지를 만드신 주여
   Nostras preces cum fletibus 지극한 자비로
   In hoc sacro jejunio   우리 모두의 기도를
   Fusas quadragenario.   은혜로 들으소서.

그레고리우스 1세 교황은 모든 "그레고리오 성가"를 작곡한 분으로 인정되었으나 그가 전통대로 작품을 실제로 다 만들었는지 알 수 없다. 그러나 그레고리우스는 베네딕트가 설립한 Monte Cassino 수도원에서 오래 성무일과 생활한 후에 첫째 수도사 교황이 된 사실은 틀림이 없다., 그 때 교회음악을 정리시켰고, 장려했다. 아마 그가 Primo diero omnium(천주께서 이 첫날에, 『가톨릭 성가집』 80)이란 주일날 아침 찬송가로 쓴 것 같다고 한다.

4) Veni Creator Spiritus 사용 : 오순절 저녁
      저자 : 흐라바누스

이것은 라틴어 찬송가 중 유명한 것이고, 종교개혁 때 독일어로 번역, 서양 교회에서 큰 인기가 있었음은 현대까지 영어로 60명이 번역한 것을 보아 알 수 있다. 흐라바누스가 그레고리우스처럼 베네딕트 수도사가 (독일 풀다(Fulda) 수도원에)되었고, 나중에 알큐인(Alcuin, 735-804)

의 동역자로서 제 8세기 유럽에 '가톨릭 왕조의 르네상스'와 관계로 글을 썼다. 그가 847년에 독일 마인츠(Mainz)에 대주교가 되었다.

5) 기타 중요한 단장격 장운율(Iambic L. M.) 성무일과 찬송가

첫 줄	사용	저자	비고
-hymnum casamus gloriae (오 주 예수 등극하사)	승천절	베다(Beda, 영국, 673-735)	가톨릭 성가집 63
-Ad regias Agni dapes (천주의 어린양 예수)	부활절 저녁	미상 (제8세기)	LU 812 성 56 참조
-Te lucis ante terminum (날이 다 저물기 전에)	주일날 저녁	미상 (제8세기)	LU 266 성 94
-Urbs beata Jerusalem (Angularis fundamentum) (양쪽 별을 합하여서)	교회 헌당식	미상 (제8세기)	성 274
-Verbum supernum prodiens (A patre) (성부로 쫓아나시는)	강림절, 저녁	미상 (제11세기)	성 3
-Verbum supernum prodiens (Nec Patris) (성부와 일체 되시니)	성체 축일	아퀴노 도마 (Tomasso da Aquino, 1224-1274)	성 173
-Coelestis formam gloriae (오 주 예수 산 위에서)	주님의 산상변화	미상 (제15세기)	성 71
-O Amor quam exstaticus (Apparuit benignitas)	성탄절	켐보의 도마 (Thomas a Kempis, 1380-1471)	

6) 장단격(Trochaic) 성무일과 찬송가

첫 줄	사용	저자	비고
-Pange lingua gloriosi (lauream) (구주께서 십자가에)	성금요일	포르투나투스 (530-569)	LU 742, 성 126
-Salve festa dies (기쁜 이날 아침 주가 사셨다)	부활절날	포르투나투스	개 137, 성 50과 62
-Ave verum corpus natum (마리아께서 낳으신)	성체축일	인노첸디오 3세 (Innocent III,) (1161-1216)	LU 1856 성 269 169
-Pange lingua gloriosi (corporis) (처녀에게 나신 주는)	성체축일	아꿔노 도마 (1224-1274)	LU 950. 성 184

7) 사포체 운율(Sapphic Meter, 11.11.11.5) 성무일과 찬송가

이미 언급된 8세기 '카롤림 왕조의 르네상스'의 특징 하나는 고대 문학을 본받아 글을 쓰는 것이었다. 이러한 방향 때문에 8세기부터 라틴어 찬송가 형식 중에서 쉬운 장운율보다 어려운 기원전 600년경의 고대 그리스의 사포체 운율도 많이 나오게 되었다. 가장 인기 있는 사포체 성무일과 찬송가는 다음과 같다.

> Ut queant laxis resonare fibris(오늘은 천하 모든 성교회가)
> 사용 : 세례요한의 탄생일 저녁
> 저자 : 바오로 디아코노(Paulus Diaconus, 720-800)

> UT queant laxis RE sonare fibris   오늘은 천하 모든 성교회가
> MIra gestorum FAmuli tuorum   요한 세자의 생일을 축하하니
> SOLve polluti LAbii reatum   우리도 또한 그를 기념하여
> Sancte Ioannes.   찬양 할지라.

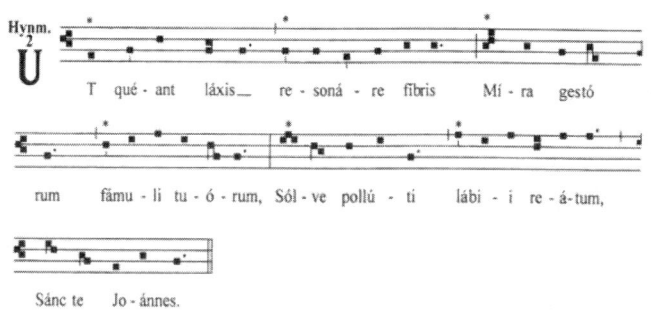

(악보18) 세례 요한 찬송의 4선보표와 현대악보

저자 바오로는 몬테 카지노 수도사였으며 그는 그레고리우스에 대한 전기를 썼다. 그러나 그 때문에 이 찬송가가 인기를 얻은 것은 아니며, 이 찬송가는 200년 후에 또 다른 베네딕트 수도사 아레초의 귀도(Guido of Arezzo, 995-1050) 때문에 인기를 얻었다. 즉 음악이론가인 귀도가 이 찬송가사 중의 일부 음절과 그것을 포함하는 곡의 음으로 6 음계를 만들었다. 나중에 UT가 DO로 바뀌었지만 음악을 아는 사람은 누구든지 도, 레, 미, 파, 솔, 라란 무엇인가를 알고 있다. 다른 몇 가지 사포체 찬송가는 다음과 같다.

첫 줄	사용	저자	비고
-Ecce jam nofis tenuatur umbra (어두운 밤이 이미 지나가고)	주일아침	그레고리우스(?)	
-Nocte surgentes vigilemus omnes (하나님 아버지 어둔 밤이 지나)	주일아침	그레고리우스(?)	개 39,
-Christe sanctorum decus angelorum	성 미케엘의 날 아침	흐라바누스 (776-856)	
-Iste confessor Domini colentes (생명을 바친 주의 증거자를)	성도의 날 저녁	익명(제11세기)	

8) 마리아에 대한 성무일과 찬송가

후기 중세기에는 마리아에 대한 경외심 때문에 성모에 대한 라틴어 찬송가도 많이 나왔다. 다음과 같은 장단격의 예는 아직도 가톨릭에서도 인기가 높다.

Ave maris stella (바다 위에 밝은 별)

사용 : 성모축제일 저녁 저자: 익명(제 9세기-10세기)

Ave maris stella,　　　바다 위에 밝은
Dei mater alma,　　　별 같은 성모여
Atque semper Virgo,　하늘의 항구로
Felix caeli porta.　　　인도하시도다.

그 밖의 마리아 찬가는 엄밀히 말하자면 찬송가가 아니고 "마리아에 대한 안티폰"이지만 여기서도 언급한다. 즉 후기 중세기 수도원에서는 매일 저녁 마감 기도회(COMPLINE) 끝에 마리아에 대한 안티폰 4개 중에서 하나를 불렀다. 오순절 후 강림절까지 부른 것은 다음과 같다:

Salve Regina (하늘의 여왕이신 자)

사용 : 오순절 후 매일 저녁

저자 : 헤르마누스(Hermannus Contractus, 1013-1054)?

출처 : 가톨릭 성가집 237

    Salve Regina   하늘의 여왕이신 자 마리아(구하소서).

    Mater misericirdia   우리의 희망이신 마리아,

    Vita, dulcedo   인자한 우리 어머니 마리아,

    Et spes nostra, salve   착하고 어진 어머니 마리아(구하소서).

이 안티폰은 중세기 평신도에게 유행이 되어 1099년에 십자군이 예루살렘으로 들어가면서 이것을 불렀다. 그리고 종교개혁자들은 중세기 교회가 그리스도를 중심하는 일을 잃은 것을 지적할 때마다 이것을 인용하였다.

9) 다른 성무일과 안티폰들

이미 9세기 이전에 수도사들이 강림절 마지막 주간에 기도회에서 오시는 그리스도에 대한 '안티폰 8개'를 불렀다. 12세기경 이 안티폰들은 압운의 찬송으로 편집되었다.

    Veni veni Emmanuel   곧 오소서 임마누엘

    Captivum solve Israel   오 구하소서 이스라엘

    Qui gemit in exilo   메시아 오시기까지

    Privatus Dei Filio.   그 포로 생활 고달파

    Gaude, gaude : Emmanuel   기뻐하라, 임마누엘

    Nasxetur prote, Israel   곧 오시리 오 이스라엘(『찬송가』 104장)

이 찬송은 구약을 이루실 그리스도를 바라며 성탄절을 앞두고 개혁교회에서 부른다.

* **제64대 교황 그레고리 1세**(로마 540-604, 재위년 590-604년)

교황 그레고리 1세는 4대 교부 중 한 사람이다. 그는 중세 교회의 아버지라 일컫는 교황 레오 1세와 더불어 '대교황'이라는 칭호를 받았다. '그레고리'라는 말은 그리스어로 '파수하다', '지키다'라는 뜻이다.

로마의 부유한 귀족의 아들로 태어나 부모의 권유로 공직 생활을 하기위해 법률을 공부, 570년 로마의 지사가 되어 원로원의 의장, 로마의 재정, 방어, 보급 등의 일을 하였다. 그는 수도원 생활을 원했기 때문에 아버지 사망 후 574년 경 시칠리아에 6개의 수도원을 세우고 수사가 되었다.

그레고리 1세는 재해당한 백성들을 위로하고 3일간 참회 기도를 하였다. 당시 그는 기도 행렬을 이끌고 성 베드로 대성당에서 로마 황제 하드리아누스의 묘까지 걸어갔다. 기도 행렬이 순례를 마치고 돌아가던 중, 그레고리 1세는 대천사 미카엘이 손에 칼을 들고 무덤 위를 맴돌고 있는 환상을 목격했다. 교황은 그 환상이 기도 응답이라고 믿었다. 그래서 이제 전염병은 끝날 것이라고 예언했고 그의 말대로 전염병 환자가 더 발생하지 않았다.

그는 교회법을 정비하고 무능한 성직자들을 정리했으며 부당하게 박해 받던 유대인들을 보호하였다. 800여 통의 편지들 속에 담긴 그의 사상은 로마 가톨릭 예식에 큰 영향을 끼쳤다.

그는 그레고리 예식서를 만들었다. 그는 〈주님 불쌍히 여기소서〉와 〈그리스도여 불쌍히 여기소서〉를 주례 사제와 회중이 성가로 응창하게 하고 알렐루야는 참회의 시기를 제외하고는 연중 사용하도록 하였다. **복음을 노래하는 것은 부사제에게 위임되었고 강론의 중요성을 강조하였다.** 주님의 기도도 그레고리 1세의 지시로 현재 미사의 그 자리에 놓이게 되었다. 이 외에도 감사송 등 여러 가지 기도문도 그의 업적이다.

그레고리 1세는 저술가로도 명성이 높다. 이론보다는 신앙생활에 도움이 되도록 했다. 복음에 관한 강론 40개와 에스겔서에 관한 강론 20개 그리고 아가에 관한 강론은 유명하다.

그는 목회에 대한 열심이 대단했다. 그는 목회 관련 『목회 규범서』를 저술했고, 593-594년에 걸쳐 저술한 『대화집』은 이탈리아 교부들의 생애와 기적 그리고 영혼의 불멸에 관한 것이다. 그레고리 1세의 서한을 모은 책 14권은 재위 중에 일어났던 일 대부분이 수록되어 역사적으로 중요한 자료다.

이 외에도 그레고리 1세는 문화와 예술 면에서 큰 업적을 남겼다. 그레고리 성가는 과거의 모든 성가를 정리, 보급한 것인데 자연스럽고 단순하며 장엄한 교회 정서를 잘 드러내는 음악으로 호평을 받았으며 로마 가톨릭교회의 공식 성가가 되었다.

9 16세기 종교개혁자들의 교회음악관

*16세기 영국과 스코틀랜드의 개신교 창작찬송의 반대 이유
*츠빙글리의 합창곡 금지 이유

9 16세기 종교개혁자들의 교회음악관

1517년 마틴 루터가 종교개혁을 할 당시는 음악사에서 르네상스 중세 시대를 넘어 사회적으로 인본주의가 성행하던 시대였다. 신부이자 음악가였던 루터는 음악은 하나님이 주신 선물이라고 생각하고 코랄이라는 장르를 만들어 하나님을 직접 찬양하게 하였다. 코랄은 가장 상성부에 주선율이 있는 오늘날의 찬송가와 유사한 양식이다.

1. 마틴 루터(Martin Luther, 1483-1546)

> 회중찬송은 '살아있는 복음의 소리'(viva vox evangelli)
> 독일어 가사의 회중찬송 "코랄"

루터는 상당한 음악적 소양이 있었다. 루트(Lute)를 연주할 수 있었고 성악의 수준도 상당했다고 한다. 루터는 초기에 복음의 내용에 위배된다고 판단되는 것 이외에는 로마 가톨릭의 전례를 그대로 사용하였다. 음악을 배척하지 않고 새로운 교회의 신학에 맞추어 수정하여 채택하였다.

그는 독일어 미사를 위하여 자신의 새로운 작사, 작곡을 통해 매우 대중적 노래를 만들었다. 루터교회에서 부르는 독일어 상투스, 독일어 아뉴스 데이 등이 그것이다.

　루터는 일반회중에게 단순하고 친근성이 있는 코랄을 부르도록 하였다. 주선율을 테너 성부에 두고 다른 성부는 성가대가 부르도록 고려하였다. 루터는 1523년에 신약과 모세5경을 번역하였고, 1524년에 시편번역, 23편의 찬송을 작곡, 총 37편의 찬송을 만들었다.

　회중찬송가를 예배에서 반드시 필요한 부분으로 만들어 회중이 항상 직접 예배진행에 참여할 수 있도록 하였다. 라틴시를 독일어로 번역하고 세속적 종교적인 옛 노래들을 선택하고 변형시켜 찬송가 수를 늘렸다. 『여덟 개의 노래책』, 『Erfurt Gesang Buch』, 『Strasburg 교회 예배』 등이 그 찬송집들이다. 그는 『교회노래모음』(Geistliche Gesang Büchlein 1524)중 시편 46편을 읽고 〈내 주는 강한 성이요〉를 작곡했다.

(악보19) 마틴 루터의 〈내주는 강한 성이요〉

루터의 개혁은 비교할 수 없을 만큼 근본적이었다. 말씀을 개혁하고 찬양을 개혁하였는데 성서적으로 옳았고 서로 조화를 이루었다. 그의 개혁은 정치, 사회, 문화, 종교에 거대한 영향을 끼쳤다. 그는 찬양의 능력을 누구보다도 잘 알고 있었으며 신앙개혁은 찬양의 개혁이 없이는 불가능하다는 것을 잘 알고 있었다. 그래서 사람들은 루터를 "복음찬송의 아버지"라고 일컫는다.

"만약 루터가 교회음악에 대한 풍부하고도 대담한 지식과 응용 능력이 없었다면 과연 종교개혁이 가능했을까? 루터는 회중찬송뿐만 아니라 성가대의 세련된 다성 합창까지 장려하였다. 가톨릭 신학자는 "루터의 찬송가는 그의 책이나 설교보다 더 많은 영혼을 지옥에 가게 했다."고 말하였다. 현재 가톨릭에서도 루터의 찬송을 부른다.

루터는 확실한 음악관이 있었다.
1) 찬송은 하나님이 주신 최고의 선물이다.
2) 찬송은 하나님 이외에 그 어느 것도 찬양할 수 없다.
3) 음표는 가사를 살아있는 것으로 만든다.
4) 이미 잘 알려진 노래의 선율을 창작에 응용해서 사용한다.
5) 코랄은 한 음표에 한 음절씩 가사를 붙였다.
6) 모든 성도들은 모국어로 찬송을 부르며 성경을 읽어야 한다.
7) 찬송을 기쁨으로 불러야 한다고 생각하였다.
8) 독일어 찬송을 작곡하고 다른 음악가에게 위촉하여 라틴어 노래를 번역하였다.
9) 젊은이와 어린이들의 음악교육에 지대한 관심과 열의를 가졌다.
10) 그는 학교의 음악교육 과정에 최초로 찬송을 넣은 교회음악 교육자였다.

"나는 음악을 사랑한다. 왜냐하면 음악은 사람의 산물이 아니고 하나님의 선물이며 영혼을 즐겁게 하고 마귀를 몰아내고 죄 없는 기쁨을 일으키고 이를 통해 분노, 욕정, 교만을 사라지게 하기 때문이다.

나는 신학 다음의 맨 첫 번째 자리를 음악에게 부여하는데 음악
은 평화의 시간 속에 있고 또 평화 속에서 살고 있기 때문이다.
-루터29)"

2. 장 칼뱅(Jean Calvin, 1509-1564)

칼뱅은 거룩함을 향하여 열정적으로 일관된 삶을 살았다. 성도, 교회의 거룩과 제네바의 거룩을 이루기 위하여 헌신한 목회자요, 신학자요, 개혁자였다. 그는 1564년 5월 27일 저녁 8시~9시 사이에 영원한 나라를 향해 55세의 일기로 눈을 감았다고 임종을 지켜보던 베자가 기록했다.

스트라스부르에서 자기가 친히 듣고 큰 감명을 받았던 독일 코랄 곡이 마음에 들어 그 곡조에 맞추어 먼저 시편46편과 52편을 프랑스어로 운문역을 하였고, 그 외 몇 개의 다른 시편을 번역하여 출판을 결심하였으나 재능이 부족하여 만족을 느낄 수가 없었다.

1536년 종교개혁 27세 때 『기독교강요』라는 책에서 음악에 대하여 언급하였다.(3장에서)

1) 신약에 사용하라는 말씀이 없다, 가사의 영적인 의미를 느껴야 한다는 이유로 악기 연주를 반대하였다.
   고린도전서 14:15 '내가 영으로 찬미하고 또 마음으로 찬미하리라'
2) 교회음악은 엄숙하고 위엄이 있어야 하므로 시편가를 사용해야 하고 오직 성악만 사용해야 한다. 특히 회중들이 노래해야 하므로 간결해야한다. 그래서 단성부 선율만 허용하였다. 다성음악의 복잡한 요소가 생각을 말씀으로부터 분리한다고 생각에서였다.
   4성부와 독창은 자기 과시적이므로 가정에서는 부르도록 허용하였다.
3) 성경 안에 있는 가사만 허용하였다.(시편과 칸티클만 허용) 시편찬

---

29) 이성삼, 『세계음악사』 44쪽

양은 예배에서 부수적인 것이 아니라 본질적인 것이라고 하였다.
4) 뜻도 모르는 라틴어로 찬송 부르는 것을 거부하였다. 마음이 전적으로 몰입되어야 한다.
5) 교회음악의 선교적 기능(이사야 42:12)을 강조하고 자신을 위한 노래는 거부하였다.
6) 교육적 기능을 강조하여 가창학교(Scola Cantorum)를 설립하고 음악가들의 시편가 출판하였으며 **보수를 지급**하였다.-(느헤미야 13:10)
7) 제네바 시편가는 회중찬송에 있어서 큰 공헌을 한 것이다. **시편의 운율화된 회중찬송이다.**
8) 1542년에는 『새로운 예배규정』 교회의 기도와 찬송의 형식이라는 제목의 이 책은 스트라스부르에서 도입했던 예배의식을 담고 있다.

> 칼뱅, "시편을 노래하는 것은 우리의 마음을 하나님께 드리도록 자극할 수 있고, 하나님의 영광을 찬양할 때 뿐 아니라 기도할 때에도 우리를 열정에 이르도록 자극할 수 있다. 또한 시편을 노래하므로 교황과 로마교회에서 빼앗아 버린 것이 무엇인지를 알게 해 준다. 교황은 진정한 모두의 성가이어야 하는 찬송가를 자기들끼리의 중얼거림으로 왜곡했다."
> (논문, "제네바 교회 조직과 예배를 위한 조항들에서")

3. 츠빙글리(Ulrich Zwingli, 1484-1531)

인문주의적인 개혁 신학을 통해 종교 개혁을 이루었고 탁월한 음악가인 츠빙글리는 무악기론자로서 1524년부터 오르간의 사용을 철폐하였다. 그 이유는 다음과 같다. 이 결과 교회음악은 발전하지 못하였다.
1) 찬송은 일반인의 언어로 예배드려야 하며,

2) 일반 교인들의 기도 참여를 독려하고,
3) 계속적인 성경 낭독을 강조하며,
4) 예배에서 오르간이나 1525년부터 성가대의 음악사용을 금지하고 회중들의 찬송가를 폐기하자고 하였다. 그는 작곡도 했으나 교회 음악은 아니었다.
5) 예배에서 중요한 것은 오직 말씀 선포이다. 회중들은 침묵 속에서 마음으로 찬송하고 기도할 뿐이었다.

루터, 칼뱅, 츠빙글리 교회음악의 차이점 요약하면,
    (1) 루터
        회중은 찬송을 불러야 한다.
        창작 찬송가 가사를 지을 수 있다.
        합창 음악은 가정에서도 사용할 수 있다.
        합창 음악을 예배에서도 사용할 수 있다.
        오르간 및 모든 악기를 예배에서 사용할 수 있다.

    (2) 칼뱅
        회중이 찬송을 부르는 것은 가능하다.
        창작 찬송가 가사를 마음대로 지어서는 안 된다.
        합창 음악을 가정에서는 할 수 있다.
        합창 음악을 예배에서 사용할 수 없다.
        오르간 음악이나 기악 음악은 예배에서 사용할 수 없다.

    (3) 츠빙글리
        회중이 찬송을 부르는 것은 안 된다.
        찬송가 가사를 마음대로 지어서는 안 된다.
        합창음악을 가정에서도 할 수 있다.
        합창음악을 예배에서 사용할 수 없다.

오르간 음악이나 기악 음악을 예배에서 사용할 수 없다.

츠빙글리는 단지 가정에서 부르는 합창음악만을 허락하였고, 교회에서 사용하는 모든 음악을 부정하였다. 성서에서 언급하지 않은 일체의 음악적 관습을 거부하여 예배 수단에서 제거하였다.

칼뱅은 가정에서 하는 합창음악과 회중찬송만 가능하다는 긍정적인 견해이지만 잘 살펴보면 그의 회중 찬송론에도 상당한 제약이 있었다. 회중이 찬송을 부를 수는 있지만 시편가만 부르도록 해야 한다는 것이다. 그의 주장대로라면 오르간 음악 및 모든 기악음악, 또 예배에서 사용하는 성가대의 합창 음악을 사용하지 말아야 할 것이다. 창작 찬송가도 당시는 불가능했다. 단지 루터만이 교회음악의 모든 면에 대하여 긍정적이었다.

루터는 성공적 교회 음악가이자 교회음악 교육가였다. 왜냐하면 최초로 찬송이라는 과목을 학교 음악 교과과정에 편성했기 때문이다. 그리고 가톨릭에서도 루터의 주장대로 회중 찬송가집이 있으며 회중들이 찬송을 부르기 때문이다. 독일 남부의 교회에서 사용하는 천주교 찬송가 집에는 루터의 찬송이 10여 곡이나 들어 있다고 한다. 루터 당시에는 이런 사항들이 불가능한 일이었다. 그러나 종교개혁을 통해 루터가 심혈을 기울여 노력한 보람으로 찬송이 누구에게나 자유롭게 사용할 수 있도록 되었다.

*참고: "예배드리다와 예배보다"

'예배보다'라는 말이 나쁘다고 하는 이가 있다. 그런데 필자는 이 말도 좋은 말이라고 생각한다. 우리말의 '보다'라는 동사 또는 보조동사는 상황에 따라 다음과 같은 여러 가지 의미로 쓰인다. 일반적으로 초신자의 경우 예배를 참석하여 하나님께 가치를 돌리는 것은 물론, 예배에 참여하고 설교를 듣는다. 그렇다면 '예배보다'는 말이 예배드린다는 말보다 오히려 더 적절하지 않나하는 생각이다. 다만 '예배보다'는 표현이 구경

꾼 같은 어감을 준다는 생각을 말하는 사람이 있기는 하지만 깊이 생각해 보면 꼭 그렇지도 않다.

'보다'라는 보조동사는 본래의 의미인 쳐다보다는 의미 이외에 경험과 상태 그리고 참여와 축제적인 의미의 다양한 뜻까지도 포함하고 있으며 서로 교감하는 의미를 담은 복합적 성격의 좋은 말이다.

'예배본다'는 말은 하나님께 신령하고 경건하게 '예배한다'라는 깊은 의미를 포함하고 있어서 좋기 때문이다. '예배보다'와 '예배드리다'의 개념과 속성이 조화 있게 절충하면 좋을 것 같다. 순서로 보아 초신자는 우선적으로 참여가 중요할 것이고 점점 창조주 하나님의 가치를 알고 그분에게 영광을 돌리게 되는 것이다.

'예배드리다(service)'는 동사는 하나님께 헌신함을 강조하고 있으며 하나님 중심의 예배를 드리는 예전적 의미를 포함하고 있다. 신령과 진정으로 하나님께 예배를 드린다. 이 말은 의식적인 정중한 뜻으로의 경어이나 성서에 직접적으로 사용된 예는 없고 우회적으로 예물을 드린다. 몸과 마음을 드리는 헌신의 의미로 사용하고 있다.

> 예배보다(Worship)- 교인들이 예배당에 가서 의식을 참례한다(禮拜-경례하고 절함).
> 맛보다- 경험, 욕보다- 당하다. 경험
> 시장보다-일(옛날에는 물건을 사고팔았으나 지금은 사든지 구경만 한다), 구경과 참여와 축제적 성격으로서의 보조동사 보다.
> 며느리보다- 맞이하다. 얻다. 거느린다.
> 예배보다-워십-창조주의 가치를 돌리고 그 분을 전능자로, 왕으로 창조자로 경배함.
> 기쁜 마음으로 주님을 만난다. 헌신 예전, 서로 교감한다.

'예배한다'는 말은 일반적으로 성서에서 볼 수 있는 어휘로서 행위를 객관적으로 말한다. '예배 지낸다'(제사 지낸다에서 유래)는 말은 없으며 교회에서 이런 말을 사용하지 않지만 모든 순서를 행한다는 의미로 가능하다. 행사를 치른다는 예전적 의미를 담고 있다.

10 독일찬송

*독일찬송의 특징 - 코랄

10 독일찬송

독일찬송의 특징-코랄

　독일에서는 종교개혁 이전부터 독일어 가사에 의한 찬송을 불렀는데 세속적 민요 곡조에 콘트라팍타를 한 찬송이 많았다. 특히 루터교회는 찬송과 시편가를 만들기 위하여 174개의 찬송을 콘트라팍타하였는데 세속적인 곡과 거룩한 곡을 구별하지 않았다.
　개신교에서는 지금까지 교회가 성직자와 성가대원 위주로 부르던 찬송을 회중찬송 중심으로 바꾸었다.

　한스 레오 하슬러(Hans Leo Hassler, 1564-1612)는 연가 〈Mein G'müt ist verwirret〉(내 마음은 그 소녀 때문에 설렌다)라는 곡에 지금의 수난찬송 145장으로 바꿨다.
　종교개혁시대의 음악적 환경은 귀족들에 의해 후원되었던 세속음악 위주로 되면서 다성음악 중심이었다. 선법이 아직 사용되었지만 장, 단조 체계의 음악이 형성되기 시작하였다.

16세기 종교개혁 사상으로 생겨난 것이 독일의 코랄이다. 독일의 코랄은 리듬의 생동감과 단순성(루터는 찬송은 단순하면서도 분명해야 한다고 표현)을 주어 인간에게 큰 힘을 준다.

코랄 리듬은 17세기 중엽에 나타났는데 보통 각 악구가 짧은 음표로 시작되고, 기도찬송은 긴 음표로 시작되었다. 코랄에 있어서 이오니안 선법(Ionian, Hypo-Ionian)을 사용하다보니 결국 장, 단조를 낳게 하는 음악사적으로 큰 공헌을 하였다.

코랄의 근원은,
1. 공인된 라틴어 찬송가, 라틴 Sequence에서 나온 곡과 가사 그리고 Plain song
2. 종교개혁 이전의 대중적 찬송과 민요
3. 세속적 노래 선율
4. 마르틴 루터가 직접 작곡한 것 등이다.

찬송의 필요성을 절실히 느낀 루터는 찬송시 41편을 개작하거나 직접 작사하였다. 종교개혁 후 중요한 시기였던 1523년 전후로 많아졌다. 그가 만든 찬송은 라틴찬송 번역 11편, 개혁 이전 찬송 12편 개작, 시편 7편 운문화, 성서로부터 온 8편, 기타가 3편 등이다.

음악은 처음에는 무반주 유니슨이었고 단성음악을 유니슨으로 부르는 한 절과 성가대의 다성부의 절을 교대로 불렀다. 1600년 대 이후 소프라노에 선율을 둔 4성 오르간 반주가 붙여졌고 회중은 선율만 노래하였다. 코랄은 운율적이며, 리듬이 느리고 평탄하기도 함과 동시에 리듬이 강하고 명확하며 규칙적이다. 선법의 틀에서 벗어나 장, 단조 체계에 의한 것이며 선율이 단순하며 아름다워 외우기가 쉬웠다. 구 성가보다 더 화성적이다. 가사는 자국어인 독일어로 되어 있다. 주로 개신교 작곡가에 의하여 작곡되었다.

루터의 첫 찬송가는 1524년, 몇 편의 기독교 노래(Etlich Christliche Lieder)이다. 여기에는 루터교 찬송 4편을 포함하여 8편의 코랄이 수록되어 있다. 가정이나 교회에서 부를 수 있는 회중찬송가였다. 1524년 『에르푸르트 찬송가』(Erfurter Enchiridion)는 26편의 코랄이며 가정과 교회에서 불렀다. 1524년 Johann Walther가 출판한 『영가집』(Geistliches Gesangbüchlein)은 『비텐베르크 성가집』이라고도 하며 성가대용 다성 코랄집이다.

P. Nicolai(1536-1608)의 〈깨어라 먼동이 튼다〉(191장, 『개편찬송가』 77장) 찬란하고 〈아름다운 새벽별〉(Wie schön leuchtet der Morgenstern) 등이 포함되어 있다.

16세기 말에 이르러서 회중찬송이 널리 쓰였다. 회중들은 유니슨으로 노래하였고 성가대는 테너 성부에 주선율이 있는 다성합창곡을 불렀다. 이때에는 대위법 음악보다 화성적 음악이 발달하였다.

17세기 독일찬송

독일은 30년 종교전쟁으로 말미암아 하나님의 섭리와 돌보심을 더욱 믿으며 신앙생활에 있어서 위로와 안위를 구함이 개인적이며 주관적으로 바뀌게 되었다. 30년 전쟁은 1618~1648년 동안 독일을 무대로 신교(프로테스탄트)와 구교(가톨릭) 간에 벌어진 종교전쟁이다.

개인 중심의 가사 Ich-Lieder, 공동체 중심의 가사 Wir-Lieder가 있다. 언어의 순수성이 강조되었으며 운율이 강조되었다. 시는 매우 감상적이고 주관적이었다.

요한 헤르만(Johann Hermann 1585-1647)작사, 152장 귀하신 예수
마틴 린카르트(Martin Rinkart 1586-1649)작사, 66장 다 감사드리자
파울 게하르트(Paul Gerhardt 1607-1676) 123편 작사, 그 상하신 머리
크뤼거(1598-1662)는 베를린 성 니콜라스 교회 음악 책임자로서 코랄

에 신선한 활력을 불어 넣은 작곡가이다. 간결하고 견고한 운율적 리듬과 서정적 아름다움을 지녔다. Bar form소절형식이 적용되었다.

그가 편집한 찬송가집 『Praxis Pietatis Melica』는 루터교 코랄의 고전적 자료가 되고 있다. 1736년까지 45판이 거듭되었으며 1,300여 편이 수록되어 있다. 〈다 감사드리자〉(66장), 〈주는 귀한 보배〉(81장)이 이 찬송가에 실려 있다.

17세기 말의 경건주의 독일찬송

30년 전쟁 중에는 전쟁의 참담함으로 말미암아 열정적이고 주관적 종교사상이 싹텄다. 따라서 찬송가는 개인적 신앙생활에 더 영향을 준 찬송가로 발전하게 되었다.

이 시대에 가정과 신자들의 기도회에서 성경읽기와 찬송 부르기가 더 강조되었다. 하나님이 친히(『통일찬송가』 54장)가 이때의 찬송이다.

1704년 발행된 『Johann Anastasius Freylinghause』(1670-1739)의 『Geistreiches Gesängbuch』에는 750편의 찬송가사에 250곡의 곡조가 수록되어 있다.

프라이링하우젠(Freylinghausen)의 12장에는 다함께 주를 경배하세(Dir, Dir, Jehovah)가 실려 있다.

18세기 독일찬송

경건주의 신앙운동과 세속음악은 결국 교회음악과 회중찬송의 쇠퇴를 가져왔다. 이 시대의 주관적 찬송가로 말미암아 오르간 주자들에게 개인적 기량이 발달하게 된다. J. S.바흐는 회중찬송 방면에 큰 영향을 끼치지는 않았다. 그로 인하여 4성부 코랄집이 발달하였다.

내주여 뜻대로(549장), 아름다운 시온성아(『통일찬송가』 25장), 코랄은 새로운 음악형식으로 발전해 간다. 그것은 코랄칸타타, 코랄 모테트, 코랄변주곡 등이다. 코랄 변주곡은 오르간 곡의 기초를 이루는데 크게 공헌한 음악양식이다.

11 영국 찬송

*영국 창작찬송의 가치

11 영국찬송

    16세기 영국에서는 처음에 루터의 개혁사상보다 칼뱅의 종교개혁사상을 따랐다. 그러므로 회중찬송으로 자국어인 영어 운율로 된 시편가만 허용하였으며 창작찬송은 엄격하게 금하였다. 1821년까지는 공식적으로 교회에서 찬송을 허락하지 않았으나 17세기 말부터 운율 시편가가 점차 쇠퇴하고 찬송으로 그 기반을 굳혀갔다.
    그 배경은 운율 시편가를 더욱 문학적으로 특징 있게 개선하고 싶다는 욕구와 시대에 맞는 가사를 만들어 이에 성경구절을 적절하게 적용하려는 노력이 어우러진 결과였다. 〈한 밤에 양을 치는 자〉(『통일찬송가』 124장) 시편가에서 찬송으로 전환됨에 있어 음악은 시편가 그대로였지만 가사 내용은 바뀌었다. 회중찬송을 반대하는 사람들은,
  (1)초대교회에서 성악만이 특별한 은사였는지 검토
  (2)인위적 운율을 가진 노래 형식을 허용할 것인가 여부
  (3)목회자 혼자 부를 것인지, 교인 아닌 사람이 섞여 있는 남녀가 다 모인 회중들이 부를 것인지에 대한 논쟁들이 주로 그 주제였다.
    그러나 회중찬송을 옹호하는 자들이 우세하였다. 와츠(Isaac Watts

1674-1748)는 영국찬송 발전에 획기적 전환점을 가져오도록 한 사람이다. 사람들은 그를 영국찬송의 아버지라 일컫는다. 와츠는 회중교회 목사로서 칼뱅 신학을 따랐다. 시편의 문자적 사용보다는 관련된 창작찬송을 만들었다. 영국찬송은 재해석된 복음적 내용 즉 문자적 시편이 아니라 그 내용을 자유롭게 창작한 것이다. 찬송을 시편에만 국한시키는 것은 그리스도의 탄생, 사망, 부활, 승천과 관계없이 행동하는 것 같다고 말했다. 교회 노래는 노래하는 자의 감정과 사상의 표현되어 시편을 노래해야 한다고 생각하였다. 그러므로 운율 시편가에서 복음적인 찬송으로 자연스럽게 전환하게 된 것이다.

〈주 달려 죽은 십자가〉, 149장, 성경을 의역한 찬송
〈웬 말인가 날 위하여〉, 143장, 성경을 의역한 찬송
〈기쁘다 구주 오셨네〉 (시편 98편), 115장
〈예부터 도움 되시고〉 (시편 90장), 71장
〈십자가 군병〉, 352장, 성경을 의역한 찬송
〈저 높고 넓은 하늘이〉 (시편 19편), 『통일찬송가』 237장
〈이 날은 주님 정하신 날〉 (시편 118편), 46장
〈주 사랑하는 자 다 찬송할 때에〉, 249장
〈햇빛을 받는 곳마다〉, 138장, 객관성 강조

웨슬리(Charles Wesley 1707-1788)의 형인 존(John)은 옥스퍼드 대학 홀리 클럽의 지도자로 시편가와 찬송 부르기를 적극 장려하도록 활동하였다. 모라비아 교도들의 시편가와는 다른 뜨거운 찬송에 영향을 크게 받았다. 이것은 오늘날 복음찬송가의 특징이 되고 있으며 근엄한 영국 국교회 찬송에 대한 도전이라고 볼 수 있었다.

칼뱅주의가 인간의 자유의지를 부정하는데 반해 웨슬리는 인간의 자유의지를 인정하며 모든 인간이 하나님의 구원의 대상이라는 구원의 보편

성을 주장하는 신학적 입장에 있었다. 그의 찬송은 6,000여 편이 있으며 일반 교인들에게 친숙한 가사와 유행가, 민요조의 곡조로 자유롭게 부르는 회중찬송으로 발달되었다. 그 결과 음악의 질적으로 보면 대중성이 더욱 발달되었다. 가사에는 all 이라는 단어가 많이 사용되었다. 강, 약조가 많이 사용되어 힘찬 찬송이 많다(당시 시편가에는 약, 강조(Jambus)가 많다)

웨슬리는 안수받은 영국국교회 목사였으며 알미니안 신학을 따르며 복음전도를 강조하였다. 그는 주관적 경험을 중요시하였고 다양한 운율을 구사하였다.

〈천사 찬송하기를〉, 126장
〈만입이 내게 있으면〉, 23장
〈하나님의 크신 사랑〉, 15장
〈오랫동안 기다리던〉, 105장
〈천부여 의지 없어서〉, 280장
〈나 맡은 본분은〉, 595장

찬송의 가치를 알고 열정적으로 찬송을 부름으로 인하여 영국찬송은 18세기 복음주의 부흥운동에 큰 영향을 주었다.

〈주 예수 이름 높이어〉, 356장
〈만세 반석 열리니〉, 386장
〈나 같은 죄인 살리신〉, 305장, 『올니찬송가』에 수록
〈시온성과 같은 교회〉, 210장, 『올니찬송가』에 수록
〈하나님의 크신 사랑〉, 15장
〈귀하신 주의 이름은〉, 『통일찬송가』 81장
〈주 하나님 크신 능력〉, 『통일찬송가』 80장
〈뭇 성도 찬미할 때〉, 『개편찬송가』 428장

『올니찬송가』(Olney Hymns, 1779)는 뉴턴(John Newton, 1725-1807)이 지은 찬송 280곡에 쿠퍼(William Cowper, 1731-1800)가 지은 찬송 68곡을 합하여 출판한 찬송가이다. 올리 마을의 사람들은 교육의 기회를 갖지 못했던 어려운 사람들을 위하여 종교교육을 목적으로 쉽게 부를 수 있도록 만든 찬송이다.

옥스포드 운동(The Oxford Movement)

19세기에 있었던 영국 성공회의 신앙 정화운동인 옥스퍼드운동은 영국찬송 형성에 큰 영향을 끼쳤다. 이 운동의 시작은 뉴만(John Henry Newman), 케블(John Keble), 그리고 퍼시(E. B. Pusey)였는데, 이들이 공동 집필한 책의 제목 『Tracts for the Times』(1833-1841) 때문에 트랙테리안 운동이라고 불리기도 했다. 이것은 복음주의 확산운동으로 예배와 의식을 개혁하자는 운동이었는데 그 중심 사상은 중세의 종교개혁 이전 의식을 모델로 하여 예전적 예배를 매일 드리자는 운동이었다. 교회력에 따라 찬송 부르기, 복음찬송과 예전찬송의 차이점 인식, 라틴찬송의 발굴 개발 등이 업적이다.

〈캐스웰-구주를 생각만 해도〉, 85장
〈콕스-찬양하라 만유의 주〉, 『개편찬송가』11장
〈닐-왕되신 우리 주께〉, 140장
〈예루살렘 금성아〉, 『통일찬송가』538장
〈곧 오소서 임마누엘〉, 104장
〈부활하신 날〉, 『개편찬송가』138장
〈윙크워스-주는 귀한 보배〉, 81장
〈다 감사드리세〉, 66장
〈아름다운 시온성아〉, 『통일찬송가』250장
〈다 찬양하여라〉, 21장

⟨동이 터온다⟩, 『개편찬송가』 77장
⟨페이버-환란과 핍박 중에도⟩, 336장
⟨부리지스-면류관 벗어서⟩, 25장

빅토리아시대의 찬송

빅토리아 여왕(Queen Victory, 재위1837-1901)의 시대에 만들어진 창작찬송의 특징은 예전중시, 경건성 회복, 개인의 신앙체험과 관련하여 다양한 관심을 표현, 세속적 합창곡의 영향으로 새로운 시도, 그리고 선율보다 화성의 강조 등이다.

⟨엘러튼-주 명령 따라 해는 지고⟩, 『합동찬송가』 42장
⟨앨퍼드-감사하는 성도여⟩, 587장
⟨스톤-교회의 참된 터는⟩, 600장
⟨하버갈-나의 생명드리니⟩, 213장

12 한국찬송

*교단찬송의 필요성, 한국찬송의 토착화
*새로운 창작찬송가의 필요성

12 한국찬송

한국찬송가 약사

한국 땅에는 1885 4월 5일 인천 제물포항으로 장로교 선교사 언더우드(Horace G. Underwood 1859-1916)와 감리교 선교사 아펜젤러(Henry G. Appenzeller 1858-1902)가 배편으로 들어와 공식적으로 복음전도가 시작되었다. 1885년 4월 10일에 에비슨(Oliver R. Avison)이 25세의 나이로 제중원(후에 세브란스로 개명)을 설립하였다. 이미 한국 땅에는 기독교가 전해졌는데 누구에 의하여 처음 전해졌는지는 아무도 모른다.

네스토리우스는 431년 에베소공의회에서 파문당하여 안디옥으로 추방되었는데 435년 애굽 사막으로 유배되었고, 450년경 이집트로 망명하여 사망하였다. 네스토리우스파는 6세기에 중앙아시아로 복음을 전파하였고 635년 페르시아인 네스토리우스교 선교사 알로펜이 당나라 수도 장안에 와서 네스토리우스교를 전하였다. 중국에서 네스토리우스교는 당태종 때 공식적으로 승인되었다. 경교라고 알려진 이것은 '대진경교유행중국비(중국 산시성 박물관)'에 그 기록이 있다(781년). 신라가 통일의 대업을 이루기 위하여 중국 당나라를 여러 차례 방문했던 김춘추와 기독교를 처음으로 접촉했을 가능성이 제기되어 경주 불국사에서 십자가가 나왔다는 주장도 있다.[30]

1882년에는 백홍준, 김진기, 서상윤 등 황해도 의주 청년들은 만주 땅에서 로스목사와 함께 요한복음과 누가복음을, 1883년에 마태복음, 마가복음, 사도행전을 그리고 1887년에는 신약전서를 번역 출판하여 서상윤 등이 짊어지고 의주, 황해도 소래 등지에서 비밀히 전도하였다.

한국 선교 초기에 세워진 교회를 보면 다음과 같다.

    1883. 북한 소래교회(서상륜, 서경조)
    1887. 1.23. 서경조[31], 정공인, 최명오 세례 받음
    1887. 9.27 새문안장로교회 설립
    1887. 10.4 서상륜, 백홍준 장로 피택
    1887. 10.9 기도소(정동 제일감리교회)설립
    1887. 남대문장로교회 설립
    1888. 12. 애오개 감리교회, 상동감리교회
    1890. 동대문감리교회, 중앙감리교회
    1892. 부산진교회
    1893. 승동장로교회 설립
    1893. 부산 초량교회
    1893. 대구제일교회

---

30) 민경배, 『한국교회사』, 연세대학교 출판부
31) 서경조(1852-1938) 서상륜(1848-1926)의 동생. 황해도 장연군 대구면 송천으로 이주. 복음서 반포

1893. 6. 북한 장대현교회(평양 중앙교회) 설립
1894. 연동장로교회 설립
1894. 부산 제일영도교회
1903. 평양 남문밖교회
1905. 북한 창동교회
1906. 북한 산정현교회
1909. 북한 서문밖교회

1. 처음에 우리나라에 들어온 찬송가는 적은 수였으며 형태 또한 불완전였다. 이러한 가운데 한국 최초의 찬송가가 탄생하였는데, 1892년 발행된 감리교의 찬미다. 이것은 배재학당 교사였던 감리교 선교사 존스 (G. H. Jones1867-1919),와 이화학당 교사였던 로스와일러(L. C. Rothweiler 1853-1921)가 편찬한 감리교 전용 찬송가였다. 27편으로 엮은 당지 수형본(手形本)이었고 가사만 적은 것이었으며 서울에서 출판되었다.

찬송가에는 장수, 영어가사 첫줄, 곡명, 운율, 출처가 표시되었다. 제목은 한글 가사 첫줄이다. 1895년 재판 때에는 81곡으로 증편되었는데 백홍준 작사의 우리 비록 난하나(72장) 등 한국인 찬송 4편(11, 42, 53, 72장)이 포함되었다. 서문에서 번역찬송의 문제점을 지적하고 있다. 이후 1897년(3판 90곡), 1899년(4판 176곡), 1900년(5판), 1905년(7판 183곡)에 증보되었다.

2. 찬미가보다 완전한 최초의 찬송가는 1893년 7월 27일 발행된 『찬양가』(The Hymn Book)이다. 『찬양가』는 장로교선교사 언더우드 1859-1916)의 편찬인데 117편이 수록되었다. 지금과 같은 4성부 편곡으로 되어 있고 최초의 악보 찬송가이다. 일본 요코하마에서 인쇄하였으며 인쇄비는 언더우드의 형이 부담하였다.

찬미가 출판 이후 더욱 완전하고 새로운 찬송가의 편찬 필요성을 느

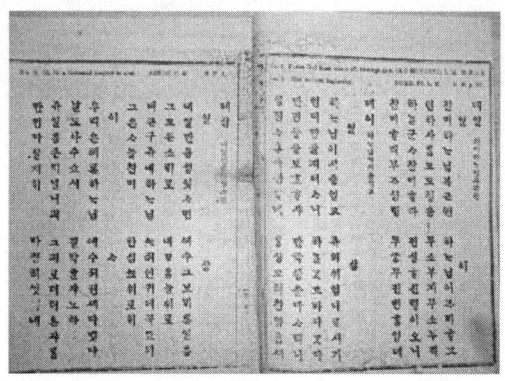
(악보20) 가사판 『찬미가』 데일, 데이, 데삼

껴 협약을 맺고 감리교의 존스와 장로교의 마펫(S. A. Moffett, 1864-1939)에게 실무를 맡겼으나 양측 사정으로 출판이 지연되자 언더우드는 1894년 단독으로 『찬양가』를 출판하였다.

찬양가의 특징은,
1) 곡명, 운율과 곡목색인을 넣었다.
2) 하나님을 여호와, 아버지로 하였는데 이것이 감리교와 갈등의 요인이 되었다.
3) 19세기 미국과 영국찬송을 중심으로 엮었는데 한국인 찬송 9편[32])이 포함되어 있다.
아이작 와츠 13편, 웨슬리 7편 19,0세기 영국찬송 60여편, 19세기 미국 복음성가 5편, 미국찬송 20여편, 복음성가가 주를 이룬다.
4) 1895년(재판 154곡), 1900년(3판 182곡) 증보되었다.

---

32) 이유선,『기독교음악사』, 125-131

1894년 발행된
『찬양가』의 내지
(The Hymn Book)

『찬양가』 셔문
(띄어쓰기만 현대식으로 함)

텬하만국에도 업는 나라가 업고 신을 위ᄒᆞ지 안는 빅셩이 업스니 죠션에도 도가 잇고 위ᄒᆞ는 신이 잇는지라. 그러ᄒᆞ나 도대로 분명히 직희고 죄 ᄒᆞ나도 범ᄒᆞ지 아니ᄒᆞ는 사름은 업스니 죄를 가지고 신을 위ᄒᆞ려 ᄒᆞ면 졀노 무셥고 두려은 ᄆᆞ음이 잇슬 수밧긔 업도다.

죄인이 님금 압희 가려ᄒᆞ여도 무섭고 두려운 ᄆᆞ음이 잇거든 ᄒᆞ믈며 신 압희 가면 더옥 무셔은 ᄆᆞ음이 엇지 업스리오.

노래로 찬미ᄒᆞ는 거슨 깃븐 ᄆᆞ음이 잇서셔 노래를 홀 거시오 신을 위홀 때에 찬미ᄒᆞ는 거슨 쓸듸업는 거시 아니오. 실노 긴요ᄒᆞᆫ 거시니 다른 도를 보매 찬미ᄒᆞ고 노래ᄒᆞ는 도는 참신 여호와와 예수를 위ᄒᆞ는 도 밧긔 업ᄂᆞ니라. 이 분간은 엇지되는 것슬 알아 보랴고 홀진대 이 아래 ᄌᆞ셰히 말ᄒᆞ노라.

우리가 쥬 압희 나아가 노래ᄒᆞ고 찬미ᄒᆞ는 거슨 죄를 가부얍게 넉이는 것도 아니오. 사름이 죄 범ᄒᆞ지 아니ᄒᆞ엿다고 ᄒᆞ는 것도 아니오. 다만 죄를 극히 히 넉이고 죄를 만히 범ᄒᆞᆫ 거슬 알아 우리 힘으로는 여호와 압희 도모지 나아가지도 못ᄒᆞ려니와 이외로 참 실샹을 알면 불가불 깃버 찬미홀지니 이 연고는 다름아니라 참참신 여호와ᄭᅴ셔 셰샹 사름들이 각각 제 ᄆᆞ음대로 헛 신을 위ᄒᆞ고 제 ᄆᆞ음대로 욕심을 내고 음란ᄒᆞ고 살인ᄒᆞ고 거즛ᄒᆞ야 ᄒᆞᆼ샹 죄를 범ᄒᆞ는 거슬 보시고 불샹이 넉이시고 아모됴록 건져주랴고 ᄒᆞ샤 그 외아들을 이 셰샹에 ᄂᆞ려 보내샤 죄범ᄒᆞᆫ 사름을 듸신ᄒᆞ야 벌을 밧아 죽으시고 닐ᄋᆞ시듸 아모라도 나를 밋으면 죄인으로 보지 아니시고 아조 아들노 보신다 ᄒᆞ시니 이보다 사름에게 더 깃븐 말슴이 어듸 또 잇스리오.

우리들이 예수를 밋으면 참 신 여호와를 쥬로만 알 거시 아니라 우리가 ᄉ랑ᄒ 온 아바지로 알 거시니 이 싱각을 ᄒ면 례빙ᄒ러 올 째에 찬미홀 수밧긔 업고 ᄯ 이도ᄂ 죠션에 온 지가 오라지 아니ᄒ니 외국노래를 가지고 죠션말노 번역ᄒ고 곡됴를 맛게 ᄒ야 ᄎᆨ ᄒᆫ 권을 ᄆᆮ드럿시니 이 ᄎᆨ에 잇ᄂ 찬미가 다 ᄒᆫ 사름의 번역ᄒᆫ 거시 아니라 여러 사름이 번역ᄒ야 모화둔 거시오. ᄯ 이   에 데스, 데이십구. 데삼십팔, 데륙십일, 데구십삼, 데일빅 십삼, 데일빅 십오ᄂ 다 죠션 사름이 지은 거시니 그러나 곡됴를 맛게 ᄒ랴 ᄒᆫ즉 글ᄌ가 명ᄒᆫ 수가 잇고 ᄌ음도 고하 탁이 잇서셔 언문ᄌ 고뎌가 법대로 틀닌 거시 잇ᄉ니 아모라도 잘못된 거시 잇거든 말ᄉᆷᄒ여 곳치기ᄅ ᄇ라오며 ᄎᆨ은 잘못지엇실지라도 례빙홀 째에 이 ᄎᆨ을 가지고 찬양ᄒ야 모든 교형들의 흥긔ᄒᄂ ᄆ음이 더 감동ᄒ기를 ᄇ라노라.

구세쥬 강싱 1893년 계ᄉ 7월 27일 미국 목ᄉ 원두우 근셔

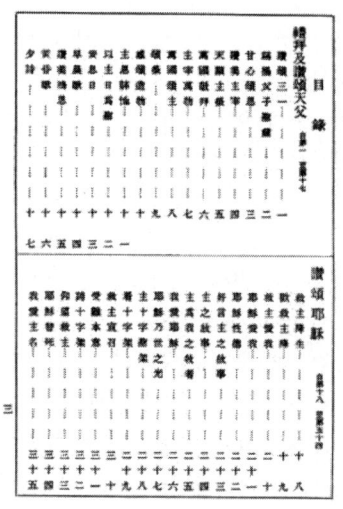

(악보22) 『찬양가』의 목차

찬양가의 가사의 옛 표현법들

1장, 놉혀들 보세- 권유형

25장 우리를 구하야 준 예수 목자 갓치 인도하오.

양의 밧에 나를 먹이고 예비한 곳에 두게-명령형

56장 셩령이 참 빗츠로 내 마음에 벗 최고 캄캄한 밤 되엿네 밝은 날 되게 하게-명령형

61장 예수의 놉흔 일홈이 내 귀에 드러온 후로 젼 죄악을 쇼멸 하니 사후 텬당 내 거실세- 서술형

65장 쥬여 날 바리지 말게 내 음셩 듯게 다란 사람 오라 할 때 바리지 말게.

쥬여 쥬여 내 음셩 듯게 다란 사람 오라할 때 바리지 말게.

66장 나 예수 말듯네 너 힘 부족되니 직혀긔도 하고 내게 차지라네.

예수갑헛네 모도 갑헛네 붉은 흉죄로 나 눈갓치 씻었네.

67장 예수 십자 갓가히 나를 항샹 두게 갈브리산 병 곳칠 물 잣고 흘러가네.

십자에 십자에 령혼 쉴 때까지 영원무궁하도록 내게 영화일세.

(악보23) 『찬양가』 제1장 거룩 거룩ᄒ다

(악보24) 중국찬송,
야소애아가 〈예수사랑하시니〉

　새문안교회의 백홍준의 딸인 백간성 권사의 증언에 의하면 그의 아버지가 만주에서 돌아와 새문안교회에 출석할 때 매일 새벽이면 나지막한 소리로 "쥬 야소 애워, 쥬 야소 애워(主耶蘇愛我)"를 부르며 기도했다고 전하는 것을 볼 때 당시 백홍준은 만주에서 이미 중국어 번역찬송을 불렀을 것이라는 것을 알 수 있다.

후렴) 主 耶 蘇 愛 我(주 야 소 아이 워)
有 聖 書 告 訴 我(여우 슈 까ㄴ 쑤 워)

　『찬양가』를 편찬할 때 번역에 참여했던 세 명의 선교사들은 배위량 부인(Mrs. W. M. Baird은 찬송가 〈멀리멀리 갔더니〉를 쉬운 말로 좋은 번역을 하여 상을 받았다.), 벙커 선교사(D. A. Bunker 감리교), 민로아(F. S. Miller 밀러) 선교사이다.

*민로아(Miller, Frederick Scheiblim, 閔老雅 1866-1937, 장로교 선교사, 미국 펜실베이니아 출생)

민로아 선교사는 피츠버그대학(1889)과 유니언 신학교(1892)를 졸업하고 1892년 11월 15일 부인(Anna Reinecke)과 함께 미국 북장로회 선교사로 한국에 왔다. 1893년 서울에서 예수교학당(경신학교)의 책임자가 되어 교명을 민로아 학당으로 고치고 발전시켰다. 여기서 도산 안창호(安昌浩)선생을 길러내는 등 한국 기독교 교육에 힘썼다.

1895년, 연동교회 설립의 기초를 마련하였고 청주지역에서 44년간 선교활동을 하였다. 1902년에는 장로회·감리회 연합의 찬송가 제정을 위한 '통합공의회 찬송가위원회' 위원으로 활동하였다. 1905년 **『찬송가』 588장 〈공중 나는 새를 보라〉를 작곡하였으며 96장, 『통일찬송가』 294장(『새 찬송가1』 89장 가사가 다름), 204장, 427장 등이 그의 찬송가로 현재 찬송가에 실려 있다.**

또한, 1911년 조선예수교장로회 경기·충청 노회장으로 활동하였다.

1894년 밀러는 현재의 양화진 묘역 주변에 언더우드 선교사와 에비슨 선교사 등과 공동으로 별장용지를 구입하여 각기 방갈로를 짓고 여름철에는 이곳에서 지낸 일이 있어 양화진과 관계가 깊다. 첫 부인 안나 밀러가 별세한 후 밀러는 1904년 제3대 정동 여학당장 도티(Doty, Susan A.)와 재혼하였다. 1931년 도티와 사별한 뒤 딘(Dean M. Lillian)과 다시 재혼하였다. 그가 설립하였거나 시무한 교회로 충북에서 가장 먼저 기독교를 전파한 청주 신대교회, 청원 북일의 묵방리교회, 북일 화죽리교회(1921), 송파교회(1922) 등이다. 그는 1936년에 은퇴하고 필리핀, 중국을 여행하였으나 청주로 다시 돌아와 1937년 별세하였다.

＊언더우드 선교사의 간단한 약력

　1859. 7. 1 - 1916. 10.12 런던 출생
　1872 영국에서 미국으로 이민
　1881 뉴욕대학 졸업
　1884 뉴 브른스위크 신학교 졸업33)
　1885.4.5(26세) 미 북장로회 선교사로 제물포항에 도착
　1887. 9. 27 새문안교회를 세움. 경신학교를 설립하고 물리학 교사
　　　　로 근무함.
　1889. 3 결혼(신혼 선교 여행은 평양 의주로 감), 영한사전 편찬
　　　부인: 릴리어스 홀튼 1851-1921- 의료 선교사 명성황후의 시의,
　　　양화진 묘역에 안장.
　1890 신학박사
　1895 조선 정부-훈 3등 태극장 수여
　1889 한영사전, 영한사전, 한글문법서 편찬 누가복음 번역
　1897 그리스도 신문 창간
　1907 평양신학교 교사
　1912 성경학원 원장

　언더우드는 "조선에 추수할 것이 많고 일군이 적으니 많은 선교사를 파견하라."고 말하며 함경도 지역에 복음을 전파하였다. 또한 그는 "사람이 일하지 않으면 세상사는 재미가 없다."며 말하기도 했다. 선교 초기에 한국어에는 추상적이며 영적인 진리를 표현하는 말이 없었기 때문에 그 단어를 찾느라 고심하였다. 한국의 원시 샤머니즘 사상이 한국의 선교를 쉽게 했다고 말하기도 했다.

---

33) 1884년 4월-12월, 이수정은 수차례 '조선에서의 복음 전도의 긴박성'을 '세계선교평론'(The Missionary Review of World)과 '한국의 사정'(The Condition of Korea)에 소개하였는데 언더우드와 아펜셀러는 이 글을 읽고 선교사를 지망하였다고 한다.(이유선, 『한국양악100년사』, 음악춘추사, 20쪽에서 재인용

"어렵고 어려오나 우리 쥬가 구하네. 옷과 밥을 주시고 됴흔 거살 다 주네. 어렵고 어려오나 우리 쥬가 구하네."

언더우드 선교사의 아들인 원한경(와그너)은 교육학자로 연희대 교수로 있다가 공산당 청년들에게 총으로 피살되었다. 그의 손자 원일한(부인: 원성희)은 연세대학교 교수와 재단이사로 일하였다. 언더우드(원두우, Horace Grant Underwood, 1859-1916. 10.12)는 발진티푸스로 사망하여 뉴저지의 작은 교회(Union Hill)에 묻혔다가 1999년 5월 22일 마포의 외국인 묘지공원으로 이장되었다. 그를 기념하는 기념비가 새문안교회 경내에 있다. 그는 1927년 조선 예수교 총회가 세웠다. 다음은 기념비문이다.

> 박사께서 서쪽에서 오셔서
> 하늘의 영화로운 면류관을 구하시고
> 교육에 온 몸을 다 바치셨네
> 복음을 처음으로 전파하사
> 온 누리에 빛나는 귀감이 되시고
> 한껏 새 문화를 펴셨네
> 진심을 다해 무지를 타파하시니
> 이에 거룩한 큰 공적을 기리는도다.
> 이 땅에 펼쳐 보이신 바 우매함을 일깨우시니
> 모두가 바울이라 칭하였네[34]

3. 1895년에 북 장로교 선교부가 출판한 『찬셩시』는 총54곡으로 편집된 가사판 찬송가이다. 영어가사 첫줄을 넣었고, 곡명과 운율, 그리고 번역자(언더우드, 존스, 로스, 와일러 베어드 여사)를 적었다. 북장로교 선교부는 선교사 Graham Lee와 M. H. Gifford부인의 공편으로 발간하였다. 『찬양가』는 서울과 중부지방에서 사용하였고 『찬셩시』는 서북지방

---

34) 새문안교회 언더우드 기념 『한국교회음악교육원 10년 사료집』

에서 주로 부르다가 1902년 장로교 공의회에서 『찬양가』대신 『찬셩시』를 장로교 공식찬송가로 채택하기로 결의하였다.

  1898년(재판 83곡), 1900년(3판 87곡), 1905년 판(4판 126곡-곡조) 발행
  1908년 복음주의 선교부 통합 공의회(현재의 기독교서회)거 엮은 장감 연합 『찬숑가』
  장로교의 베어드여사와 밀러, 감리교의 벙커가 엮은 262편의 가사판 『찬숑가』
  평양 예수교 장로회소속 배위량선교사(1906년 평양 숭실학교 설립자)
  1909년 악보판 발행을 피터스(A.A.Pieters) 목사 부부가 편찬

  *피득 선교사(Pieters, Alexander Albert 러시아 태생의 유대인 피터스 1871-1958 미국에서 생활)
  피득은 피터스의 한국이름으로 1895년 일본에서 기독교인이 되었고 한국으로 건너와 서울, 호남, 충청도 등에서 성서를 판매하며 복음을 전하였다. 그는 1898년 『찬셩시』를 출판할 때 62편의 시편을 번역(시편촬요)하였고 최초로 구약성서를 발행하였다.
  그 후 1900년에 미국 매코닉 신학교를 졸업하고 1906년 구약성서 번역위원, 1911년 성서 개역위원회 임원 등을 지냈다. 『찬셩시』 75장(시편 67편), 363장(시편 130편), 383장(시편 121편)이 그가 작사한 찬송이다.

  찬셩시 우리말 작사 17편
   61장: 우리 죄를 인하여서
   62장: 하나님이 령혼을
   69장: 올지어다 우리들이(시편 95편)
   70장: 우리 젼도하던 말을
   71장: 쥬여 우리 원슈가(시편 3편)

72장: 쥬의 일홈 온 셰샹에(시편 8편)
73장: 하나님의 큰 영광을(시편 19편)
74장: 너의 환란 맛날 때에(시편 20편)
75장: 하나님이 내 목쟈시니(시편 23편)
76장 쥬여 우리 무리를(시편 67편)
77장: 셰샹이여 깃붐으로(시편 100편)
78장: 이스라엘이 에급셔 속량함을 었을 때에(시편 114편)
79장: 눈을 들어 산 보리니(시편 121편)
80장: 하나님이 우리와 함께 아니했더면(시편 124편)
81장: 내가 일심으로 (시편 138편)
82장: 내가 깁흔 곳에셔(시편 130편)

부인 Pieters, eva Field (1862-1932)는 세브란스 의료 선교사로 헌신하였고 암으로 사망하였다. 그녀 역시 1922년 『찬송가』를 출판하였다.
 존로스 목사는 1882년 중국 심양에서 『누가복음젼서』를 발행(고종19년)했는데 그는 영국 북쪽의 에딘버러 교외의 공원에 안장되어 있다. 1872년 8월 23일 갓 결혼한 아내와 함께 중국 땅에서 한국 선교를 꿈꾸던 차에 1876년 5월 20일 이응찬을 만나 한글을 배우고 1877년부터 한국어 성서번역을 시작하였다.

4. 성공회는 1903년에 168곡의 『성희송가』를 발행하였다. 1907년에는 『찬미가』, 1910년 『성희송가』를 재판 발행하였는데 『찬미가』 중 몇 곡을 덧붙여서 266곡이었다.
 1924년 『성희송가』(150곡), 1925년 성시선 편, 1935년 『성희송가곡보』(150장), 1950년 등사판, 1958년 『선율 성희송가』 등사판, 1962년 악보판(415장), 1965년 『대한성공회 성가』, 1990년 『대한성공회 성가』(589장, 『전례성가』)를 발행하였다.

5. 성결교회는 1907년 2월 카우만, 이장하의 번역, 편집으로 『복음가』를 출판하였다. 동양선교회가 한국성결교회 창립과 함께 성도들이 노래할 수 있도록 찬송가를 일본 요코하마에서 인쇄하였는데 그것이 160곡으로 편집된『복음가』(Holy Revival Hymn 1907)이다.

『복음가』는 일본의 호리네스교회에서 불리던 마츠노와 사사오(1868-1914)가 편찬한 『救の歌』(1894, 1901)와 미다니(1868-1945)와 나카다가 편찬한 『복음창가』(1900)에서 선택하여 출판하였다. 1908년 이장하가 동경성서학원을 졸업하고 귀국하여 찬송가 편찬에 적극적으로 일하였다. 266장 〈주의 피로 이룬 샘물〉은 P.P. Knapp(1839-1908)의 작사, 작곡이다. 그녀는 뉴욕 노르웨이 출신의 이민자로 만국성결교회를 창시한 마틴 냅(Martin W. Knapp)의 일가이다. 이름난 피아노 연주자요, 복음찬송가 작곡자였다. 그녀가 편집한 많은 노래가 이장하를 통하여 번역되었고 성결교회 찬송이 되었다.

찬송가 작사자, 사사오 데스사브로 목사는 1905년 당시 동경 성서학원 원장이었던 .일본 성결교회의 대표적 신학자였다. 10여곡의 찬송가를 작사하였는데 일본 찬송가에 5곡이 실려 있다. 한국찬송가에는 '지금까지 지내온 것' '우리들의 싸울 것은 혈기 아니요' 등이 실려 불리고 있다.

 1911년 동양선교회 복음가 160곡
 1913년 부흥가
 1919 복음가를 증보한 신증복음가 160곡,
 1924년 9월 곡조복음가 211곡
  11월 신정 곡조복음가
  목차: 믿음의 싸움, 구속, 성결, 주의 재림, 신유, 혼잡

이장하 목사(부인: 최애주 전도사, 1920년 출교)는 1905년부터 성결교의 부흥찬송을 100여편 이상을 번역하였다.[35] 그의 딸 이메례 전도사는

---

35) 카우만 부인이 동양선교회의 정기간행물 「Electric Message」 1909년 4월호에서 회

이장하 목사

1932년 신의주교회에 등록하여 1933년 경성성서학원를 입학하였고 1943년 신의주 동부 성결교회 전도사로 어머니와 같이 시무하였다. 그의 외손자는 성결교 백의호 목사이다.

성결교회의 창시자 중 한 사람인 김상준(1881-1933)목사는 양반 의성 김씨의 종손으로 평안남도 용강군 지주의 외아들이었다. 그는 일본에서 유학한 학자이며 부흥사였다. "1903~1904년 경 스무 살을 전후하여 용강군에서 평양시내로 나갔다가 노방전도대를 통하여 은혜를 받고 회개하고 예수쟁이가 되어 상투를 자르고 집으로 돌아 왔다."36) 1905년에서 1907년 5월 2일까지 동경성서학원에서 신학을 공부하였다. 많은 개척교회를 세웠고 합리적 생활 방식을 신념으로 살았다. 개성 고려정 160번지에 거주하였고 1남(김성민) 5녀 중 둘째 딸(김성복 부군 하태수)은 전 연세대교수 하재은, 대구 봉산교회 하재창 장로의 모친이다. 김상준 목사는 1917년 성결교회를 떠났다.

1914년 4월 22일은 김상준, 이장하, 강태온, 이명헌, 이명직이 성결교 첫 번째로 목사 안수를 받은 날이다. 이때 정빈전도사는 누락되었다. 정빈(1878-1949)은 1914년 9월, 김상준과 의견이 맞지 않아 떠났으나 1917년에 다시 귀환하여 안성 전도관을 세우고, 1919년 인천 전도관을 세웠다. 1921년 다시 사임하고 북간도로 아주 떠났다.

어네스트 A 길보른 1세(1865-1928 캐나다 감리교 파송)는 1902년 카우만 초청으로 일본에서 전도사업과 성서학원을 운영하다 1905년 동양

고하며 기고한 글에 1907년부터 일본의 복음창가를 번역한 것이라고 언급.
36) 「박재규, 고 김상준 목사를 생각하며」, 활천 2011년 11월호, 통권 696호, 82쪽

선교회 창설. 부총재, 총재를 지낸 분이다.

1907년 5월 카우만, 김상준, 정빈과 한국에 2주간 머물며 동양선교회 복음전도관을 마련하였다. 1921년 OMS 한국 감독으로 활동하며 조선 예수교 동양선교회 복음전도관으로 정식 교회를 설립하였다. 1922년에는 성결교 기관지 「활천」을 창간하였다. 길보른 2세는 동양 선교회 부총재와 서울 성서학원 교수를 지냈으며 신사참배를 반대하였고 중국 선교에 힘썼다. 길보른 3세는 쌍둥이인데 에드윈은 서울신학교 교수 엘머는 동양선교회 성결교회 선교사와 인도 선교사로 일하였다. 막내 어네스트는 일본과 중국의 동양선교회 선교사로 일하였다.

카우만(C. E. Cowman 1868-1924)은 미국 오하이오 주 출신으로 버링톤 철도회사 동료인 킬본(E.A. Kilbourne, 1865-1928)을 전도하여 큰 동역자로 삼았다. 무디 성서학원에서 공부하여 통신으로 전도활동을 시작하였다. 일본의 나카다 주지를 만나 일본의 선교 상황을 듣고 감동하여 동양선교회를 만들었다. 1907년 3월 김상준, 정빈과 함께 한국본부를 만들고자 5월 2일 미 공사 입회하에 서울의 한옥 건물을 계약했고 5월 30일 만국성결교회 극동 도쿄선교본부 지도하에서 종로3가 염동에 개척을 했다. 미국 후원자 퍼거슨의 교회명을 따른 복음전도관이었다.

킬본은 캐나다의 몬타리오 주의 종교적 가정에서 태어났다. 14세 때 전신학교를 마치고 전신회사의 기사가 되었다. 여기서 평생 동역자였던 카우만을 만나 1894년 전신기사 선교단을 만들었다.

나카다 주지(〈중전 중치〉 523장 작사자)는 일본의 '무디'라 일컬으며 강렬하고 유능한 설교자요, 지도자로서 OMS설립에 큰 역할을 하였다. 1901년 카우만과 학생 4명과 일본 성서학원과 OMS를 만들었다.

『신증복음가』(NEW GOSPEL SONGS 1919-대정 8년, 1924)는 카우만 길보른의 편집으로 동양선교회가 출판하였다.

『구세쥬 강싱 일쳔구빅십구년, 대졍팔년』 동양선교회 출판, 곡조판, 1924, 총211장

문예 목록
밋음의 싸홈-1-9
구속-10-40
성결-41-78
쥬의 재림-79-83
신유-84-87
혼잡-88-208
송가209-211

신증복음가의 셔언:

(악보25-a)
『신증복음가』표지

우리가죠션밋는형뎨ᄌᆞ매졔씨의게그심령을진흥식힐 만ᄒᆞ약간의복음 숑가를드리기위ᄒᆞ야처음으로츌판ᄒᆞ 얏든<복음가>로말ᄒᆞ오면총망에편집된한불완젼ᄒᆞ것이 뎃슴니다그러ᄂᆞ거긔듸ᄒᆞ타인의비평은엇더ᄒᆞ얏던지관 계ᄒᆞᆯ것업시자긔의영광을위ᄒᆞ야그 당ᄒᆞ 을보시고쓰 시ᄂᆞ님을위ᄒᆞ야우리ᄂᆞ깃버ᄒᆞ오며쏘그찬미 에약 간은쟝ᄎᆞᆺ영광스러운나라에셔다시듯게될줄밋슴니다

리쟝하씨의듸하야그젼복음가와쏘이새쳑의독특ᄒᆞ 번역에듸ᄒᆞ야찬상을아니드릴수업거니와쏘ᄒᆞ우리ᄂᆞ형 뎨의소득한경험으로일반젼도역사에대하야동양에셔굴 시할만한숑가집으로우리의게쥰줄노밋ᄂᆞ바이올시다그 럼으로우리는여러분의게ᄒᆞ번아름답게시험하게될줄밋

슴니다

또한이찬미를선틱ᄒᆞᆫ데듸ᄒᆞ야난토마쓰부인과기타여러분의게와쏘이쳑을교열ᄒᆞᄂᆞ등 수고에듸ᄒᆞ야ᄂᆞ스톡쓰씨에게소부ᄒᆞᆫ은혜가만슴니다

쥬의영광을찬양ᄒᆞ기위ᄒᆞ야 죠션경셩동양션교회에셔

쥬강ᄉᆡᆼ후1919년4월1일 카우만 근셔

(악보25-b)『신증복음가』내지,
뎨1쟝 죠흔싸홈을싸호다 힝군ᄒᆞᆯ나팔불고(밋음의 싸홈 편)

성결교는 1930년에 새로운 찬송가 31곡을 보충하여 242곡의 『부흥성가』를 발행하였다.(1932, 1933, 1934, 1935, 1937(옵셋 인쇄-1원, 무곡은30전), 1940, 1947년 발행)

부흥성가 서문
부흥성가 출판에 대하야

(악보26-a)
『부흥성가』 표지, 서언,
제1장

하나님을 영화롭게하고 모든사람을 은혜로 인도함에는곳 거룩한 노래이다. 그런고로 '만민들아 손바닥을치고 즐겨부르는 소래로하나님을 부를지어다'(시47:1) 하였고 쏘 시와 찬미와 신령한곡됴로 서로화 답하며 너희입으로 부르며 마음으로 주 씌찬송하라'(엡5:19 권면하엿고 시록4: 8절에보면 텬국에잇는성도의하나님섬기는 법은 주야로쉬지안코 거룩하다거룩하다 거룩하다 하엿스니 성도의생애는 일생을통하야 찬송이오영원한뎌나라에 가서도찬송의 생애일것을알수가잇다.

이제이 '부흥성가'라함은전일 '복음가의'개뎨인데 복음가가 출판된이래로 모든 성도의게 사랑을 밧아옷스며 그 심령에 만은감동과 부흥을 준것은사실이다. 하나님께서 분명히복음가를 지금까지 축복하여주신줄밋는바이다. 그럼으로이제 구미각국에서 각부흥회와 전도회에 성히부르는바 활발하고 능력잇고 만은성도의게 큰감동을주는 노래30여종을 더번역하야 부흥성가라는 새일홈을붓쳐 발행하게되엇다. 그런데 이번에참신긔발한 새노래를선발하고 번역하기에뇌력과 시간을만히허비하야주신 헤인즈 목사부인과 렴형우선생두분에대하야는특별히 감사를드리는바이다. 하나님씌서 과거에복음가를 가지시고만은영광을밧으시고 만은성도의게 은혜를 주신것과갓치 이번에증보하야 새로이출판되는 부흥성가로말매암아 전보다더만은영광을바드시고 모든교회를부흥시키시고은혜베푸시기를간졀히빌어마지아니한다. 아-멘

1930年5月25日 성서학원에서 리명직

(악보 26-b)『부흥성가』서언, 제1장

6. 『구세군가』(1908년)

『구세군가』는 1908년 11월에 12곡의 가사판으로 출판되었는데 호가드(Robert Hoggart 1861-1935) 내외와 본위크가 엮었다. 1912년에 가사판, 한글표지, 서문, 셔언, 문예목록, 구세군가목록, 군가의 가사, 아츰기도, 저녁기도, 샤기도, 규긔도문, 십계명, Index, Choruses, 영문표지, 출판사항으로 구성되어 있다.

구세군은 교회의 행정조직이 군대형태이다. 교회를 영문(corps)으로, 목회자를 사관(officer)으로, 성도를 병사(soldier)로, 찬송가를 군가(song)로, 음악예배를 찬송회(praise meeting)로, 신학교를 사관학교(training college)로, 신학생을 사관학생(cadet)으로 호칭한다.

7. 『찬송가』(1908년)

Korean music이라고 하여 5편의 찬송 가사를 한국 곡조로 부르게 하였다.(10장, 11장, 12장, 13장, 40장) 10장의 경우 콘트라팍타한 찬송, 2/4박, 부점 중심, 창가형태의 5음 음계 구조, 일본 노래의 영향 등이다.

1885년 선교사가 한국 땅을 처음으로 밟은 지 18년이 지나 1903년 3월 마펫 선교사는 널다리골 기와집을 사들여 7명의 교인으로 시작하여 평양 장대현 교회를 세우고 미국선교사 모우리(Eli M. Mowry) 박사에 의하여 최초로 21명의 남성성가대가 구성되었다. 그 당시 찬송가 〈십자가 군병들아〉를 4부로 불렀다. 회중들은 그때까지만 해도 찬송가를 단선율만 불렀는데 2부 또는 4부 합창으로 연주하는 것을 듣고 잘못 부른다고 비웃었다. 1910년 새문안교회 찬양대는 김형준의 지휘로 시작되었고 종교교회는 김인식의 지휘로 시작되었다.

8. 『예수 강림 찬미가』(1911년)

1911년 5월, 안식일에 예수 재림교파는 재림찬미가 44장을 번역하여 『예수 강림 찬미가』로 발행하였다.

9. 『신정(신명)찬송가』(1931년)

장로교와 감리교가 연합한 예수교 연합공의회 발행 그러나 감리교에서 주로 사용하였다. 전체 찬송 76곡 중 한국찬송을 현상 모집하여 6편을 실은 것이 특징이다.

86장 〈거룩하다 성경이〉 (C.Y.Oh작사-합동찬송가까지. 『개편찬송가』에는 작사자가 John Burton으로 되어 있다.)

    89장 눈물 밧헤 떨어진 P. K. Ko
    126장 캄캄한 밤 쌀쌀한 바람 불 때(Helen Kim 김활란)
    195장 캄캄한 밤듕에 뷘들에서 P.Oh 오빈
    230장 금슈강산 내 동포여 Bessie Im 임배세
    158장 예수난 우리의 생명되고 C. M. Kim
    219장 삼천리 반도 금수강산 남궁억

    "죠션 구곡을 찬미로 사용할가하난 문데는 잇섯스나 됴치 못한 샤회와 관계가 잇스니 불합하다고 죠션인위원의 반대로 　지하니라."
    『신명찬송가』 서문(아펜젤러) 중에서

『신정찬송가』의 편찬에 있어서 한국인 주도가 늘어났다. 그러나 한국인에 의하여 한국화 작업의 제동이 걸렸다는 점은 아이러니한 점이다.

10. 『신편찬송가』(1935년)

1935년 장로교에서는 『신편찬송가』 400곡을 발행하였다. 찬송가를 사용한지 20년이 되어 새 시대의 흐름과 호흡이 맞는 찬송가가 필요함을 느꼈기 때문이었다. 그동안 『신정찬송가』를 쓰다가 감리교 독자적으로 『신편찬송가』를 발행하였는데 이 때문에 장로교와 감리교 교파간 갈등요인들이 생겼다. 결과적으로 1930년 대에 감리교는 『신정찬송가』를 장로교는 『신편찬송가』를 선교사의 영향에 따라 찬송가를 사용하여 혼란이 이어졌다.

『신편찬송가』의 내용은 한글표지, 사례의 말씀, 제목목록, 찬송가목록, 찬송400장, 사도신경, 쥬기도문, 십계명, Index of Tun(곡명색인)e, Index of First Lines and Titles(영문가사첫줄과 제목 색인), 영문표지, 출판사항으로 구성되었다.

1936(제2판), 1937년(제3판), 1938년(제4판), 1939년(제5판), 1942년(수정판), 1947년(비상판), 1949년(사제)

11. 『합동찬송가』(1949년)

1949년 장로교, 감리교, 성결교는 연합하여 『합동찬송가』를 발행하였다. '찬송가합동전권위원회'가 편찬 작업을 했는데 세 교파가 사용하고 있는 것을 그대로 출판한다는 원칙 아래 있었으므로 새로운 곡은 없었고 한국인에 의한 찬송도 적었다. 출판권은 기독교서회에 있었고 586곡으로 발행되었는데 171, 195, 205, 363, 459, 486장이 한국인 작사 찬송이다. 이 때 『신명찬송가』의 7곡 중 〈예수난 우리의 생명되고〉가 제외되었다.

12. 『새 찬송가』(1962년)

『새 찬송가』는 1962년 대한 예수교 장로회 합동측이 발행한 찬송이다. 678곡으로 편집되었는데 일본찬송 4곡이 수록되었다. 한국인의 곡은 2곡(243장, 616장)밖에 없어 한국화와는 거리가 있었다고 할 수 있다.

13. 『개편찬송가』(1967년)

장로교(예장, 기장), 감리교, 성결교가 조직한 한국찬송가위원회는 1967년에 합동찬송가의 문제점을 개편하여 『개편찬송가』를 발행하였다. 『개편찬송가』는 영국의 예전회복운동의 정신을 살려 예배찬송을 보강하고 절기찬송 등 특정예배용 찬송을 수록하였으며 27곡의 한국찬송을 삽입하여 획기적인 한국화 개혁에 동참하였다. 그러나 애창 복음성가를 삭제한 것에 대한 항의도 있었다. 특히 후에 성결교회가 강력하게 항의하여 성결교회 복음찬송 20여곡을 부록으로 싣는 어색한 형색이 되었다. 지금도 이 20여곡의 찬송들을 많이 부른다.

14. 『통일찬송가』(1983년)

1983년 12월에는 한국찬송가공회가 일명 『통일찬송가』를 발간하였다. 1981년 찬송가위원회(『개편찬송가』)와 새 찬송가 위원회(새 찬송가)의 정치적으로 통합하여 한국찬송가공회가 조직되고 통일을 염원하며 한국의 찬송가가 하나가 되어야 한다는 시대적 열망이 반영되어 찬송가를 하나로 편찬하였다. 그러나 예배찬송의 보강은커녕 합동찬송가처럼 개편찬송가와 새 찬송가의 내용을 그대로 싣는 통일의 결과로 찬송가의 질적 저하를 낳게 되었다. 총558장으로 구성되었다. 가격이 비싸다는 의견으로 인하여 후에 선교 100주년 기념판을 발간하여 가격을 내리는 모습도 보였다. 한국인에 의한 창작 찬송이 27곡에서 9곡으로 줄어들어 찬송가의 한국화는 퇴보하는 모습을 보였다.

지금까지 찬송가 편찬 역사를 통하여 그 내용을 살펴보면,
1) 한국의 선교 초기에는 선교에 앞서 먼저 찬송가를 만들어 선교에 큰 도움을 주었다.

2) 초기에는 전도 중심의 찬송가였으나 점차 예배와 관련된 찬송가로 틀을 잡아 갔다.

3) 한편으로 어제 오늘 할 것 없이 찬송가 발행에는 교파별 경쟁이나 출판권 이해관계, 등으로 갈등의 요인이 되기도 했다.

4) 한국교회는 각 교파별로 찬송가를 만들어 사용하다가 통합하여 사용하는 형태를 반복하고 있다. 『찬숑가』(1908년), 『합동찬송가』(1949년), 『통일찬송가』(1983년)가 그것이다.
5) 잘 불리는 찬송을 볼 때 사회의 변화에 관계가 밀접하다.

6) 찬송가의 판을 거듭하며 새로운 찬송을 보완하고 소개하여 이 땅에 복음을 전하는 데 큰 영향을 끼쳤다.

7) 현대에는 초기와 비교하여 볼 때 최근에는 큰 사회적변화가 있었음에도 찬송가의 소개나 개정이 이를 따르지 못하고 있다. 『개편찬송가』(1967년), 『통일찬송가』(1983년), 『21세기 찬송가』(2006년)는 각각 16년, 23년 만에 『새 찬송가』를 편찬하게 된다.

16. 『찬송가』 제2편(1994년)

(악보27) 「찬송가」 제2편 표지 및 33장

언더우드가 편찬한 『찬양가』 발행 100주년을 기념하여 부족한 항목(예배찬송, 시편찬송, 행사찬송)을 보완하여 찬송가 제2편을 부록으로 출판하였다. 이 찬송가는 한국인에 의한 곡이 대폭 확대 된 것으로, 한국인 작사, 작곡에 의한 138곡의 찬송을 개발하였다. 김성호목사가 한국찬송가공회 총무로 일하였고 이문승 교수, 오소운 목사가 실무작업을 하였다. 그러나 안타깝게도 질적 향상 문제, 작사, 작곡자 편중 문제, 공회 운영의 문제 등 안팎의 문제와 정치적 벽을 넘지 못하여 사용하지 못하게 되었다.

17. 『21세기 찬송가』(2006년)

2006년 12월에는 한국찬송가공회가 새 시대를 맞아 21세기에 맞는 한국인의 찬송을 다수로 하는 『21세기 찬송가』를 발행하였다(내용은 뒤 참조).

18. 한국찬송가 계보

1892 『찬미가』(감리교)
1894 『찬양가』
1895 『찬셩시』(장로교)
1899 『복음찬미』
1903 『성희송가』
1905 『찬미가』
1907 『복음가』
***1908 「찬송가 」(장, 감)**
1908, 1912 『구세군가』
1910 『성희송가』
1911 『재림가』, 『복음가』
1913 『부흥가』
1918 『신증복음가』
1930 『부흥성가』(성결교)
1931 『신명찬송가』(장로교)
1935 『신명찬송가』(감리교)
1948 『해방기념 복음찬미』
***1949 「합동찬송가」**
1962 『새 찬송가』(장로교 합동측)
1967 『개편찬송가』
***1983 「통일찬송가」(개신교 전체)**
1990 『대한성공회 성가』
***2006 「21세기 찬송가」**

〈표5〉 한국찬송가 계보

19. 그 밖의 여러 형태의 한국찬송가들

(악보28) 1968년 발행 교회음악사간, 『어린이찬송가』

1) 최초의 『어린이 찬송가』(2부에 반주)는 1968년 교회음악협회 발행(교회음악사)가 발행하였다. 어린이 찬송가는 2부 합창에 쉬운 피아노 반주 형식으로 정형화되었다.

또한, 『어린이 찬송가』는 1988년에 2부로 발행하였다.

『21세기 어린이찬송가』(2부에 반주)는 2001년 한국찬송가위원회가 발행(대한기독교서회)하였다.

2) 『청소년찬송가』는 1994년 한국찬송가위원회가 기획한 찬송가로 '청소년찬송가 편집위원회'를 구성하고 기독교서회 발행으로 발간하였다. 이 찬송가는 각종 예배자료, 명상자료, 교양자료를 포함하여 청소년들의 집회와 예배, 실생활에 도움을 주도록 기획하였다. 악보에서 보듯이 교독문이나 송영이 곡 중간에 삽입되어 있다.

중·고등학교와 그 또래를 대상으로 541곡으로 구성되어 있다. 특히 각 미션스쿨 및 중·고등부의 예배를 겨냥하여 개발하였는

(악보29) 『청소년 찬송가』 내용의 예

데 성인찬송을 116곡 수록하여 성인예배와 서로 통합 및 교류가 가능하도록 한 것은 매우 좋은 시도였다. 그러나 한국교회의 중·고등부 예배의

찬송이 CCM쪽으로 방향이 편중되면서 『청소년 찬송가』를 사용하고 있는 교회는 보고된 바가 없고 미션스쿨조차 아주 미미한 형편이다. 송영 찬송가 사이에 예배 자료 교독문을 넣었다.

3) 대한 예수교 장로회 합동측에서는 칼뱅의 『제네바 시편찬송가』(2009년, 시편찬송가편찬위원회) 150편 전곡을 번역하고 현대에 맞게 화성화하여 편찬하였다.

4) 『경동교회 찬송가』, 경동교회가 신작증보판에 『경동찬송가』를 개발하여 증편, 발행하였다.

5) 『멜로디찬송가』

6) 『데스칸트찬송가』(2004년, 송혜천, 예장출판사)
　『데스칸트 찬송가』(개발중)

7) 『해설찬송가』

8) 『한영찬송가』(2011)

9) 『반주용 새 찬송가』(2008, 이문승 감수, 기독교서회)

10) 『오르가니스트 찬송가』

11) 『복음성가집』(영산출판사)
　『성결의 송가』(1980, 기독교대한 성결교회)
　『메들리 경배와 찬양』(1996년, 두란노, 온누리교회)

20. 『가톨릭성가집』(1981년 10월 10일 발행, 이문근 편저, 김수환 발행, 가톨릭출판사)
<목차>
노래미사(미사시작, 영복송, 복음가, 제헌, 상투스, 거양성체 후, 천주의 고양, 미사 끝)
연중
성체
성심
성모(인자하신 성 마리아, 천상천하의 모후, 애덕의 모…)
대림, 성탄
성명(예수생각)
사순절
부활
승천
성신
그리스도 왕
성인(성 요셉 찬양)
복자(복자 찬미가)
축하
부록
창미사곡
미사통상문

21. 몇 개의 외국 찬송가들

1) 일본의 『讚美歌21』은 1997년 2월에 일본 기독교단 찬미가 위원회 발행으로 총580장이다. 찬송가 내용은 예배-제식-시편송가-예배와 행사, 교회력-교회-기독교인과 생활-종말 순서이다. 그 밖에 영문목차, 원 가사 첫줄 색인, 곡명색인, 작사자 작곡자 색인, 성구색인, 관련찬미가 일람, 저작권일람표, 위원급 협력자, 실무자 일람이 수록되어 있다.

우리 찬송에 비하여 음역을 낮게 조정한 것은 회중성을 더 배려한 것이다.

(악보30) 일본찬송가 『찬미가21』 중 451장

2) 『미국찬송가』(The Celebration Hymnal) Songs and Hymns for Worship, 1997

전통적인 찬송가에 현대적인 복음성가와 CCM 중 현대 예배에서 사용하기 좋은 곡들을 엄선하여 수록하였다. 주로 피아노반주에 따라 성가대 합창을 위한 편곡으로 되어 있다. 많은 곡의 경우, 전주, 간주, 그리고 코랄 엔딩(Choral ending)을 붙여서 자유롭게 선택하도록 했다. 마지막절의 경우는 조를 높여서 부름으로 아름다움과 화려함의 효과를 더하도록 했다.

(악보31) 『The Celebration Hymnal』, Songs and Hymns for Worship 210장

(악보32) 『The Celebration Hymnal』, Songs and Hymns for Worship 3장

(악보33) 『미국찬송가』, 『독일찬송가 표지』, 필자가 감수한 『반주용 찬송가』 표지

3) 『인도네시아 찬송가』는 숫자보로 되어있다. 가사는 가운데 줄에 있고 위로부터 SATB 4성부로 기보되어 있다. 음정 표시는 도1, 레2, 미3, 파4, 솔5, 라6, 시7 등 숫자로 되어 있고 옥타브는 구분 되지 않는다. 쉼표 또는 붙임줄은 점으로 표시된다.

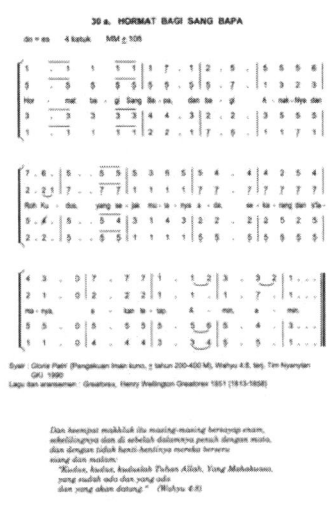

(악보34) 『인도네시아의 찬송가』 악보

『인도네시아 찬송가』
(악보35) 〈30장 성부 성자와 성령〉

21. 테제 공동체(Communauté Taizé) 20세기 후반의 신앙운동과 테제음악
프랑스 테제 마을의 입구에 다음과 같은 글귀가 쓰여 있다.

"만약 모든 일의 시작에 신뢰하는 마음이 자리한다면 그리고
매일 매일이 하나님의 오늘이 된다면
여기 서있는 그대는 화해하게 될 것이고 복음에서 기쁨과 단순,
소박과 자비의 진복정신을 발견하게 될 것입니다."

1940년, 당시 25세였던 스위스 출신 로제 루이 슈츠 마르소슈 수사(Brother Roger 1915-2005)가 테제에서 공동체를 시작하였다. 그는 2차 세계대전의 참화 속에서 신뢰와 나눔, 화해를 실천할 공동체를 만들기 위해 프랑스를 여행하다가 작은 마을 테제를 발견하고 그곳에 정착하였다. 독일 치하의 프랑스에서 기는 유대인을 비롯한 많은 피신자들을 돌보았다. 1949년 7명의 수사(형제)와 함께 독신을 서약하고 영적, 물적인 것을 공동체 안에서 함께 나누며 일치의 종으로 그리스도를 섬겼다. 1950년대 말부터 많은 젊은이들이 찾아왔다. 하루에 3회의 공동기도회. 단순 소박한 기도와 노래, 그리고 침묵 기도로 이루어진다.

1) 하루 세 번 열리는 기도회는 테제 마을을 상징하는 화해의 종소리로부터 시작된다. 언덕에 있는 화해의 교회당에 젊은이들이 모이고 침묵이 흐른다. 첫마디를 시작하면 테제노래를 함께 부른다.(찬송가, 성가합창곡, 시편가, 성경봉독, 중보기도)

2) 음악은 짧은 묵상을 위하여 시편 노래를 반복해서 부른다.
1950년부터 젤리노(Joseph Gelineau) 시편가, 베르띠에(Jacques Berthier 1923-사망) 시편가 등을 십자가를 바라보며 노래한다.

3) 노래는 평화와 화해, 단순한 짧은 노래, 반복되는 후렴구-라틴어,

돌림노래(알렐루야, 우리의 기도를(키리에) 주님 자비를 베푸소서, 응답송, 합창곡(독창자와 함께 하는), 응답송, 등 다양한 노래로 구성된다.

4) 이후에는 자유스러워졌다. 1960년대에는 경배와 찬양으로 연결되었다.

5) 음악스타일은 독창과 합창, 허밍, 모음 반주로 구성된다. 음악의 언어는 라틴어, 독어 불어 가사로 되어 있고 길이는 8마디 정도의 짧은 노래이다.
원래 테제 노래는 거의 모두가 시편 구절에 의한 간단한 4성부음악이었고 악기를 사용하지 않았다. 80년대부터는 부르는 것이 좀 자유스러워졌고 여러 악기도 사용하였다.
젤리노 찬트 음악과 유사한 점이 많다. 가사의 세팅은 음절적인 것이 대부분이다. 현대 악보로 되어있으며 조표가 단순하다. 끝없이 반복해서 부른다. 4/4박이 많고 돌림노래, 캐논형식이 많다.
가사에서 주로 많이 사용되는 단어를 보면, 경배, 찬송, 찬양, 찬미, 주님은 빛, 기쁜 노래, 평화, 화해, 부활, 알렐루야, 행복, 생명의 샘물, 호산나, 불, 영광, 사랑의 나눔 내 영혼, 어둠 권세 물리치고, 기다림, 거룩, 우리 기도를, 자비 등이다.

6) 우리나라에는 강서구 화곡동에 테제공동체가 있는데 금요일 저녁 기도회에 일반인이 참석할 수 있다.

7) 테제 공동체의 하루일과(월요일~토요일)
    8시 15분 아침기도 후 아침식사
    10시 모임
    12시20분 낮기도 후 점심식사
    15시 30분 모임 혹은 작업
    17시 15분 다과

17시 45분 워크숍
19시 저녁식사
20시 30분 저녁기도
20시 30분 이후는 침묵

8) 토요일에는 촛불예배를 드리고 주일에는 성만찬을 한다.

9) 신실한 노동은 테제공동체를 공동체답게 하는 진실이다.

(악보36) 〈우리곁에 머무소서〉

(악보37) 〈주를 경배하오며〉

13 찬송가 관련 글과 자료

13 찬송가 관련 글과 자료

1. 태초에 하나님께서 음악을 만드셨다.

　창세기 1장 1~5절은 음악의 3요소를 포함하고 있다.
　음악(音樂)은 하나님께서 태초에 창조하신 피조물로 인간이건 만물이건 모두 들을 수 있는 아름다운 선물이다. 음악은 하나님께서 보시기에도 또 들으시기에 좋았다고 말씀하셨다. 음악은 하나님께서 창조하신 물리적 현상을 기본 원리로 하여 그 요소들을 인간들이 모방하고, 표현하고, 또 조금 응용하여 새로운 형태로 바꾸어 창작하기도 하였다. 인간들은 하나님께서 창조하신 자연의 물리적 원리를 결코 떠날 수 없으며 하나님께서 창조하신 모습을 인간들은 그대로 묘사 혹은 흉내 내기도 하며 그 느낌을 각자가 나름대로 표현하며 산다.

사실 인간들이 그 대상을 묘사한다고 하지만 음악에서는 표현하려는 사물이나 생각을 정확하게 표현하는 것은 불가능하다. 자연의 소리를 그대로 음악으로 담거나 적을 수 없기 때문이다. 그래서 묘사나 표현이란 말이 생겼고, 표현을 위하여 상징적인 방법을 동원하여 아주 조금씩 닮아 간다. 인간들은 음악을 통하여 나름대로 아름다움을 추구하면서도 언제나 어떤 표현적 의도나 체계를 가지며 어떤 목표를 위하여 끊임없이 개발하였고 그 방법을 개량하고 있다.

1. 태초에 하나님이 **천지(天地)**를 창조하시니라.

2. 땅이 혼돈하고 공허하며 흑암이 깊음 위에 있고 하나님의 영은 수면 위에 운행하시니라.

음악에 있어서 **선율은 선으로 나타난다.** 높고 낮음, 하늘과 땅, 공허와 깊음, 수면 등은 모두 선율을 잉태하기 위한 충분조건들이다. 현대음악에서는 점묘주의도 있지만, 점묘주의도 음색으로 서로 연결되도록 기획하므로 결국 선이 된다. 하늘은 쉼표요 땅은 율(律)이다. 산의 모습이 곡선이며 길과 강과 해안선, 초가집 지붕 등 자연과 사물의 모든 모습들은 곡선으로 표현된다. 선율은 16에서 2만 사이클 정도의 높낮이를 가지고 곡선에 있어서 적절한 균형의 원리와 구도에 따라 기획된다.
이렇듯 자연을 배경으로 하여 인간들을 말을 하게 되었고 언어를 만들게 되었다. 말은 언제나 시작이 있고 끝이 있으며 강조점이 있기 마련이다. 그러므로 결국 언어는 선율이다.

3. 하나님이 이르시되 **빛**이 있으라 하시니 빛이 있었고

4. 빛이 하나님이 보시기에 좋았더라.
빛이 하나님이 **빛과 어두움을 나누사.**

빛은 어두움과는 상대적이므로 밝다. **음악에서 밝고 어두운 것은 화성에 해당한다.** 하나님께서 언약의 표시로 주신 무지개를 보면 빛의 색을 알 수 있듯이 빛은 분리된다. 하나님께서는 처음부터 파동(wave)을 만드셔서 밝고 어두움과 관련하여 명도로 등급화 하듯이 화성 진행도 긴장과 이완의 관계를 여러 단계로 나눌 수 있도록 하셨다. 밝음과 어두움, 안정(stable)과 불안정(unstable), 활동(active tone)과 정지(rest tone)를 구분하시고 서로 관련이 되도록 얽어 놓으셨다. 이미 화음진행 원리를 다 정해 놓으신 것이다. 하나님께서는 주파수를 수평적으로만 적용하지 않으시고 수직으로 사용하시되 2배수에서 16배수까지를 고려하셔서 화음을 만드셨다.

5. 하나님이 빛을 낮이라 부르시고 어둠을 밤이라 부르시니라.
저녁이 되고 아침이 되니 이는 첫째 날이니라.

저녁이 되며 아침이 되면 하루가 되는데 인간들은 그 주기를 따라 날짜를 계산하게 되었고 간격에 대한 인식을 느끼게 되었다. **음악에 있어서 간격 및 주기성을 리듬이라고 한다.** 전통음악에 있어서 리듬은 규칙성을 전제로 한다. 현대음악에서는 불규칙한 리듬 심지어는 느끼기 어려운 짧거나 긴 간격까지도 음악의 리듬언어로 사용한다.

인간에 있어서 가장 가까운 곳에서 느끼기 쉬운 규칙성 있는 리듬은 맥박이다. 잠자리에 들 때 베개머리에서 뚝딱거리는 관자놀이의 맥박은 인간이 원초적으로 느꼈던 규칙적인 리듬이었다.

어린이의 맥박은 8, 90회 성인은 70회, 노인은 60회인데 이것이 빠르고-보통-느린 템포의 기준이 되었던 적도 있다. 안단테(Andante)를 '느린 걸음걸이의 빠르기(♩=60)'로 부르듯이 서양인의 걸음걸이가 빠르기의 표준인 것은 결국 키와 보폭의 크기 때문인 것으로 이해된다. 인간들은 1/16초보다 짧은 것은 인지하지 못하며 약7초를 넘는 것도 음악에서 사용하는 리듬의 규칙성으로는 적절하지 않다고 이해하고 있다. 창세기 1

장부터 음악이론을 설명하고 있으니 이런 것을 만드신 하나님께 감사의 찬양을 드리자!

      6. 창공아래 물 창공 위의 물-음악의 **형식**을 말해준다.

2. 예배찬송 가사의 명령형

예배찬송에서 잘못 인식하고 있는 가사의 표현법에 대한 언급이 필요하다. '찬양하라' 형태의 명령형은 일반인들에게 많은 오해를 주기 때문에 이해와 더불어 수정도 필요한 사항이다. 사람들은 예배찬송은 하나님을 향하여 부르는 우리들의 신앙고백적 찬송이므로 -하세, -드리세의 권유적 표현보다는 -하리, 드리리, 혹은 합니다와 같은 의지형으로 해야 옳다고 말한다. 현재 『통일찬송가』에는 1인칭 예배찬송의 가사는-하라와 같은 명령 형태도 많고 심지어 '성도들아 찬양하라'처럼 권고형의 어휘도 볼 수 있다. 필자는 예배찬송의 가사에 있어서, '합니다, 드립니다'처럼 하나님께 드리는 형태로 창작되는 것에 대하여 원칙적으로 동의한다. 이와 관련하여 시편 표현법의 다양성을 중심으로 그 표현법에 대하여 정리하여 보려고 한다. 바르고 효과적인 시어를 함께 사용하는 것이 바람직하며 또한 이것은 예배 찬송과 복음성가를 구별하는 기준이 되기도 한다.

시편이나 찬송가에는 1인칭 형태의 표현법 외에도 다양한 표현법이 있다. 객관화, 비지정 권유형, 의인화 간접화법 등 시어의 표현법과 관련된 것이 그것들이다.

1) 하나님을 객관화, 일반화하여 찬양

다음 가사들은 하나님께서 지으신 모든 피조물이 하나님을 찬양해야 할 이유를 말해준다.

모든 나라, 모든 백성, 하늘의 천사, 땅 위에 사는 성도들은 모두 하나님을 찬양해야 한다.

『찬송가』 1장
만복의 근원 하나님 온 백성 찬송 드리고
저 천사여 찬송하세 찬송 성부 성자 성령 아멘
(Praise God from whom all blessings flow:
Praise Him all creatures hear below:
Praise Him above, ye heav'n-ly host:
Praise Father, Son, and Holy Ghost. Amen)

『통일찬송가』 7장
구주와 왕이신 우리의 하나님
땅위에 사는 성도들 다 찬양 하여라
(Let all the saints below the skies,
Their humble praises bring.)

『찬송가』 21장
다 찬양 하여라 전능왕 창조의 주께
내 혼아 주 찬양 평강과 구원의 주님
성도들아 주 앞에 이제 나와 즐겁게 찬양 하여라
(Praise to the Lord, the Almighty, the King of creation!
O, my soul, praise Him, for He is thy health and salvation!
All ye who hear, Now to His temple draw near,
Join me in glad adoration!)

『찬송가』 36(37)장
1절 주 예수 이름 높이어 다 찬양 하여라
(All hail the pow'r of Jesus' name! Let angels prostrate fall.)
3절 이 지구위에 거하는 온 지파 족속들

4절 주 믿는 성도 다함께 주 앞에 엎드려

『찬송가』 31:1, 2, 3
하늘의 천군과 천사들 주님 앞에 영광을 돌리세

시편 117편
너희 모든 나라들아
너희 모든 백성들아

2) 비지정 일반적 권유형

주로 '우리'가 주어가 되기도 하고 주어가 생략되기도 하며 일반적 권유하는 형태로 표현된다.

『찬송가』 3장
성부 성자와 성령 찬송과 영광 돌려보내세
태초로 지금까지 또 영원무궁토록 성 삼위께 영광 아멘
(Glory be to the Father, and⋯)

『찬송가』 66장
다 감사드리세 온 맘을 주께 바쳐
(Now thank we all our God. With heart and hands and voices.)
그 섭리 놀라워 온 세상 기뻐하네.
예부터 주신 복 한없는 그 사랑
선물로 주시네 이제와 영원히

3) 3인칭 또는 의인화

본래 송영(Doxology)은 2세기부터 시작하여 4세기 이후 확립된 천사들의 노래이다. 하나님을 찬양하거나 그의 영광을 표현한 간결한 구문으로 노래, 시편, 기도의 결말로 사용되었다.[37] 시편에서는 천사들에게 또는 만물에게 권하는 형식으로 본인의 신앙을 고백, 독려하고 있다. 하나

님의 위대하심을 선포하는 찬송가들은 일반적으로 3인칭으로 표현한다.38)

『찬송가』 5장
　　이 천지간 만물들아 복 주시는 주 여호와
　　전능 성부 성자 성령 찬송하고 찬송하세 아멘,
　　저 천사여 찬송하세

시편 148:2
　　그의 모든 사자여 찬양하며
　　모든 군대여 찬양하며
　　해와 달아 찬양하며
　　광명한 별들아 찬양하며
　　하늘의 하늘도 찬양하며
　　하늘위에 있는 물들아 찬양하며

시편 96:1
　　새 노래로 여호와께 노래하라.
　　온 땅이여 여호와께 노래할지어다.

4) 간접화법

자신의 육이 영혼을 향하여 스스로에게 권유하기도 하지만, 사실은 나의 의지이다.

『찬송가』 65장
　　내 영혼아 찬양하라 주님 앞에 엎드려
　　구속하신 넓은 은혜 높이 찬양 하여라.
　　할렐루야, 할렐루야 영원하신 하나님.
　　(Praise, my soul, the King of heaven.)

---

37) 하용조 편찬, 『비전 성경사전』, 두란노, 2001, 344쪽
38) 잭 R. 테일러(이석철 옮김), 『찬양 중에 거하시는 하나님』, 요단출판사, 1983, 253쪽

시편 34:1-2
> 내가 여호와를 항상 송축함이여 그를 송축함이 내 입에 계속 하리로다.
> 내 영혼이 여호와를 자랑하리니 곤고한 자가 이를 듣고 기뻐 하리로다.

시편 103:1
> 내 영혼아 여호와를 송축하라.
> 내 속에 있는 것들아.
> 너희 천사여 여호와를 송축하라.

5) 시의 어법과 관련하여

시의 어법과 관련하여 명령형을 사용하는 것은 자신의 강한 의지를 담아 표현하려하는 강조법이다. '다 찬양 하여라 전능왕 창조의 주께 (Praise to the Lord, the Almighty)'는 도치형으로 '찬양 하여라'를 강조하고 있다. 미국의 찬양과 경배 지도자인 암스트롱(K. Armstrong)은 강한 경배의 표현(an expression of adoration)과 다른 사람들도 찬양에 함께 하자(an invitation for others to join in worship)는 두 의미 모두가 포함된 표현이라고 하였다.[39]

『통일찬송가』 7:2
> 권능과 지혜가 한없는 하나님
> 그 위엄 영원 하시니 다 찬양하여라.

『찬송가』 6장
> 목소리 높여서 주 찬양하여라.
> 영광과 권세와 존귀와 위엄을
> 온 누리 다스리시는 만왕의 왕께 돌려라.

---

39) Kerchal Armstrong, 『The Worshiping Church』, Hope Publishing Company 1990 No. 77

『찬송가』 67장
>   영광의 왕께 다 경배하며
>   그 크신 사랑 늘 찬송하라
>   영원히 방패요 또 산성이신
>   그 영광의 주를 다 찬송하라

 드리리, 찬양하리의 형태와 권유형인 '경배하세, 예배를 드리세, 찬양하세'하는 형태보다 명령형인 '찬양하라, 경배하라' 형태는 말하는 자의 강한 의지를 나타낸다. 서양 언어의 경우 이런 의미가 앞에 있다 보니 선율형태는 앞부분이 강조되도록 작곡된다.

 자주 볼 수 있는 '찬양해'나 '경배해'하는 식은 글자 수를 맞추기 위한 단축된 명령형은 낮추어 말하는 느낌이 있으며 가볍게 인식된다는 의견이 일반적이나 의식 없이 젊은이들에서 사용되고 있다. 찬양은 모든 피조물이 하나님께 광대하심과 섭리 사역에 대한 응답으로 하나님께 돌리는 것이다. 따라서 찬양은 참된 경건의 주된 요소가 되므로[40]적절해 보이지는 않는다. 이러한 표현이 남용되면 좋지 않으므로 가급적 성서에 있는 표현을 활용하되 적절하게 사용하는 것이 좋다.

 결론적으로 우리들이 복음성가를 구별하는 기준을 말 할 때 찬양하는 대상이 누구냐를 꼽는다. 이 때 단순히 문자적으로 해석하여 21장 〈다 찬양 하여라〉의 경우 3단 "성도들아 주 앞에 이제 나와" 부분을 보고 다른 사람에게 권유하는 형식이라고 하며 복음성가라고 주장한다면 바르지 않다고 생각되는 것이다. 즉, 우리들이 자주 부르는 G장조의 〈찬양하라 내 영혼아〉를 예배찬송이라고 할 수도 없다. 예배찬송은 찬송의 대상에 대한 단순한 문자적 접근으로 판별하는 것이 아니라 찬송시의 내용, 음악기법, 그리고 찬송 형식 등에 의하여 종합적으로 판단, 분류된다. 노래하는 대상에 대한 언급은 찬송시의 내용에서 거론된다.

---

40) 편집위원회편, 『아가페 성경사전』, 아가페출판사, 찬양편 1991

3. 찬송가 가사와 윤리

한국교회는 예배에서 사용할 수 있는 검증된 가사와 개인적으로 부를 수 있는 주관적 가사를 혼용하여 무절제하게 사용하고 있다. 다음의 가사들은 개인적이며 주관적 내용의 가사들, 또는 실천하기 어려워 부담스럽다는 내용들이다.

1) 『복음성가』, 〈내일일은 난 몰라요〉(안이숙 작사, Ira Stanphill 작곡)
   내일 일은 난 몰라요, 하루하루 살아요.
   불행이나 요행함도 내 뜻대로 못해요.
   험한 이 길 가고 가도 끝은 없고 곤해요. 주님 예수 팔 내미사 내 손 잡아 주소서.
   내일 일은 난 몰라요 장래일도 몰라요. 아버지여 날 붙드사 평탄한 길 주옵소서.
2) 『찬송가』 323장, 〈부름 받아 나선 이 몸〉
   부름 받아 나선 이 몸 어디든지 가오리다. 괴로우나 즐거우나 주만 따라 가오리다.
   어느 누가 막으리까, 죽음인들 막으리까.
   아골 골짝 빈들에도 복음들고 가오리다.
   소돔같은 거리에도 사랑 안고 찾아가서
   종의 몸에 지닌 것도 아낌없이 드리리다.
   존귀영광 모든 권세 주님 홀로 받으소서. 멸시천대 십자가를 제가지고 가오리다.
   이름 없이 빛도 없이 감사하며 섬기리다.
3) CCM, 〈주님 가신 길〉
   주님이 홀로 가신 그 길 나도 따라가오.-험한 산도 나는 괜찮소.
   바다 끝이라도 나는 괜찮소.
   죽어가는 저들을 위해 나를 버리길 바라오.

4) 『찬송가』 503장 〈이 땅위에 사랑 없어〉

세상 모두 사랑 없어 냉랭함을 아느냐.
곳곳마다 사랑 없어 탄식 소리뿐일세.
악을 선케 만들고 모든 소망 이루는 사랑 얻기 위하여 저들
오래 참았네.
사랑 없는 까닭에 사랑 얻기 위하여 저들 오래 참았네.

5) 『복음성가』, 〈주님과 못 바꾸네〉 (유제현 작사)
세상에는 눈물뿐이고 고통만 닥쳐와도
내 심령은 예수님으로 기쁜 찬송 부르네.

6) 〈허사가〉 (이명직)
세상만사 살피니 참 헛되구나.
부귀공명 장수는 무엇하리요

7) 〈미칠 것 같은 이 세상〉, 성결의 송가 중
미칠 것 같은 이 세상
주여 내 기도 들으소서.
세상 어디가나 슬픔만이요.
먹고 자고 애써 일할 뿐
하나님의 뜻은 무엇입니까!
주여 나는 무엇하리까?

8) 『복음성가』, 〈주여 이 죄인도〉 (안철호)
세상에서 방황할 때 나 주님을 몰랐네. 내 맘대로 고집하며 온갖
죄를 저질렀네.
예수여 이 죄인도 용서받을 수 있나요?
벌레만도 못한 내가 용서받을 수 있나요.?

4. 찬송가 가사에서 인칭 표현[41]

찬송가 가사의 인칭표현은 3인칭과 2인칭이 주로 쓰이는데 이 경우를 설명한다.

1) **하나님의 위대하심을 선포**하는 찬송가들이 있다. 이 찬송가들은 3인칭으로 되어 있다. 즉, 하나님에 대하여 찬양하고 있는 것이다. 예를 들면 〈내 주는 강한 성이요〉, 〈크신 일을 이루신 하나님께〉, 〈영광의 왕께 다 경배하며 온 천하 만물 우러러〉, 〈내 영혼아 찬양하라, 빛나고 높은 보좌와 성도여 다 함께〉, 〈면류관 가지고〉 등이다.

2) **하나님께 직접 이야기하는 내용**의 찬송가가 있다. 이 경우에는 2인칭을 쓴다.

1항의 찬송이 할 수 없는 내용을 말한다. 즉, 하나님과의 관계를 부각시키는 것이다.

예를 들면 〈주 하나님 지으신 모든 세계〉, 〈거룩, 거룩, 거룩, 영원하신 하나님〉, 〈오 신실하신 주〉, 〈죄인들의 친구 예수〉, 〈예부터 도움 되시고〉 등이다.

3) **2인칭과 3인칭을 오가며 사용**하고 있는 찬송가가 있다.

각 절마다 또는 한 절에서도 찬송시의 앞, 뒤에서 대상이 바뀐다. 하나님에 대하여, 하나님을 향하여가 섞여 있는 것이다. 예를 들면, 〈만유의 주재〉(1절과 4절이 2인칭), 〈복된 그 이름〉(3절에서 2인칭으로) 등.

4) **개인적 간증을 내용**으로 하고 있는 찬송가가 있다.

이 찬송은 우리가 하나님과의 관계를 처음 시작했을 때의 일이나 우리의 모든 삶 가운데 주어지는 그분의 공급과 복, 그리고 우리들의 신앙행로에서 잊을 수 없는 것들에 대한 내용을 말한다. 예를 들면 〈오 주 사랑하리〉, 〈주 예수 내 맘에 들어와〉, 〈예수를 내가 주로 믿어와〉 같은 찬송이다.

---

41) 잭. R 테일러(이석철역), 『찬양 중에 거하시는 하나님』, 253쪽

5. 예수님은 친구, 구주, 왕, 만왕의 왕, 주님, 구세주

시대와 사회의 변화에 따라 예수님에 대한 호칭이나 찬송가에서 사용하고 있는 표현법이 달라지고 있다. 언어의 감각이 지금과 다를 수 있다는 점을 생각하고 그 본래 의미를 생각할 필요가 있다.

친구의 의미는 단순하게 아는 학급친구나 옆 집 친구 정도의 낮은 의미가 아니다. 나와 생사고락을 함께하며 어려울 때 힘을 보태는 깊은 관계의 친구이다. 왕이나 임금은 전지전능한 자를 지칭하며, 구주는 생명의 구원자를 의미한다. 호칭은 시대에 따라 조금씩 다르다.

〈주님 한 분 만으로〉(『복음성가』, 이성봉)
      -아름답다 예수여 나의 좋은 <u>친구</u>
144장 아름답다 예수여 나의 <u>좋은 친구</u>
394장 예수 <u>내 친구</u> 날 버리지 않네. 온 천지는 변해도 날 버리지 않네.
325장 예수가 함께 계시니… 이 세상 친구 없어도 예수는 <u>나의 친구니</u>
365장 주 <u>우리의 친구니</u>
394장 예수 <u>내 친구</u> 날 버리잖네.
434장 <u>귀하신 친구</u> 내게 계시니
313장 <u>내 임금</u> 예수 내 주여
38장 예수 <u>우리 왕</u>이여
72장 만왕의 왕 앞에 나오라
619장 놀라운 그 이름 <u>만왕의 왕</u>이요 만물의 주시니
8장 거룩 거룩 전능하신 <u>주님</u>
30장 전능하고 놀라우신 나의 주님 <u>구세주</u>
85장 <u>구주를</u> 생각만해도

6. 새 찬송가 부르기를 반대하던 이유[42]

1723년 청교도 교인들
1) 너무 새롭기 때문에 낯선 외국어 같다.
2) 옛 스타일에 비해 선율적이지 못하다.
3) 새로운 노래들이 너무 많아 모두 배울 수 없다.
4) 새 음악은 난잡하고 고상하지 못한 행동을 하게 되다.
5) 영적인 가사보다 음악적 기교에 치우쳐 있다.
6) 가사가 세속적이고 신성모독에 가까운 것도 있다.
7) 옛 성도들은 그런 노래 없이도 천국에 갔다.
8) 돈을 벌기 위해 하는 짓이다.
9) 젊은 음악가들 중에는 음란하고 절제가 없는 이들도 있다.

1984년 미국 신학생들이 지적한 전통적 찬송을 반대하는 이유.[43]
1) 대부분 찬송가는 경배와 찬양이 아니라 교리적이고 교훈적이다.
2) 형식적이고 구조적이며 시대에 뒤떨어져 있다.
3) 대부분 가사가 고어체이다.
4) 대부분 찬송가는 생명력이 없다.
5) 많은 교회들은 찬송가를 살 여유가 없다.
6) 복음성가는 집중하기 쉽고 단순하다.
7) 찬송가를 듣고 노래하는 것은 부정적인 영향을 끼친다.
8) 복음성가는 성령 안에서 쉽게 잠기게 한다.

2012년의 한국의 젊은 기독교인들
1) 새로 삽입된 찬송들은 익숙하지 않다.

---

42) Bob Sorge, 『찬양으로 가슴 벅찬 예배』, 최혁 역(서울: 두란노 서원, 1996) 177-178
43) Bob Sorge, 178

2) CCM보다 어렵다.
3) 한국인에 의한 곡은 어렵고 분위기가 똑같다.
4) 가사가 틀에 박혔고 노인 냄새가 난다.
5) CCM은 감성을 흔드는 것에 비하여 전통적 찬송은 구시대적이고 메마르다.

7. 찬송가와 관련한 이야기들

1) 우리가 잘 아는 성탄찬송 109장 〈고요한 밤 거룩한 밤〉의 가사에서 '어둠에 묻힌 밤'이라는 표현을 혹자는 '어둠이 걷힌 밤'이어야 한다고 주장하였다. 그것은 예수님은 어둠의 주인공이 아니라 어둠을 몰아내는 구원의 주이시라고 신학 해석을 문자적으로 한 것이다.

그러나,
① 실제로 어둠이 걷힌 밤은 없으며 그것은 고요하다는 의미인 상징적 표현이다.
② 어둠에 묻힌 밤이라는 표현은 '어둠이 지배하는'의 뜻이 아니라 고요하고 적막하다는 의미를 시적으로 표현한 것이다.
③ 적막하다는 내용이 좀 길게 표현되었지만 사실적이고 소박한 가사를 신학적 해석을 적용하여 임의로 해석하려는 것은 억지다.
④ 비교 예로 들고 있는 112장의 "그 맑고 환한 밤중에"와는 시적인 의미가 다르다(천사가 내려오는 장면을 묘사한 다른 찬송이다)
⑤ 독일어 원문 가사(오스트리아 모어 신부의 가사)의 주제가 고요한 밤이다. 우리 찬송은 비교적 원문에 비교적 충실하게 번역되었다.

독일어 원문 가사
    Stil-le Nacht, hei-li-ge Nacht!
    고요한 밤 거룩한 밤
    Al-les schläft, ein-sam wacht
    모두가 잠들었으나, 홀로 깨어 있다.
    nur das trau-te, hoch-hei-li-ge Paar.
    친밀하고 거룩, 거룩하신 부모만이
    Hol-der Kna-be im lok-ki-gen Haar,
    주의부모 품안에 귀여운 아기가 있고
    Schlaf in himm-li-scher Ruh(반복)

하늘의 고요 가운데 잠들어 있다(반복)

아기와 주의 부모만이 깨어 있는 모두가 잠든 고요하고 거룩한 밤이다.

영어 가사
    All is calm, all is bright,
    모두가 고요하다. 그런데 모두가 빛나고 있다.
    Round you Virgin Mother and Child
    동정녀 어머니와 아기 주위 모두가
    Holy Infant so tender and mild.
    거룩한 아기는 부드럽고 온화하다.
    Sleep in heavenly peace!
    하늘의 평화 속에서 잠자고 있다.(반복)

거룩한 아기가 부드럽고 온화한데 모두 고요하지만 거기는 빛나고 있다.

한국어 가사
고요한 밤, 거룩한 밤, 어둠에 묻힌 밤
주의 부모 앉아서 감사기도 드릴 때 아기 잘도 잔다.(반복)

어둠에 묻힌 고요하고 거룩한 밤에 주의 부모가 감사기도를 드릴 때 아기 잘 잔다.

번역가사마다 관점이 약간씩 다르다. 한국찬송의 감사기도 드리는 내용은 원문에 없다. 처음 가사를 만든 분의 번역이다.

2) 338장 〈내 주를 가까이 하려 함은-내 주를 가까이 하게 함은〉
'내가 주를 가까이 하려 함은'인가 '나의 주를 가까이 하게함'인가? 주체의 문제로 볼 때 후자는 문장의 주체가 안 맞는다. 영어 원문에도

'내 주를 가까이 하려 함은'으로 되어 있다.

> Nearer, my God, to Thee, Nearer, to Thee!
> 나의 하나님이여! 주님께 더 가까이 가까이
> E'en though it be a cross That raiseth me
> 비록 십자가를 지는 일이라 해도
> Still all my song shall be, Nearer, my God, to Thee,
> 오히려 찬양하며 주님께 더 가까이 가까이
> Nearer, my God, to Thee, Nearer, to Thee!
> 주님께 더 가까이

3) 실천신학회와 교계의 보수적 원로들에 의하여 예수의 존칭 문제에 대한 요구가 많았다. 그래서 '예수여, 예수여!'를 '예수님, 예수님!' 하고 바꾸었는데 노래를 해 보니 발음이 막히고 소리가 밖으로 나가지 않아 노래하기 어렵고 맥이 끊어지고 있다. 그 결과 노래하는 흥미와 열정이 끊겼다. '예수여'라는 표현은 성서에 있는 표현임에도 존칭문제 시비로 발음이 막혀 한국교회의 찬송부르기 열정이 식어질까 염려된다.

144장 〈예수 나를 위하여 십자가를 질 때 세상 죄를 지시고 고초당하셨네〉

예수님, 예수님 나의 죄 위하여 보배피를 흘리니 죄인 받으소서.

4) 계명성문제-계명성은 금성(비너스, 샛별)을 뜻하는데 과거 무속신앙인들이 많이 사용하였던 언어라 하여 부정적 이미지가 있다. 또 성경에 쓰여 있는 계명성 일부가 잘못 알고 있는 대로 반드시 어두운 세력을 뜻하는 것도 아니다. 이 찬송의 가사를 볼 때 직접적 기독교 내용보다는 기독교 정신을 상징적으로 표현하였다.

582장
어두운 밤 마음에 잠겨 역사에 어둠 짙었을 때에 계명성 동쪽에

밝아 이 나라 여명이 왔다.
고요한 아침의 나라 빛 속에 새롭다. 이 빛, 삶 속에 얽혀 이 땅
에 생명 탑 놓아 간다.

5) 작사자들은 작곡자에게 작사는 잘했는데 작곡을 못 했다고 불평하였다. 그 배경은 가사가 가지는 운율적 문제점을 모르기 때문이다. '새 희망 치솟는다'에서 '망치가 솟는다'는 식으로 작사 되었는데 결국가사를 '새 희망이 솟는다'로 수정하였다.

9장 4절
주 앞에 나올 때 우리 마음 기쁘고 그 말씀 힘되어 새희 망치(망이) 솟는다.
고난도 슬픔도 이기게 하시옵고 영원에 잇대어 살아가게 하소서.
우리의 자랑과 기쁨 생명의 하나님 우리 예배를 받아주시옵소서.

6) 어미, 보조동사-합니다. 함이라, 하여라, 합시다, 했도다, 하구나, 하세, 하라, 하자, 해가 쓰이는데 젊은이들은 구세대의 어휘라고 지적하며 찬송부르기를 멀리한다.

7) 생명의 빵(Bread of life)(밀가루 문화-서양)이냐 아니면, 생명의 떡(쌀 문화-한국)이냐. 서양적 생활양식을 따를 것인지 한국식 생활양식을 따를 것인지에 대한 고민도 있다.

한국어 속담: 떡 줄 놈 생각도 안한다(좋은 것),
자다가도 떡이 생긴다(먹을 것),
웬 떡이냐(좋은 것),
그림의 떡(생명)

농경이 시작되면서 사람들은 곡물을 맷돌에 갈아 시루에 쪄 먹었다.

삼국 시대에 사용된 토기 시루가 발견되었는데 솥이 발명되기 전에는 시루로 떡을 쪄 주식으로 먹었을 가능성이 있다. 삼국시대 솥이 개발되면서 떡은 주식의 자리를 밥에 넘겨주었으나 제사를 지낼 때에는 계속 사용되었다. 농경 전에는 제사음식으로 가축을 잡아 사용했지만 농경이 시작한 후에는 노동력인 가축 대신에 떡을 사용하였다. 지금까지 백설기와 시루떡, 송편, 그리고 찰떡은 한국인의 사고방식에 중요한 음식이다.

8) 찬송가 가사에 있어서 전쟁용어의 사용에 대한 염려를 하는 분이 많았다. 군사, 군병, 승전고, 싸움터, 군기, 정탐여행, 땅 밟기(걷기 전도) 영적전쟁과 같은 소재들이 그렇다.

    349장 나는 예수 따라가는 십자가 군사라
    350장 우리들이 싸울 것은 혈기 아니요, 군사들과 힘써 싸워
        서 승전고를 울릴 때까지
    351장 믿는 사람들은 주의 군사니 앞서가신 주를 따라 갑시다.
    352장 십자가 군병들아 주 위해 일어나 기 들고 앞서 나가 담
        대히 싸우라
    353장 십자가 군병 되어서
    358장 목숨까지도 바치고 싸움터로 나가세
    360 십자가의 군기를 높이 들고 나가세

9) 찬송가 가사의 어려운 말들(한자어)을 가지고는 젊은 세대를 껴안을 수가 없다.

    3장 영광을 돌려보내세, 날마다 주와 버성겨 그 크신 사랑 버
        리고-날마다 주와 맞서서
    32장 萬有의 主宰, 光明한 해
    70장 異邦이 떠들고
    108장-저 六畜소리(소, 말, 돼지, 염소, 닭, 개)
    252장 다시 靜케하기는 예수의 피 밖에 없네

279장 仁愛하신
148장 糞土만도
360장 保惠師, 인치다, 천국인을 치소서, 주의 호령 났으니
10장 강생(신이 인간으로 태어남, Incarnation, 성육신)
19장 섭리(대신하여 처리하고 다스림)
32장 만유의 주재(우주의 모든 물체. 어떤 일을 중심이 되어 처리함)
33장 면류관(왕의 정복에 갖추어 쓰던 관)
88장 이 세상 고락 간(고생과 즐거움)
116장 탄일 밤(탄생하신 밤)
119장- 구유(낮은 마구말을 타거나 부리는데 쓰는 도구, 여물 통)
254장- 내 주의 보혈은 정하고 정하다, 주홍 빛 같은 내 죄, 암만하여도(이러저러하게 애를 쓰거나 노력을 들이다)

찬송가에 사용된 4자성어

378장

천하만민, 우주만물, 만국백성, 천지만물, 사망권세, 환란풍파, 멸시천대, 영생복락, 부귀영화, 골몰무가, 방초동산

2장

선지동산, 환란질고, 萬歲盤石(영원한 주춧돌), 영원무궁(공간이나 시간 따위가 끝이 없음)

10) 찬송가 발행에는 각종 경제적 이해관계가 따른다. 가사 문제를 다루는 것은 누구에게나 쉽게 보이기 때문에 각각의 의견을 말할 수는 있다. 그러나 찬송가의 음률에 맞도록 하고 가사와 음악의 관련성에서 균형 잡힌 합리성과 타당성을 말하는 전문가는 많지 않다. 찬송가 가사에 대하여 언급하는 비전문가가 너무 많다.

11) '당신'이라는 표현은 대문자 영어 'You'의 번역에서 비롯되었다고 볼 수 있는데 하나님을 지칭한다. 우리가 주님을 2인칭 '당신'이라고 부르는 것은 한국인의 정서에 어색하다.

12) 서쪽 하늘 붉은 노을, 내 평생 사는 동안, 인생은 나그넷길(유행가) 등은 북쪽 어떤 노래와 앞부분 선율이 거의 같고 같은 구조로 된 노래였다.

13) 고친 가사 '하나님의 독생자 예수(171장)'가 '주 하나님 독생자 예수'보다 더 명확하고 알기 쉽다. 그런데 이전 것이 더 좋다고 하는 이도 있었다.

14) 〈어두운 밤 쉬 되리니〉(330장)는 '근로가'지 찬송가는 아니라고 주장하는 이가 있다. 〈어둔 밤 마음에 잠겨〉(582장) 역시 상징적 표현이지 직접적인 기독교 가사가 아니라고 말한다.

15) 한국어 가사와 영어가사와 내용을 비교해 보면 번역의 제한성 때문에 불가피하다고 하지만 섬세한 내용이 너무 다르다. 찬송가 413장 〈내 평생에 가는 길〉의 영어 가사를 보자!

　　(1) 나의 인생길에 강 같은 평화 따를 때나 슬픔이 큰 파도처럼 굽이칠 때
　　무슨 일이 닥치든 주님께 말하도록 가르쳐 주셨네 내 영혼 평안해 평안해
　　(후렴) 내 영혼 평안해 내 영혼 평안해 내 영혼 평안해, 평안해

　　(When peace, like a river, attendeth my way,
　　When sorrows like sea billows roll:
　　Whatever my lot, Thou hast taught me to say,

(Refrain) It is well, with my soul.
           It is well, with my soul.
           It is well, it is well, with my soul.)

(2) 비록 사탄이 공격하고 시련이 닥쳐와도 그리스도께서 나의 무기력함 아시고
날 위해 보혈 흘리셨다는 이 거룩한 확신이 날 주관케 하소서
(후렴)
(Though Satan should buffet, though trials should come,
Let this best assurance control,
That Christ has regarded my helpless estate,
And hath shed His own blood for my soul.
(Refrain)

(3) 나의 죄 오 이 영광스런 생각이 죄가 하나도 남김없이
십자가에 못 박혀 더 이상 내가 담당할 필요가 없다니 찬미하라 내 영혼아 주를 찬미하라
(후렴)
My sin, oh, the bliss of this glorious thought!
My sin, not in part bat the whole,
Is naild to the cross, and I bear it no more,
Praise the Lord, praise the Lord, O my soul?
(Refrain)

(4) 주님 나의 믿음 드러날 날 재촉해 주소서 두루마리처럼 구름 접으시고
나팔 울리며 강림하소서 그렇다 해도 내 영혼 평안해
(후렴)
And Lord, haste the day when my faith shall be sight,
The clouds be rolled back as a scroll:
The trump shall resound, and the Lord shall descend,
Even so, it is well with my soul.

(Refrain)

16) 8장 〈거룩거룩거룩 전능하신 주여〉 가사 번역의 변천 과정을 살펴본다.

Ho-ly Ho-ly Ho-ly Lord God Al-migh-ty Ear-ly in the morn-ing our song shall rise to thee

1894년 『찬양가』 4장
  거룩 거룩 ᄒᆞ다 젼능ᄒᆞ신 샹쥬 일흔 아츰에 노래를 놉혀들 보세
1894년 『찬미가』
  뎨스 셩직 셩직 셩직 젼능ᄒᆞ신 쥬여 일은 아츰 우리가 쥬찬미 ᄒᆞ겠네.
1895년 『찬셩시』
  뎨일 거룩 거룩 ᄒᆞ다 젼능ᄒᆞ신 샹뎨 일흔 아츰에 노래를 놉혀들 보셰.
1905 『찬미가』
  뎨三 셩직 셩직 셩직 젼능하신 주여 일은 아참 우리 찬송 올리나이다.
1908 『찬숑가』
  뎨사 셩직 셩직 셩직 젼능ᄒᆞ신 주여 일은 아츰 우리 쥬를 찬숑 흡니다.
1931년 『신정찬숑가』 3장
  거룩 거룩 하다 젼능ᄒᆞ신 쥬님 일은 아츰 우리 쥬를 찬숑흡니다.
1935년 『신편찬송가』 4장
  성재 성재 성재 전능하신 주여 이른 아침 우리 주를 찬송합니다.
1983년 『통일찬송가』 9장
  거룩 거룩 거룩 전능하신 주여 이른 아침 우리 주를 찬송합니다.
2006년 『21세기 찬송가』 8장
  거룩 거룩 거룩 전능하신 주여 이른 아침 우리 주를 찬송합니다.

8. 예배 성가합창곡의 가사 문제

가사가 담고 있는 내용 중 예배성가에 적합하지 않은 것이 많다. 내용이 부족하고 교회음악으로 검증되지 않은 가사가 많은 것이다. 과거 가톨릭의 예전음악을 보면 음악을 강조한 측면에서 예전적 가사를 여러 번 반복하는 식으로 작곡하였지만 검증된 라틴어 가사의 전례문에 국한하는 것이었다.

한국창작곡 또는 새로 소개된 외국곡의 번역에서 볼 수 있는 가사와 관련된 문제점들을 살펴본다.

1. 예배 성가합창곡에 있어서 가사의 중요성

1) 예배성가(Anthem)를 지칭하는 영국의 앤섬(Anthem)은 11세기 초 라틴어 'Antiphon'에서 유래한 말로서 본래는 종교적, 도덕적 내용으로 된 영어 가사에 의한 합창곡이었다. 현재는 넓은 개념으로 사용되어 개신교 교회의 찬양대가 예배순서에 따라 부르는 성가합창곡을 뜻한다.[44]

예배 성가는 찬양대가 하나님을 향해 부르는 거룩한 합창음악이다.[45] 그런데 이 예배성가는 성도들이 다 함께 부르는 회중찬송과는 내용과 형식 그리고 양식 면에서 다르다.

역사적으로 볼 때 초기의 예배성가의 가사는 전통적으로는 성서를 기초로 한 내용으로 특히 구약 시편의 내용과 신, 구약 성경의 칸티클(Canticle)[46]을 재구성한 내용이어야만 했다. 예배성가의 구성 형식은 회중찬송보다 더욱 발전되어있고 복잡하다.

---

44) Stanley Sadie, 『The New GROVE Dictionary of Music and Musicians』, Macmillan Publishers Limited 1980, 455쪽
45) 전희준, 『교회성장을 위한 예배와 음악』, 미드웨스트, 2006, 171,
46) 가톨릭 혹은 영국국교의 예전에서 사용한 시적인 성경적 가사에 의한 음악. 14개의 구약성서에서 온 곡(Cantica minora)과 신약의 복음적 노래들(Cantica majora)이 있다. Willi Apel, 『Harvard Dict. of Music』, Second Edit. 129쪽

찬양대는 회중이 부를 수 없는 음악적으로 향상된 성가를 하나님께 드린다. 이 말은 회중이 이해할 수 없는 어려운 내용을 의미하는 것이 아니라 전능하신 하나님께 드려야 하는 기교적 음악을 말한다. 이것이 지나치면 회중은 관람객이 되지만 회중들과 잘 조화되면 회중들의 교육적 기능과 어우러져 큰 효과를 내게 된다.

영국의 찬송시인 와츠(Issac Watts 1674-1748)는 시편이든지 창작된 찬송이든지 교회의 노래는 신약성서의 복음의 빛에 비쳐 재해석된 복음적 내용이어야 한다고 주장하였다. 시편을 문자적으로 그대로 불러야 한다는 칼뱅의 규범을 반대하면서 자유롭게 창작하여 불러야 한다고 했다.[47] 이것은 교회음악 역사에서 영국찬송의 공헌 중 하나로서 기독교의 예배와 시대적 상황에 맞도록 가사를 적용하여야 한다는 것이다. 그 결과 개인의 신앙고백 내용을 가진 가사가 많이 나타나기 시작했다.

2) 선곡

작사자나 번역자가 먼저 올바른 가사를 사용해야 하겠지만 음악지도자나 지휘자가 예배성가를 선곡할 때는 반드시 가사를 꼼꼼하게 읽어 오해의 소지가 있는 가사, 표현법이 미숙한 가사, 추상적 표현이 있는 가사, 그리고 깊은 뜻 없이 의례적으로 반복되거나 내용이 없는 가사, 내용의 단순성 등은 선택하지 않거나 적절하게 수정해야 한다. 교인들에게 가사 내용의 전달을 위하여 쉽고도 효율적이며 의미 깊은 가사를 선택해야 한다. 또한 전달을 위하여 가사와 음악의 악센트를 맞추는 일은 더없이 중요하다.

---

47) W. J. Reynolds and M. Price, 『*A Joyful Sound*: Christian Hymnody』. N. Y. Holt, Rinehert and Winston, 1978. 42쪽

2. 가사의 문제점들

1) 같은 가사로 작곡된 다른 곡의 연주

예배에서 같은 가사를 두 번 이상 연주하는 것은 어색하다. 만약 두 번 이상 연주가 필요한 특별한 경우에는 어느 정도의 간격이 필요하다. 그것은 예배에서는 음악만큼 가사(Text)도 중요하기 때문이다. 같은 가사, 예를 들면 시편 23편, 주기도문, 사도신경 등의 가사로 된 곡을 자주 연주하는 것은 다양성과 회중성이라는 측면에서 바람직하지 않다. 예배성가는 가사의 내용과 형식이 음악에 잘 녹아든 예술이므로 특별한 경우를 제외하고 가사를 중복으로 사용하여 삶의 질을 낮추지 않도록 해야 할 것이다.

특히 예배 순서에 마로테(Malotte, A. H. 1895-1964)의 주기도를 교인들이 응답송이나 예배 순서의 끝에 제창하는데도 불구하고 봉헌송으로 독창하거나 찬양 음악으로 택하는 경우가 있는데 예배의 균형을 깨는 행위이다. 또 주기도는 기도문이므로 그것을 가사로 작곡할 때 어려움이 있으므로 작곡자가 가사를 임의대로 바꾸기도 한다. 이때 내용의 변화를 조심해야 한다.

하늘에 계신 아버지
그 이름 거룩하시며
나라에 임하옵시며
그 뜻이 하늘에서 이뤄짐같이
땅에서 이루어지이다.
일용할 양식 주옵시고
우리의 죄 다 사하소서(이하 생략)

2) 의미가 불확실한 표현

CCM 〈보혈을 지나〉(김도훈 곡)를 부르다 보면 그 가사의 의미를 생각하게 된다. 십자가에 달리신 그리스도의 보혈을 어떻게 지날까? 그것이 비록 시어(詩語)라고는 하지만 일반인들에게 이해하기 어려운 표현보다는 쉽고 명확한 표현을 사용하면 회중성은 더 높아진다.

부활절 찬송 〈살아계신 주의 주 하나님, 독생자 예수〉는 찬송가에서 '하나님의 독생자 예수'로 가사를 바꾸어 서술적이며 의미가 분명해졌다. 이 경우는 '주 하나님의 독생자 예수'로 소유격이 생략된 것이라고 이해는 되나 명확성이 필요한 경우였다. 우리말에서는 소유격을 빼고 곧 바로 나열하면 동격이 되는데, '주 하나님=독생자 예수'보다는 '독생자 예수=주 하나님'으로 해야 격에 맞을 것이다.

다음의 가사 '소성'은 개역성경의 어휘로서 회복됨, 소생, '살리다'는 뜻인데 쉬운 말 '소생'으로 대체할 수 있는 말이다.

여호와여 주의 긍휼로 나를 소성케 하소서

이미 발표된 서양음악의 못갖춘마디의 약·강 형식으로 작곡된 곡의 번역된 가사를 재활용한 것인지 못갖춘마디로 시작되지도 않는 선율임에도 '주, 날, 내'라는 말을 불필요하게 사용하였다. 가사 내용도 시편 가사를 활용하였거나 번역한 것인지, 아니면 본인이 만든 것인지 모르겠지만, 시어라고 하기에는 너무 의례적인 말로 작곡가가 만든 것 같다. 강조점이 없으며 여러 가지 형태의 개념이 나열되어 있다. 따라서 특징이나 차별화 그리고 한국화의 개념과는 거리가 멀다.

주 여호와를 찬양하라 주를 기뻐하며 주를 찬양할 지어다.
주 나의 하나님 나의 산성, 날 구원하시는 내 아버지

다음 곡은 외국곡을 번역한 것인데 시편의 가사를 부분적으로 인용하였다. 그런데 내용이 서로 연결되도록 선택하면 더 좋았을 것이다. 더구나 시편의 말씀 그대로이지만 굵은 글씨의 경우 뜻을 이해하기가 너무 어렵다.

땅을 권고하사, 주의 은택으로 년사(年事)에 관을 씌우셨다.

시편 65편 9절: 땅을 권고하사 물을 대어 심히 윤택케 하시며…
       10절: 주께서 밭고랑에 물을 넉넉히 대사
       11절: 주의 은택으로 연사에 관 씌우시니 주의 길에
           는 기름이 떨어지며

다음 가사는 한마디로 앞뒤가 맞지 않는 내용이다. 주님의 사랑이 부족하여 주님과 우리가 서로 만나지 못하는 것으로 기술하고 있다.

나, 언제나 주님을 찾고, 주, 언제나 나를 찾아
우린 서로 만나지 못해. 나는 주를 뵙지 못해

3) 잘못된 표현

'이 세상에 다시 태어난다 해도 주를 찬양하리라'-이 세상에 다시 태어나지 않는다.

찬송가 94장 〈주 예수보다 더 귀한 것은 없네〉 (I'd rather have Jesus than silver or gold'를 '귀한 분은 없네'로 부른다면 격에 맞지 않는다.

유사한 다른 경우로 CCM 〈주님과 같이 내 마음 만지는 분은 없네〉 (There is none like You. No one else can touch heart like You do 모두 번역의 어려운 점들이기는 하지만 '것'이 강박에 있기 때문에 더욱 부각된다. 첫 번역이 중요하다.

4) 어법의 문제

CCM에서 자주 쓰는 말로 '감사해, 찬양해, 사랑해, 송축해, 선포해'와 같은 표현법에 대한 문제이다. 혹자는 이것을 '찬양하라'의 줄임말이라고 주장하는 이도 있는데 맞는 말이기는 하지만 이것은 반말이다. 이 말의 사용법은 두 가지 경우가 있다. 첫째는 명령형의 어법이고, 둘째는 일인칭(나) 고백적 사용이다. 권유 혹은 명령 형식으로 들리는 '주님께 감사해, 주님을 찬양해', '주님을 사랑해'라는 말은 어딘가 어색하다. 일인칭 '내가 너를 사랑해'는 일인칭으로 다소 친근함이 있으나 반말이다. 이런 말들은 CCM이나 가벼운 음악회용으로는 자유스럽고 친근한 말이나 찬송가 혹은 찬양 음악으로 사용하기에는 고려해야 할 사항이다. '주님을 사랑합니다. 주님을 찬양, 주님께 감사'등 정돈된 말들이 있다. 더군다나 '찬양하라'를 '찬양하여라, 찬양해'와 섞어서 사용하면 혼란스럽고 시적 가치는 더욱 낮아진다.

다음 예에서 사용한 당신이라는 표현은 주님을 직접 부르는 2인칭 형식으로 적절하지 않다.

당신 사랑 외치게 하소서-주님사랑 외치게 하소서
(필자의 수정 가사)

〈주님을 찬양하라〉(Praise Ye the Lord!)는 시편에도 자주 나오는 표현인데 말하는 사람은 아니고 남에게 명령하는 어법으로만 이해해서는 안 된다. 이 말은 '내 영혼아 주를 찬양하라'라는 말에서 알 수 있듯이 나의 육이 영혼을 일깨우는 서양언어의 화법으로 사실은 내가 주님을 찬양한다는 뜻을 강조한 표현이다. 겉으로만 보아 이 단어를 복음성가 가사의 틀이라고 지적한다면 그것은 옳지 않다.

다음의 '모두'와 '다' 그리고 '그냥'과 '그대로'는 모두 같은 뜻의 말이다. 또 '그냥'은 요즘 사용하지 않는 구어체이다.

나 가진 것을 모두 다 드리고, 주님 앞에 그냥 홀로 서리라.
비어있는 이 마음 그냥, 그대로 오직 주님만을 바라보리라.

갈보리 그 십자가 오늘 또 다시 지셨네.
영광을 돌려 보냈네-큰 영광 주께 돌리세-필자 수정

5) 번역의 문제

번역에서 주로 문제가 되는 것은 원곡의 내용을 옮기는 과정에서 표현법의 문제, 그리고 음악과의 악센트 문제와 관련되는 것이 많다. 아직도 음악의 악센트와 가사의 악센트가 일치하지 않은 가사를 자주 볼 수 있다. 노래하기도 힘들고 전달도 어렵다.

Glo- ri-a in ex-l cel- sis De- o(원어)
높은 곳에 주님께 영광(?)
글로리아 높은 곳에 영광(필자 수정)

흔히 범하고 있는 문제 중 하나로 악구를 살리는 문제 혹은 띄어쓰기의 문제가 발견된다. 이것은 서양음악과 한국음악의 차이에 해당되는 약박으로 시작되기 때문인데 이에 대한 절충과 정리가 필요하다. 다음 가사는 좀 심한 경우이다.

사-/랑 의주예/수나/의 능력이/라. 연-/약 한내기/도 들어주/심
고마와/라
사랑/의 구주예/수 능/력 되신주/님 연약/한 나의기/도 들으시/니
고마워/라(필자 수정)

철자법이 이미 개정 되었으나 아직도 옛 형태 혹은 틀린 것을 사용하고 있는 곡들도 많다.

고마와라-고마워라, 고마와-고마워, 놀라와-놀라워,
헤매이다-헤매다, 헤멜지라도-헤맬지라도
경배할찌어다-할지어다, 즐거웁게-즐겁게, 주님이 대신 져
주시니-주님이 대신 지시니

사랑의, 주의 십자가-십자가, 주의 십자가 높이어서-높여서,
구유에 주 예수-구유의 주 예수

 다음의 번역가사는 정확한 의미전달도 되지 못하며 불분명하게 표현하여 질적으로 시적가치를 저하시키고 있다. 밑줄 친 부분의 정확한 의미가 무엇인지 알 수가 없다.

  완전한 음정과 정확한 박자
  쉽고 끝없는 후렴부와
  변함없는 선율, 조화된 화음
  완벽한 음들, 이 모두 주 위한 것이라
  모두 맡은 대로 주를 찬양해, 음절들로 찬양하네
  소리로 주 찬양하여라(이하생략)

 CCM 〈이와 같은 때엔〉은 영어의 In Moment like These를 번역한 것인데 이 문장에서는 '이와 같은'이 초점이 아니라 '순간'이 초점이다.
 나는 주의 참된 목자요 세상에 주를 전하리와 같은 표현은 오해를 사기에 충분한 표현이다.
 예배합창을 출판하는 출판사들은 보다 책임을 통감해야 하고 또한 이에 따른 교회음악 이론 정립이 필요하다고 생각한다. 한국교회는 교회음악 전문가를 양성하고 일할 수 있는 여건을 마련하는데 많은 노력을 기울여야 할 것이다.

9. CCM의 음악적 문제점 및 회중성

킹슬리(Kingsley)는 "말은 우리들의 사상을 전하지만, 음악은 마음과 영혼에 그것도 우리들 영혼의 핵심과 근본을 흔든다."라고 하여 교회음악이 가지는 위대한 기능, 이를테면 교회음악의 중요성을 잘 표현하고 있다.

1980년대 이후 한국교회에는 CCM이 남용되고 있다. 그러면서도 그것은 한국교회의 예배 및 교회음악 문화에 큰 영향을 미치고 있다. 특히 청소년들에게는 CCM이 '교회음악의 전부'라는 인식이 될 정도가 되었다. 이점을 활용하여 이미 대중적 집회를 많이 개최하였고 상업적으로 연결되고 있다.

교회에서 부르는 찬송가나 CCM의 역할을 모르는 사람은 없다. 또 교회음악이 검증되어야하는 이유도 알고 있지만 목회자나 심지어 교회음악 전문가조차도 이를 구체적으로 구별하지 못한다.

CCM을 선호하는 것은 흥미와 대중성 때문이다. 이것은 음악으로 전도나 결단을 위하여 대중성의 활용도를 높여야 한다는 생각 때문이다. CCM에 대하여 바르게 평가하고 좋은 것을 선별하고 기능에 맞게 사용하여야 하며, 교인들은 회중성 있는 노래를 불러야 한다.

이 글은 CCM의 회중성을 분석하고, 회중성이 있는 좋은 CCM을 엄선하여 긍정적인 면을 잘 보완하여 다듬고 부정적인 면을 수정하여 좋은 찬송을 부르자는데 목적이 있다.

음악 형태만 추구하지 않도록 음악적 문제점에 따른 구체적 방법을 제시하고자 하였다.

실제 복음성가의 예를 분석하는데 있어서는 1,200곡집에 실려 있는 곡 중 한국인이 작곡한 것들을 중심으로 하여, 음악적인 면에서 기초이론에 어긋난 문제점을 밝혔다. 그 문제점을 보완하여 CCM의 활용 방법을 연구하기로 한다.

1. 역사적으로 본 회중성과 보편성

1) 회중성

  기독교는 유대교의 회당으로부터 회중의 가창(歌唱)을 계승 받았으며 그 최초의 찬송가는 시편이었다. 지난 20세기 동안 오랫동안 히브리의 시편은 그리스도인들에게 찬양의 기초를 형성하였다. 개혁파의 예배를 유명하게 만들었던 제네바에서의 회중들을 위한 노래는 루터파 사람들이 부러워했듯이, 운문으로 된 시편(metrical psalm)에 국한되었다. 확실히 1세기 반 동안이나 이 운문 시편들은 개혁파 교회에서의 유일한 회중 찬송의 형식이 되어 왔었다.

  시편과 찬송가의 가창(歌唱)은 당연히 회중들의 찬양 수단이며, 회중들의 몫이다. 그러나 중세의 찬송가는 성가대를 구성하고 있는 성직자에 의해서만 불렸기 때문에 회중의 찬송은 상실되고 음악은 형식과 구조에서 보다 정교한 것으로 되었다. 선택된 성직자는 그 일을 감당하기 위하여 미리 훈련되고, 찬송을 부르기 위하여 준비하였으므로 음악적 수준이 높았다. 따라서 회중들이 감당하기에는 수준도 높았고, 몫도 없었다.

  1517년 종교개혁은 예배의 개혁을 단행하여 예배의 공동성을 위한 새로운 찬송가의 형태가 필요하게 되었다. 충분한 음악 훈련을 받지 못했던 일반 교인들도 부를 수 있는 쉬운 곡을 추구하게 되었다. 루터교의 찬미가는 모든 사람(라틴어로 per omnes versus)이 노래할 수 있었다. 그러나 그것도 일반 신자가 전부 노래하는 것은 아니고 옛 전통에 따라 일반 신자와 성가대, 또는 오르간과 교창하는 식이었다. 회중은 항상 코랄 형태로 단성과 무반주로 연주하였다. 회중들에게 쉽게 받아들여질 수 있도록 하기 위한 흔적을 볼 수 있다. 코랄이라고 하는 말은 본래 그레고리 성가 혹은 개신교적으로 된 것을 의미하는 것인데 다성적으로 노래하는 것(figural)에 대한 단성으로 노래함을 뜻하는 것이었다.

  1524년 이후 여러 권의 코랄집이 출판되었는데 회중들이 유니슨으로 부를 수 있도록 매우 일정한 길이의 음표로 불렸다. 각 악구의 마지막 음표에 길이가 일정하지 않은 휴지가 올 수도 있었다. 루터 코랄의 음악

적 특징을 살펴보면,

> 운율적이고,
> 리듬이 느리며 평탄하고,
> 구교 성가의 어구보다 강하고 명확하며 규칙적이며,
> 선법 형식의 구조에서 벗어나 더 조성적이고,
> 선율이 아름답게 발달되어서 쉽게 부르며 외울 수 있고,
> 옛 성가보다 화성적이다.

위의 설명에서 개혁된 예배에서 회중들이 부르기 쉽고도 효과적인 음악적 유형을 찾기 위한 흔적들이 보인다. 그에 따라 음악 양식의 변화 이를테면 장, 단조 체계의 형성, 규칙성 및 화성적 형태의 발달 등-가 있었음을 알 수 있다.

초기에는 일반적으로 리듬이 복잡한 곡이었지만, 1560년 트렌트공의회 이후인 반종교개혁 시대에는 오르간 반주가 첨가된 1음부 대 1음부의 단순한 화성적인 악곡이 사용되었다.

칼뱅파의 시편가는 시편을 운문적으로 번역한 음률로 그 선율이 새로 작곡되기도 하였지만 많은 경우에 민요적 특징을 지니기도 하였다. 초기의 코랄과 비슷하지만 음악상의 각 프레이즈의 시작과 끝에 긴 음표가 있는 발달된 리듬으로 된 것이 특징이다. 찬송가 1장 〈만복의 근원 하나님〉처럼 같은 길이의 음표가 이어지는 형태로 굳어졌다.

프랑스어로 된 시편가의 선율은 전체적으로 볼 때 대부분의 독일 코랄이 가지는 직선적이고 활기찬 성질에 비해서 유쾌하고 친교적이고 다소 엄숙한 데가 있다. 보통 순차진행을 중심으로 사용한 단성성가와 비슷하고 다양한 리듬으로 되어 있다.

영국의 찬송가는 크게 성공회의 예전적인 것과 전도를 위한 전통적 찬송 형태로 나누어지는데 각 음표가 같은 길이인 코랄풍의 장중한 음악, 민요풍의 선율, 복음성가의 형태, 등을 특징으로 말할 수 있다.

미국의 찬송가는 민요풍이나, 5음 음계의 적용, 아프리카의 리듬 적용, 리드미컬하고 감미로운 분위기의 찬송 등이 특징이다. 특히 최근에는 재즈 리듬이 가미된 복음성가나 CCM이 급속히 발전하였다.

1960년대 말부터 세계는 사회적인 면에서 격동기라고 말할 수 있다. 급속한 도시화와 기독교의 세속화 등으로 인하여 전통적인 교회에 대하여 비판적 입장이 대두하면서 찬송가에서도 새로운 시도가 많아졌다. 이른바 포크 미사, 재즈 미사, 록(Rock)풍의 찬송가들이다. 특히 1970년대 말부터 CCM이라는 용어가 쓰이기 시작하면서 급속하게 컨템포러리한 음악이 일반화되기 시작했다.

2. 보편성을 이루는 기준들

먼저, 용어를 정리한다. 회중성이라는 말은 구별된 성도들과 관련된 개념이다. 회중을 위한 찬송가는 역사성 있고 독특한 양식(정체성)이 있다. 기교적으로는 쉽다. 감성을 포함하지만 직설적이라기보다 간접적이고 감성을 표현하는 데 있어서 절제가 있다. 민감한 사회적 변화에 수용하지 못하는 경향이 있어 다양성을 추구하기 어려운 면이 있다.

대중성: 일반 대중들의 성향으로 세속성과 어느 정도 구별 되지 않는다. 유행성 및 상업성과 쉽게 연결되므로 양식의 변화에 민감하다. 그래서 감성적이고 변화가 다양하다.

보편성: 논리적이며, 무리가 없어 일반화할 수 있는 개념이다. 이론에 기초를 두고 있으므로 회중성이나 예술성을 위한 조건이다.

앞서 종교개혁 당시의 역사적인 측면에서 살펴보았듯이 회중들에게 교회음악 특히 찬송가의 유형이나 난이도, 그리고 그 성격을 고려할 때, 회중성에 대한 세심한 배려에 대하여 살폈다. 그 결과 이론이 적립되었고, 교회음악의 양식과 관련하여 세속음악과의 구별성 및 제한성에 관하여 언급된 경우가 많았다. 이를테면 리듬의 분할 문제들, 도약진행 문제, 반음계의 사용 문제, 음계의 사용문제나 악기의 사용 문제, 창법 문제

등 많은 문제들이었다. 단적인 예로 증4도 도약 진행 문제는 적어도 낭만파 작곡가들 이전에는 선율적 음정으로서 반드시 피해야만 하는 요소였다. 15세기 이전부터 계속된 3개의 온음은 사람들에게 받아들여지기 어려운 요소였음을 경험적으로 판단하여 마침내는 '악마의 음정'으로 오랫동안 인식되게 되었었다. 보편성의 논리가 교회음악에 있어서 선율 음정의 사용 방법으로 적용된 예이다.

그 시대에 어떠한 찬송가가 적당한가 하는 데 따른 보편성의 논리는 여러 측면에서 세분화하여 검토하여야 된다. 이것은 평가 문제와도 연결되지만 여기서는 찬송가의 일반적인 특징과 관련하여 전체적인 측면으로 말하려고 한다. 그것은 역사적 전통 및 합리적 이론에 근거한 음악이론의 적용, 그 시대성 또는 사회성의 영향과 관련된 것들, 역시 전통적으로 인식돼 오는 세속적 기법과의 차별성 문제, 찬송하는 자의 정서와 관련된 다른 문화와의 혼합에 따른 토착화 문제, 세속 음악 등 다른 장르의 기법의 영향, 즉흥성의 배제에 대한 문제, 기법 및 기교의 독창성, 등의 측면에서 검토되어야 한다.

(1) 음악이론적 측면

찬송가는 예배나 선교라는 특수한 목적에 부합되어야만 하는 실용성 있는 음악이므로 장소, 때, 노래하는 사람의 연령, 인원수, 음악적 실력, 기호 등에 의하여 달라질 수 있다. 공동의 예배를 드려야 하는 회중들이 노래하기 편한 선율형이나 화성진행 또는 반주 형태까지도 고려해야 하고 누구나 쉽게 적응할 수 있도록 세심하게 배려되어야 한다. 이 모든 문제가 음악이론의 범위에 포함되는데 구체적인 문제들은 다음에 언급한다.

(2) 시대성 또는 사회성의 영향

찬양의 양식 및 방법은 시대와 민족에 따라 다르다. 그 시대가 가지는 특수한 사회성이나 상황에 따라 음악의 형태는 다를 수밖에 없다. 음악은 언어와 밀접하게 연관되어 있기 때문이다. 그렇다고 해서 과거의 양식이나 다른 지역의 음악 양식들이 불릴 수 없다는 얘기는 아니다. 찬송가에는 다양한 시대나 국가의 양식들이 동시에 존재하여 여러 예배 형태나 회중들의 다양한 기호를 충족시켜 줄 수 있는 것이다. 그러면서도 그 시대의 문화와 형편에 따라 특징적 찬송가가 많이 편집지고 많이 불릴 때 예배나 선교, 교육에 더욱 효과적이라는 것이 일반적 의견이고 효율성이 있다고 생각된다.

그러기 위해선 우선, 그 나라의 언어와 음악의 악센트 및 형식이 맞아야 된다. 선율 형태뿐 아니라 화성 진행이나 음악 형식까지도 가사의 악센트, 내용, 형태 등에 따라서 달라지므로 음악에서 가사의 역할은 절대적이다. 주위에서 흔히 볼 수 있듯이 서양음악 풍에 한국어 가사를 붙였을 때 어울리지 않는 것은 물론 발생하는 많은 문제점에 대하여 간과할 수 없다. 가사와 음악의 악센트 일치는 물론 언어 구조에 맞는 선율형, 가사의 내용에 맞는 화성의 사용, 그에 따른 음악 형식 등에 대하여 많은 고려를 해야 한다.

둘째는 노래 부르는 습관 및 정서 또는 발성에 맞아야 한다. 한국인이 작곡한 곡을 불러야함은 물론 작곡가 역시 한국적인 음악을 작곡하여야 한다. 세계적인 민요가 찬송가에 실리던 시절은 과거 18,19세기였다. 매주일 복음성가를 부르기는 부르는데 곡이 어디에서 시작하고 어디에서 끝나는지 모르겠고, 진행이 부자연스러운 것은 한국인의 정서에 맞지 않는 것과 관계가 있다. 한국인이 작곡한 CCM임에도 한국어 가사와 무관하다면 문제가 심각한 것이다.

셋째는 창법이나 발성문제 역시 교회음악의 정서, 이를테면 경건성 등을 고려하여야 세속성과 구별되게 된다.

(3) 세속음악과의 관련

전통적으로 교회음악은 어느 정도 세속음악과 구별됐다. 그렇다고 하여 세속적 음악이 찬송가에 사용되지 않은 것은 물론 아니다. 종교개혁 이후 세속적인 선율이 콘트라팍툼되어 많이 사용되었는데 가사와 음악의 관련성, 경건성, 회중성 등 엄격한 기준에 의하여 이루어졌다.

교회음악은 기본 개념으로 보아, 교회 안에서의 음악(Music in church), 교회와 음악, 교회(건물)에서 부르는 음악의 모든 총칭이 아니라 교회(예배, 선교, 교육)의 목적에 따라 사용되는 구별된 교회음악(Church music)을 말한다.

16세기 이전에는 교회에서의 회중찬송의 반주에서 악기의 사용조차 금지되었고, 음악도 단순하고 쉬운 순차진행 중심의 선율이었다. 오르간이 회중들의 반주로 사용된 것은 17세기 이후부터이다.

또 운문 운율에 따라 부르던 시편, 단선적인 찬트 또는 찬트풍의 선율들, 히브리 찬송, 16~17세기 독일 코랄, 18세기 영국찬송, 19세기 미국찬송, 복음성가, 등이 구별되어 불렸던 다양한 찬송가들이다.

(4) 문화와 관련

문화를 떠난 기독교는 있을 수 없다. 기독교는 항상 문화와 접합되어 성장하여 왔다. 선교 현장의 문화와는 절충되어야 한다. 문화적 요소와 결부되지 않고 효과적 선교를 기대하기 어렵다. 그러나 단순한 절충만은 아니다. 세계성이 있는 기독교는 각국의 문화적 배경을 흡수 새로운 특징을 이루어 나가야 한다. 그것은 하나님께서 사도 바울을 통하여 실제로 입증하여 주셨다. 자국의 문화와 어떤 형태로든 절충된 음악만이 정서에 맞는 음악으로 보편성을 띄게 된다.

(5) 세속음악의 기법적 영향

긍정적 의미에서도 교회음악의 기법적인 발전에는 세속음악의 영향을 부정할 수 없다. 시대에 따라 악기의 발달에 따른 음악 양식 및 기법의 변화는 물론 세속 음악의 많은 발전에 따른 교회음악에 미치는 영향이 대단히 크다. CCM 역시 대중음악의 영향인 것이다. 1980년대 중반부터 CCM은 팝뮤직의 흐름과 대등하게 이어 나갔다. 이 점으로만 말한다면 필자의 의견은 목적이 복음적이라기보다 대중성에 있기 때문에 부정적이다.

또 일반적으로 반음계는 감정의 직접적인 표현이라는 이유에서 오랫동안 교회음악으로 절제하여 왔던 기법인데, 반음계는 낭만파 시대 이후 폭넓게 사용되었다. 그럼에도 교회음악에서 경건성은 중요하게 다루어졌다.

(6) 즉흥성
음악의 연주에서 어느 정도의 즉흥성은 좋은 것이나, 예배에서 '즉흥성은 일반화를 위하여 반드시 조직화되어야하며 또한 그것은 어떤 형태로써 표현되지 않으면 안 된다' 예배가 공동의 행위인 이상 즉흥적인 찬양의 분출은 마땅히 모든 사람이 조화를 이루어 동참하는 방법으로 표현되어야 한다. 축적된 경험으로 세련된 음악의 선택이 중요하다. 대중음악의 경우 기본 코드 진행을 놓고 연주자의 기교 능력에 따라 즉흥적인 음악 형태를 중간중간 넣게 되는데 이럴 때도 음악에 대한 안목과 훈련이 필요하다.
고도의 잘 조정된 훈련된 즉흥성이 필요하다. 즉흥적인 요소가 많이 삽입되어 있는 찬송은 그만큼 회중성이 결여되어 있다고 생각되므로 미리 조정하고 준비하는 현명함이 있어야 한다.

(7) 완전한 기교
성령께서는 음악에서 예술적으로나 기교적으로 완전한 것을 크게 쓰신다. "온전한 미(Beauty of Wholeness)를 통하여 성결의 미(Beauty of Holiness)를 구하지 않으면 안 된다. 그것은 나태하거나 잘못된 것만이 아니라 가장 완벽하고 최고의 정성을 들인 것이다." 이것은 예배에 관련한 교회음악의 연주뿐 아니라 그 작품의 구조나 작품성에서도 적용되어 예술적으로 균형 잡힌 좋은 작품을 의미한다.

3. 좋은 찬송가의 기준

우선 일반 찬송가를 기준으로 언급한다. 그 이유는 찬송가는 그동안 역사적으로 검증되어 왔기 때문이다. 좋은 찬송가의 기준에 대하여 압바(Abba)는, "찬송가가 단순하면서도 균형 있는 선율에 알맞은 화성을 붙인 것이면, 정상적인 그리스도인의 집회에 있어서 공동의 언어와 같아서 자연스럽고 매우 아름다운 것이 될 수 있다."고 말한다. 회중성과 효율성, 예술성을 동시에 충족하고 있는 좋은 찬송가를 뜻한다.

호슬러(Armin Haeussler)는 『The Story of Our Hymns』에서 좋은 찬송가의 범위를 다음과 같이 말하고 있다.

> 선율이 노래하기 편해야 한다.
> 화성을 찬송가답게 잘 사용해야 한다.
> 적당한 리듬을 사용하여야 한다.
> 여러 세기를 거쳐 검증된 긴밀하고, 형식적으로 균형 있으며,
> 논리적으로 전개된, 탄탄한 건축적 구조의 흔적이 있는 것.

호슬러의 의견에 필자가 보충 설명을 곁들여 정리한다.

첫째, 선율의 도약이 심하여 노래하기 어렵거나, 계속된 도약으로 연결성이 없는 선율, 유사한 반복으로 내용이 없어 지루하게 느껴지는 선율, 또는 너무 반복이 많아 변화 없는 선율, 혹은 모티브의 지나친 변화로 회중성이 없는 선율, 진행이나 음의 소재가 너무 단순하여 흥미를 끌지 못하는 선율, 음역이 너무 낮거나 높아서 회중들이 노래 부를 수 없는 것들, 이른바 대위법이나 선율론에서 말하는 비선율적인 요소들은 노래하기에 편하지 않다. 그러한 선율이 되지 않도록 검증된 작곡법의 기교를 익힌다.

둘째, 화성진행의 강함과 우아함이 잘 조화되어야 한다. 적당한 간격

의 화성적 리듬이 요구된다. 지나친 반음계 진행은 감정의 극대화라는 점뿐 아니라 난이도라는 점에서도, 회중성이 없다. 단지 달콤하고 극적이며 의례적인 화성 진행들만으로 경배와 찬양 및 예배에 부적당하다. 단순하면서도 자연스럽고 노래하기 편한 화성진행을 택하여야 할 것이다.

  셋째, 너무 평범한 리듬으로 흥미가 없는 리듬 역시 좋은 찬송가가 될 수 없다. 변화가 너무 많거나 불규칙한 주제넘은 리듬, 너무 완만하여 열정이나 흥미가 없는 리듬, 슈트라우스의 왈츠와 같은 분위기가 가벼운 리듬 이른바 경건성에 문제가 되는 리듬, 불규칙한 악센트가 붙은 독특한 리듬으로 된 찬송가는 교회음악으로 사용되는 좋은 찬송가가 될 수 없다.

  넷째, 여러 세기에 걸쳐 검증된 형식미 있고 논리적이며 흥미로운 찬송가가 요구된다.

  한편 필자의 글 '복음성가의 음악적 구조, 평가 그리고 활용 문제'에서 밝혔던 복음성가의 특징 및 음악적 구조를 요약하면 다음과 같다. 이와 같은 특성 및 문제점들을 고려하여 목적에 맞는 좋은 CCM이나 복음성가를 작곡하는 지침이 되면 좋을 것이다.

  1. 음형의 단순성-단순한 음형, 반복이 많다.
  2. 가사의 강조(가사와 연관된 리듬)-부점, 당김음이 많다.
  3. 음 진행 및 음역(단순)-그로 말미암아 유사한 음진행이 많아지고 변화가 부족한 것이 많다.
  4. 동형진행의 빈번한 사용-쉬운 음 진행이 되기 쉽다.
  5. 부3화음의 빈번한 사용 및 반음계 진행-색채적으로 풍부해져 감성 표현이 직접적이다.
  6. 전과음 및 계류음의 많은 사용-긴장과 이완의 관계가 심화되므로 감각적이 된다.
  7. 복화음(Poly chord)의 사용-긴장과 이완의 관계가 심화되므로 감

각적이 된다.
8. 화성적 리듬의 단순성은 즉흥성과 연관된다.
9. 3도 6도 병진행은 단순한 아름다움 추구한다.
10. 지속음 과다하게 사용한다.
11. 재즈 리듬을 사용한다.
12. 형식과 곡의 논리적 진행을 무시하여 곡의 길이가 지나치게 긴 것도 많다.

13. 창법의 대중성

즉흥성 문제를 제외하고 회중성을 고려한 많은 긍정적인 측면의 흔적들을 볼 수 있다. 역사적으로 볼 때 '회중성가의 육성만을 엄격하게 생각한 개혁파 교회는 음악가로서 의의를 잃었다'는 기록에서 보듯이, 찬송가는 쉽고, 단순한 형태만을 고집하는 회중성 때문에 기교적 측면에서 많은 제약이 따른다. 그럼에도 특징적이고 개성 있으며, 정서에 맞아 부르기 쉬운 찬송가나 복음성가의 개발이 필요하다. 임영만의 지적에 자세한 내용을 다소 추가하면 부점 리듬은 서양 언어의 직접적인 전달 형태이다. 그러므로 가장 쉬운 형태로 가사의 표현을 강조한 것이라고 할 수 있다. 부점들이 지나치게 많이 사용되면 복음성가처럼 내용이 빈약하게 된다. 당김음 역시 계속 사용하면 재즈와 연관되는 데 적당히 사용하면 흥미뿐 아니라 가사의 표현에 도움을 준다.

그러면서 복음성가가 가지는 단점에 대하여 다음과 같이 서술한다.

1. 반복적 리듬은 쉽게 뜨거워지고 쉽게 식는다.
2. 신앙적 측면에서 조직적이거나 계획적이지 못하다.
3. 개인 간증이므로 주관적이다.
4. 창법에서 경건성이 부족한 경우가 있다.
5. 분위기가 선동적 또는 감상적이다.

CCM의 음악적 문제점 그리고 회중성

1. 음악적 문제점

다음 분석은 교회복음 신문사 발행, 『가스펠 에센스 찬양1200』에 수록된 앞부분 200곡에서 한국인이 작곡한 것만을 선별한 것이다. 회중성 및 이론적 보편성에 입각하여 가장 기본적인 측면에서 단점을 중심으로 분석하였다. 분석에 포함되지 않은 것은 무난하거나 문제점이 없는 것들이다. 음악이 우수성과 잘 불리는 문제와는 별개이다.

2, 가사와 음악의 악센트가 불일치 한다.
4, 박자의 불규칙성으로 회중들이 따라 부르기 어렵고, 가사와 연관 없는 당김음이 있다.
8, 국악적이며, 넓은 음역, 높은 음역으로 이루어져 있다.
10, 긴 리듬과 후반부 변화가 부족하다.
13, 지나치게 리듬이 변화한다.
27, 주제 부분이 타곡과 유사하다.(Deep and Wide)
73, 리듬이 어렵고, 무리한 도약이 많다.
74, 프레이즈와 아티큘레이션이 길며, 가사와 불균형을 이루고 있다.
89, 악센트가 불일치 한다.
92, 숨표의 불규칙적 사용으로 리듬이 어렵다.
104, 음의 진행 미숙하다.
124, 음역이 넓지만, 전반부 음역이 낮다.
133, 가사와 음악의 악센트 불일치 한다.
142, 리듬이 어렵고, 곡의 길이가 길다.
152, 단조의 분위기가 가사의 내용과 맞지 않는다.
159, 가사와 음악의 악센트 불일치. 곡의 길이가 길다.
165, 가사와 음악의 악센트 불일치. 음역이 넓다.
169, 가사와 음악의 악센트 불일치

171, 리듬이 어렵다.
172, 후반부가 유사하게 진행한다.
178, 곡이 길며, 형식미가 없다.
188, 타곡과 진행이 유사하며, 옛 가요풍의 분위기다.
196, 음역은 넓지만, 다른 곡과 유사한 분위기다.
197, 선율의 흥미가 결여 되었고, 반복이 너무 많다.
199, 클라이맥스와 변화가 부족하며 음역이 너무 낮다.

2. CCM의 회중성 및 교회음악으로 사용할 때의 문제점

한국인의 곡이 많아 이제는 수입된 미국 CCM이 시장을 지배하는 시대는 지났다는 생각이 들기도 한다. 그러나 음악의 내용에서는 거의 서양적 분위기 일색이거나 음악적 질적 측면을 극복하지 못한 면이 많다. 특히 '회중성이나 보편성이라는 측면에서' 볼 때 문제점이 많다. 음악적 문제점을 요약하고 교회음악으로 사용할 때의 문제점과 연결시켜 정리하면 다음과 같다.

(1) 리듬이 다양하고 불규칙하여 회중이 부르기 너무 어렵다. 그러나 경우에 따라 드럼 세트에 의하여 반주가 되면 회중들에게 쉽게 전달될 수 있다. 드럼은 음악적 리듬의 제시라면 좋겠지만, 지나치게 음량이 큰 연주는 피해야 할 것이다.

(2) 곡의 길이가 길어서 암기하기가 어렵고 지루하다. 이 경우 역시 형식이나 계획에 따라 잘 조정된 것이 아니라면 회중들이 부르기엔 큰 무리가 없다. 많은 CCM 중에는 절제 없이 반복의 기호를 표시하거나 형식의 균형과 관계없이 반복하는 경우가 있는데 고려해야 할 점이다. 그래야 회중성이 높아진다.

(3) 음역이 너무 넓거나 높고 낮다. 일반적으로 찬송가는 많은 사람이

부르기 때문에 무리가 없는 무난한 음역이 진행으로 이루어져 있다. 그러나 CCM의 개성과 특징을 살리다 보면 음역이나 음정에서 다소 무리한 부분이 보인다. 음반이나 테이프를 통해 익히는 경우가 많은데 이는 무리이다. 또 많은 경우 앞부분은 매우 낮은 음역으로, 후렴 부분은 상대적으로 매우 높은 식으로 작곡돼 있는 의례적 형태의 곡들이 발견되었다.

(4) 서양의 음악스타일이 주를 이루고 있다. 결과적으로 서양풍 선율에 억지로 한국어 가사를 맞추다 보니 가사의 전달이 어려운 것은 물론 정서에도 맞지 않고, 노래 부르는 사람도 말의 뜻을 모르게 된다. 시와 음악의 악센트가 맞지 않는다. 인기가 있는 어떤 작곡가가 작곡한 곡들 대부분이 여기에 해당되는데 문제가 있다. 한국적 정서가 물씬 풍기는 것은 물론 한국어 가사와 잘 맞는 CCM이 필요하다.

(악보38) 〈보혈을 지나〉를 강박 시작으로 변형한 악보

(5) 진행 미숙, 음악의 내용 결핍, 클라이맥스 결여, 표절 등 수준 미달의 곡들이 의외로 많다. 이러한 유형의 작곡을 하는 분들의 음악적 능력과도 연결되는 부분이다. 보다 체계적인 작곡 방법이나 곡에 대한 판단력을 길러야 할 것이다. 곡이 특징이 없고 의례적 패턴으로 진행하는 것이 상당수 있다. 간혹 대중가요를 작곡하는 유명한 분들도 인기곡 만

들 욕심이 앞서 남의 곡이나 특정한 부분을 표절 내지 유사하게 작곡하는 경우가 있는데 이러한 경우는 윤리적으로 문제가 된다.

(6) 가사와 음악의 분위기가 맞지 않는다. 가령 밝은 가사에 단조 선율을 붙이는 것과 같은 경우이다.

3. 바람직한 CCM 활용법

지금까지 종교 개혁 당시 찬송가의 회중성 문제에 대한 인식과 찬송가를 구성하는 데 있어서 보편성을 이루는 기준들, 또 CCM에 나타나고 있는 음악적 문제점을 바탕으로, 과연 오늘날 많이 부르는 CCM에 회중성이 있는가 하는 문제를 놓고 여러 면에서 검토하여 보았다. 그 결과 CCM이 가지는 음악적 문제점이 너무 많아서 회중성이 있는 CCM은 별로 많지 않다는 것을 알게 되었다.

그럼에도 우리 주변에는 CCM이 넓게 번져있고 CCM이 교회음악의 모두인 것처럼 생각하는 사람들이 생겼다. 또 CCM의 긍정적 면도 있기에 몇 가지 의견을 CCM의 활용 방법으로 말하려 한다.

우선 근본적으로 '결코 목적이 수단을 정당화시키지 않는다. 전도를 위해서라면 아무 음악이나 사용되어도 좋다는 생각은 위험하다'는 기본적 명제는 중요하다. 교인들은 좋은 찬송을 불러야 한다. 질적으로 우수한 것은 물론 예술적으로, 실용적으로 우수한 찬송을 부를 때 인간이 하나님의 형상을 닮아간다.

만약 흥미를 우선으로 한 세속적이고 대중적인 음악을 계속 부른다면 인간들은 세속성을 닮아 갈 것이다. 아름답고 좋은 찬송을 부르는 것은 하나님의 명령이다. 시와 찬미와 신령한 노래로 주께 화답하라(에베소서 5:19)고 하셨다.

둘째, CCM이 노래하기 쉽다는 인식도 문제다. 사실상 CCM을 선호하는 이들도 어느 정도는 젊은이들이 노래 양식을 독점됐음을 인정할 것이다. CCM의 리듬이나 음정은 결코 쉽지는 않다. 청년들은 CCM을 음반이나, 방송, 경험 등을 통하여 익숙하게 들었기 때문이다. 사실 다수의 청소년이 아닌 교인들은 알지도 못하는 찬송을 함께 부를 때 고독하다. CCM을 잘 선택해야하는 이유가 여기에도 있다. 신선하고 다양하면서도 오랫동안 부를 수 있는 쉬운 노래야 신앙생활을 더욱 풍요롭게 한다.

셋째, 찬송가는 교회에서 회중 몫이므로 대중성보다 신학성 및 보편성의 논리가 중시되어야 한다. 유행적이고 감각적이며 개인적으로 흥미 있는 방향으로만 선호하고 남과 함께 노래하기를 강요할 것이 아니라 진정으로 회중을 위한 쉽고도 유익한 노래가 되도록 작곡하고 선곡되어야 할 것이다. CCM은 본래 대중들을 위한 크리스천 음악이기 때문에 우선적으로 대중성에 초점을 두고 있다. CCM의 여러 유형 중 본격적인 팝 스타일이 있는 반면, 어른들도 따라 부르기 쉬운 친숙한 곡이나, 회중들이 함께 부를 수 있는 곡도 있다. 그러나 회중들이 부르기 힘든 음악적 요소들이 많이 포함되어 있다.

넷째, 다양한 복음성가를 광범위하게 수용하여 부른다. 신시사이저나 드럼 세트의 반주만으로 시끄러운 소음을 발생하는 정도를 벗어나 다양한 소리를 위하여 좋은 악기를 구입하고, 전문적 연주자나, 교회음악을 폭 넓게 수용하고 운용할 수 있는 인력을 확보해야 한다. 선교, 친교, 교육의 도구로서 충분한 기능을 감당해야 한다.

다섯째, 부르는 방식도 중요하다. 좋은 발성에 아름다운 소리가 필요하고 시끄러운 음향은 절제(목을 짜는 소리)한다. 심리적 도취는 예배나 전도에 효과적이지 못하다.

끝으로 CCM을 작곡하는 이들은 회중성이 있는 좋은 노래를 작곡할 수 있도록 노력해야 한다. 더 이상 세속음악 양식 그대로가 교회 안에서 대중화되는 형태로는 안 된다. 다양하고 자유롭고 활력이 넘치는 예배, 세심하게 계획되고 준비된 예배 음악, 수준이 높은 예배 프로그램이 다양하고 음악의 내용이 다양해야지, 예배찬양의 즉흥성이 지나치면 곤란하다.

10. 초창기 성결교회 찬송가의 특색

『성결찬송가』 편찬을 바라며…

1. 시작하며

'한국 사람들은 노래 부르기를 좋아하고 특히 서양 찬송 곡조를 좋아해서 노래를 잘 부른다'[48]고 하였다. 연동교회의 초대 목사이며 선교사였던 게일(J. S. Gale)이 그의 선교 보고서에서 말한 한국 민족의 음악적 성향에 대한 평가이다. 또한 게일은 "한국 사람은 놀랄 만큼 음악에 대하여 민감하다. 이러한 것을 보면 한국적인 토착 찬송가가 나오는 것은 별로 어렵지 않을 것이다."[49]라고 하여 토착화된 한국 찬송의 출현을 희망하였다.

최초의 신자 가운데 한 사람이었던 백홍준(1848-1894)은 한국교회에 찬송가가 없던 1883년 이미 중국의 만주에서 세례를 받고 의주로 돌아와 전도를 시작하였고, 만주에서 돌아와 새문안교회에 교적을 두었을 때 매일 새벽이면 기도를 하시고 나지막한 소리로 "쥬 야소 아이워(주 예수 날 사랑하심)를 불렀다."고 그의 딸인 백관성이 증언하였다.[50] 머리에 상투를 틀고 갓을 썼으며 흰옷을 입은 한국 사람들이 예수 믿고 구원받은 기쁨을 거리에서나 집안에서 그리고 교회에서 찬송을 즐겨 표현했던 것이다. 음악은 기독교와 불가분의 관계에 있으므로 초기의 선교사들은 선교를 시작할 때 곧 찬송을 번역하여 가르치고 부르게 하였다.[51]

찬송 부르기를 좋아하는 것은 오늘날 우리도 마찬가지이다. 한국교회의 성도들은 구원의 감격을 찬송으로 표현하고 찬송을 통하여 그리스도를 더욱 깊이 알게 되며 생활에서 찬송으로 그리스도를 높인다. 기독교

---

48) 조숙자 조명자, 『찬송가학』에서 재인용, 장로회 신학대학 출판부, 1981, 215쪽
49) 위의 책, 215쪽
50) 새문안 85년사 편찬 위원회, 『새문안 85년사』, 1973, 서울, 69쪽
51) 조숙자 조명자, 『찬송가학』, 장로회신학대학 출판부, 1981, 205쪽

에 찬송이 있다는 것과 한국 교인들이 찬송 부르기를 좋아하는 것이 얼마나 다행스럽고 감사한 일인지 감격스럽다.

그러나 최근 한국교회 교인들은 세속적 노래의 범람과 일상적이고 의식적인 찬송 부르기로 물들었다. 필자는 한국교회가 양적 성장이 둔화된 이유를 말할 때 어느 한 가지를 이유로 단정 지을 수 없겠지만 그 요인 중 하나로 찬송가의 퇴보를 꼽는다.52) 교인들이 찬송은 부르되 기쁨이 없고 예배는 드리되 신앙생활의 다이내믹이 없는 것은 찬송의 퇴보 문제와 결코 무관하지 않다는 생각 때문이다. '한국성결교회가 영적인 역동성을 잃어 버렸다든지, 변화하는 사회에 적응하지 못하고 있다'53)는 의견도 필자는 같은 맥락에서 생각해 보는 것이다.

본 글은 초창기 찬송가, 특히 성결교회가 발행한 『찬송가』의 특색을 살펴봄으로써 그 좋은 점을 살려 이미 관습화된 신앙생활에 싫증을 느낀 한국교회 교인들에게 찬송으로 예배의 역동성을 느낄 수 있도록 하고, 21세기의 변화하는 다양한 시대에 맞는 실용적이며 특색 있는 '성결찬송가'를 편찬하는데 도움을 주고자 하는 목적이 있다.

최근 『21세기 찬송가』 발행 문제와 찬송가공회가 교회연합운동 정신을 훼손시키는 행위로 지탄을 받은 일54)이 있었다. 찬송가공회의 잡음의 이유와 배경은 제쳐두고 이제 21세기를 맞은 한국교회 교인들에게 현 찬송가가 내용 면에서 너무 시대에 맞지 않는 점이 있어 현대 교인에게 잘 맞으면서도 우수하고 알찬 찬송가 편찬의 문제를 진지하게 이야기해 보고 싶다. 즉 성결교회의 특색이 물씬 묻어나는 '성결찬송가'(가제)를

---

52) 필자는 『통일찬송가』는 『개편찬송가』보다 그 내용 면, 즉 한국 찬송의 감소, 예배 찬송의 보완 필요성, 그리고 기능 면에서 후퇴한 찬송이라는 글을 쓴 적이 있다. 또한 1983년 『통일찬송가』 발행 이후 2001년이 되기까지 국가나 사회, 문화는 엄청난 변화가 있었고 컴퓨터로 말미암아 사고의 혁명이 있었음에도 불구하고 이미 다가온 21세기를 겨냥한 새로운 찬송이 나오지 못했다는 것은 분명 퇴보요, 포기의 의미라고 생각되어진다.
53) 박명수, 『성결교회와 신학』, 논문 한국기독교 속의 성결교회, 성결교회역사연구소, 2001 가을, 120쪽
54) 「성결신문」 제 342호 사설

편찬하자는 주장을 하는 것이다. 그래서 예배 또는 생활찬송으로서 알차고 다양하며 교파별 특색이 있는 찬송가를 개발하여 많이 부름으로써 한국교회의 선교와 기독교인의 삶에 새로운 전환점이 되도록 하자는 것이다. 그 구체적 이유와 배경은 다음과 같다.

우선 찬송가의 양식적 문제인데 오랜 세월 동안 찬송가의 양식이 발전되지 않아 찬송가의 틀이 이제는 박제화되었다는 점이다. 찬송가를 사용한 지 120년이 지나면서 한국교회 찬송가의 틀은 지나치게 정형화되었다. 찬송가는 혼성4부 악보여야만 했고 16마디 4단, 6단 중심이며 보통 4절을 연상케 된다. 실제 예배나 생활에서는 짧은 곡과 가사의 내용이 예수님의 탄생부터 재림까지의 종합적인 것도 필요했지만, 기피되었다. 메시지가 분명하지만 단순한 내용의 노래가 필요하다는 것이다.

찬송 곡조의 스타일도 회중성을 고려하되 코랄 형태, 찬트 형태, 낭송음 형태, 복음성가 형태, 그리고 부점 형태 등 다양성이 요구되는 것이다. 또 한국교회 찬송가는 회중성이라는 측면에서도 문제점이 지적된다. 즉 음역이 너무 넓고, 찬송의 길이가 너무 길며, 선율이 복잡하여 회중들이 받아들이기에는 어렵다는 것이다. 짧고 단순하여 악보가 없어도 누구나 쉽게 부를 수 있어야 하며[55] 가사가 시적이면서도 메시지가 명확해야 한다.

오늘날 세계 곳곳의 교회들에서는 짧은 예배송에 더욱 관심이 있다. 그것은 쉽고 흥겨운 가락이어서 회중들이 함께 부를 수 있어서도 그렇지만 찬송가에 매이지 않아 예배의 역동성을 살리는데도 바람직하기 때문이다.[56] 떼제의 음악은 매우 단순하나 아름답다. 완벽한 찬트 형태는 아니지만 찬트와 밀접한 관계가 있고, 짧은 소절로 구성되어 있으나 돌림노래, 합창, 응답송, 솔로와 합창 등 다양한 음악 양식을 포함하는 형태이다. 회중들이 함께 노래하되 계속 반복하여 부르는 짧은 노래들인 것이다.

---

55) 박근원, 『새로운 예배찬송』, 대한기독교서회, 1998, 9쪽
56) 위의 책, 10쪽

1895년 감리교의 『찬미가』에 실렸던 〈멀리멀리 갔더니〉 찬송은 한문에서 나온 어색한 말보다 아주 평범한 일상어를 구사 한 점 때문에 많이 불린다고 분석되었다.57) 작사자 베어드 부인(Annie L. A. Baird 1864-1916)의 시는 쉽고도 시적 영감이 풍부하여 향후 찬송가 가사 창작의 지침이 되기도 하였다.

또한 찬송가는 다양한 형태를 구성할 수 있는 찬송 자료집이어야 한다. 예배 또는 예식과 관련된 풍부한 자료는 물론 국가나 민족, 가정 공동체를 수용할 수 있는 적절한 노래들까지 다양한 형태이어야 한다.

『통일찬송가』를 편찬할 당시의 목표였던 연합집회에서는 문제점은 이제 인쇄된 순서지로 대신하면 되고 다른 지역에서 온 새로 등록한 교인은 예배당 뒤에 충분한 찬송가를 배치하거나 OHP나 영상으로 가사나 곡조를 비추면 된다. 또 이제는 한국 교인의 경제적 사정도 찬송가 몇 권을 사지 못하던 형편에서는 벗어난 지 오래다. '한 찬송을 한 입으로 부른다'58)는 통일의식에 대한 간절한 염원이나 잠재력은 결국 찬송가 판매 인세 배분에 대한 관심으로 빗나가 버렸다. 통일된 찬송가도 필요하였지만 곧이어서 교파별 찬송이나 다양한 예배를 위한 찬송개발이 있어야만 했다.

이렇듯 외적인 형식이나 특별한 의식보다는 한국교회가 직면한 문제를 해결할 수 있는 내용적 접근이 중요한 때가 되었다고 본다. 즉 예배에서의 교파적 특색을 살리면서도 다양성과 질적 향상이 필요하다는 것이다.

이처럼 찬송가는 시대와 상황에 맞게 바뀌어 가야 한다. 장로회 신학대학의 조숙자 교수의 연구의 의하면, 언더우드가 1894년 간행한 107년 전의 『찬양가』와 오늘날의 『통일찬송가』가 내용상으로 크게 다르지 않다는 것이다. 사회의 큰 변혁이나 한국교회의 놀랄만한 발전에도 불구하고 찬송가는 별로 발전하지 않았으므로 예배와 신앙생활 양식도 바뀌지 않았다고 하면 지나칠까? 찬송가의 박제화, 그리고 경전화라는 비판이

---

57) 민경배, 『한국교회 찬송가사』, 연세대학교출판부, 1997, 106쪽
58) 『통일찬송가』 서문

실감 난다.

2. 최근 발행한 찬송가들

최근 한국에서 발행한 찬송가를 살펴보면, 1996년 기독교장로회 경동교회가 독자적으로 『찬송가 신작 증보판』으로 『경동찬송가』를 편찬하였다. 기존의 『통일찬송가』 558장(1983년 찬송가공회 발행)에 『신작찬송가』 138장(1995년 찬송가공회 발행)59)을 그대로 수록하고 『경동 찬송가』100장(1996년)을 별도로 개발하여 합본으로 796장으로 된 『찬송가』를 편찬한 것이다. 이 찬송가는 어렵게 개발하였지만, 폐기되었던 신작찬송가 138곡을 살려서 합본했다는 점과 크리스천 아카데미에서 발표했던 찬송들과 특별히 몇몇 작곡가들에게 위촉하여 작곡된 실용적이고 한국적 정서가 물씬 나는 시편송 등이 포함되어졌다는 점에서 훌륭하다고 본다. 과거의 찬송가들과는 달리 자유스러운 편곡에 다양한 음악 양식을 그대로 수용했다는 점과 예배에서 필요한 짧은 노래를 보강한 점이 돋보인다.

이에 앞서 1994년 10월 1일에는 총541장 규모의 『청소년 찬송가』가 한국 찬송가위원회에서 발행되었다. 이 찬송가에는 중·고등부 학생을 대상으로 다양한 예배 자료와 복음성가 등 실용성 있는 찬송들이 많이 수록되었다. 이미 대중적 성향의 복음성가에 많이 젖어 있는 중·고등부를 대상으로 만들어졌기 때문에 복음성가를 많이 수록하였다.

2001년 8월에 한국찬송가 위원회가 발행한 『21세기 어린이 찬송가』는 총505장으로 되어 있다. 이 찬송가는 과거와 달리 고신 측과 감리교가 합세함으로써 합동 측을 제외하고 대부분의 교단이 통합 사용하는 것

---

59) 『신작찬송가』 138곡은 찬송가공회가 수년간 개발하여 1995년 언더우드 곡조찬송가 반포 100주년을 기념하여 4개의 출판사에서 『찬송가 신작증보판』으로 공식 출판하였으나 찬송가 및 찬송가공회 안에서 여러 가지 현안 문제가 발생하여 폐기하고 사용하지 않고 있으나 경동교회를 비롯한 몇몇 교회가 한국찬송의 우수성을 인정하여 개인적으로 사용하고 있다.

으로 결정되어졌다. 머리말에는 '21세기를 맞은 새로운 시대에 새 찬송가 편찬을 바라는 개신교 전체 교단의 염원과 시대적 요청에 따라 기존 곡과 새롭게 창작한 곡을 수록하였고 또한 애창되고 있는 외국 곡과 이미 발표된 곡 중에서 선곡하였다'[60)]라고 하였다. 급격한 사회 변화에 따른 어린이들의 정서에 맞는 찬송가를 편찬하고자 하는 노력이 보인다. 이 찬송가는 내용 분류, 예배용 찬송가 보강, 자유스러운 편곡, 창작곡 보강[61)] 등이 특징으로 돋보인다.

공인된 찬송가는 아니지만 실천신학자인 박근원 박사가 개인적으로 예배자료집으로 『새로운 예배찬송』[62)]을 모아 1996년에 출판한 것이 있다. 수록된 곡은 지난 4반세기 동안 세계교회에서 새롭게 불리고 있는 것들 중 우리 교회에서도 함께 부를 수 있겠다고 생각되는 대표적인 노래들을 골라서 엮은 것이다.[63)] 지난 25년 안에 작곡되어 많이 불리는 외국의 찬송들과 한국인에 의한 『신작찬송가』 138곡 중 우수한 것들이 많이 선택되어졌다. 풍부한 절기찬송, 예식 찬송, 시편 찬송, 사회 공동체 찬송, 그리고 짧은 예배찬송 등을 발굴하여 편집한 것이 돋보인다. 한국 민요에 가사를 부친 것과 자유스러운 리듬으로 작곡된 곡이 많은 것도 눈에 띈다.

역시 찬송가는 아니지만 온누리 교회가 사용하는 『메들리 경배와 찬양』은 모두가 복음성가로 1996년 10월에 도서출판 두란노를 통하여 초판이 출판되었다. 그리고 1999년에 개정판이 355장으로 나왔다. 온누리 교회는 한국교회의 경배와 찬양 운동을 리드하는 교회로서, 전통적 예배 형식을 떠나 예배 시작에 이르러 메들리로 경배와 찬양에 있는 곡과 찬송가를 섞어 3, 4곡을 일어나서 부르고 성가대의 개회송으로 이어진다.

『경배와 찬양』은 가사가 관련된 3~5곡의 가사를 메들리로 엮었다는

---

60) 한국 찬송가 위원회, 『21세기 어린이 찬송가』, 대한기독교서회, 2001, 머리말 중
61) 위의 책, 머리말의 요약
62) 1998년 총5권으로 출판한 『예배자료21』 중 제5권이다. 세계 교회 예배 갱신 운동과 즈음하여 박근원이 엮었고 기독교서회가 발행하였다.
63) 위의 책 8쪽

것이 특징이다. 이『경배와 찬양』의 편집 목적은 서문에 있는 대로 '열린 예배로 나아가는 놀라운 영적 새로움과 능력과 거룩을 경험하기를 바라는'64) 것이다. 특별한 편집 원칙은 찾아보기 어려우나 무분별하게 불리는 복음성가와는 달리 예배에서 부를 수 있는 것을 선별하고 있다는 점은 좋은 점이다. 그럼에도 가사와 음악의 불균형, 과다한 대중음악 양식, 편집 방향의 무원칙, 음악이 길고 리듬이 어려운 점 등 찬송가로서 가치는 적다고 할 수 있다.

한편 가까운 일본에서는 일본 기독교단 찬미가위원회가 펴낸『찬미가 21』65)을 1996년에 580장 규모로 발행하였다. 찬송가를 다음과 같이 항목을 일곱 부분으로 크게 나누었는데 다양한 내용을 풍족하게 수록하려고 노력한 모습이 보인다.

1. 예배 1-93장
2. 제 의식 94-112장
3. 시편송가 113-201장
4. 예배 교회력 202-389장
5. 교회 390-429장
6. 생활 530-568장
7. 종말 569-580장

편집된 음악의 내용을 살펴보면 회중들이 부르기 편하게 음역을 낮추었고66) 찬송의 길이도 길지 않은 것으로 골라 편집하였다. 예배 찬송, 각종 예배 의식이나 교회력에 맞는 찬송, 실제 신앙생활에서 부를 찬송, 시편송을 많이 삽입하였고 특별히 종말론적 찬송을 별도로 포함시킨 것

---

64)『메들리 경배와 찬양』, 도서출판 두란노, 1996, 서문
65) 일본 기독교단 찬미가위원회, 찬미가21, 1996
66) 많은 곡이 현재의『통일찬송가』보다도 장2도 정도 낮게 이조되어 있다.『통일찬송가』에는 회중들에게 너무 높은 음역으로 된 곡이 많다. 회중성이 없다고 생각된다.

이 특징으로 보인다. 그러다 보니 음악의 양식적 형태도 찬트풍이 많고, 독일 코랄풍의 짧으면서 선율선이 아름다운 형태의 곡이 많으며, 교창 형식 또는 돌림노래와 같은 떼제음악의 유형과 유사한 실용성 있는 노래가 많이 수록되었다.

3. 선교 초창기의 찬송가들

1) 한국 최초의 찬송가들

한국 찬송가 편찬의 역사를 통하여 볼 때, 한국교회의 부흥에서 눈 여겨 볼 점은 복음주의적인 찬송을 많이 부른 것이 훌륭한 토대가 되어 가능했다는 사실이다. 성결교회의 찬송은 물론 장로교의 찬송가인 찬양가를 보더라도 25곡은 미국의 보수계 로빈슨(C. S. Robinson)이 엮은 〈New Laudes Domini〉의 원곡이요, 25곡은 『복음찬송가』(Gospel Hymn)에서 왔으며 21곡은 이 양자에 다 있는 곡이다[67] 이렇듯이 한국 교회의 찬송가들이 복음주의 색채를 띤 것은 당연하였다.[68]

1907년 1월 6일 평양 장대현교회를 중심으로 일어난 한국교회 부흥의 불길은 한국성결교회의 시작에도 큰 힘이 되었고 한국 성결교회의 성장에 큰 몫을 하였다.[69] 물론 부흥의 불길이 타오르는데 찬송의 역할이 큰 것은 부정할 수가 없다. 선교사 게일(J. S. Gale)은 전환기의 한국이라는 보고서에서 '복음이 외쳐지는 곳마다 찬송이 솟아났다. 환희의 찬송, 가슴을 여미는 찬송, 방황과 좌절에서 인도해 내는 찬송, 그런 찬송이 불린다. …(중략)… 어린이들은 이 찬송가를 노래하면서 키가 자라고 있다. 찬송가가 불리는 곳에 바로 복음의 행진이 있다'[70]고 보고 하였다.

그 사명을 다한 성결의 찬송가들을 되 집어 보면, 1907년 동양선교회

---

67) 조숙자, 『찬양가 연구자료집』, 장로회;신학대학, 1994, 15-17쪽
68) 민경배, 『한국교회찬송가사』, 연세대학교 출판부, 1997, 30쪽
69) 안수훈, 『한국 성결교회 성장사』, 기독교 미주 성결교회 출판부, 1981, 77쪽
70) J. S. Gale, 『Korea in Transition, New York, Young People's Missionary Movement of the United States and Canada』, 1909, 176쪽

가 발행한 『복음가』, 1917년 이장하와 토마스(John Thomas) 부부가 엮은 『곡조 복음가』, 1919년 『신증복음가』, 1930년 『부흥성가』 등이 한국교회의 부흥에 큰 몫을 한 훌륭한 찬송가들이다. 성결의 찬송가를 구체적으로 설명하기 위하여 초기에 발행하였던 찬송가들인 『찬미가』, 『찬양가』, 그리고 『신증복음가』를 중심으로 간단한 역사와 내용을 통하여 그 특색을 요약하기로 한다.

한국교회 최초의 찬송가는 1892년 간행된 『찬미가』였다. 이것은 북감리교의 존스(G. A. Jones)와 로드와일러(L. C. Rothweiler)에 의하여 간행된 무곡 찬송가였는데, 총 27곡의 번역된 가사로 된 불완전한 찬송가[71]였다. 이 『찬미가』는 1895년에 90곡으로 증편되었다[72]. 복음이 널리 전파되어 지역마다 교회가 새로 세워지고 교인의 수가 급히 늘어남에 따라 교파마다 찬송가를 발행하여 찬송가의 종류도 늘어나게 되었다.

언더우드(H. G. Underwood)는 1894년 총 117장으로 구성된 최초의 곡조 찬송가이자 한국 교회음악 뿐 아니라 서양음악 보급에 기초를 놓은 역사적 찬송가인[73] 『찬양가』를 발행하였는데, 본래 감리교의 존스와 함께 편찬하기로 하였으나 사정상 자기 식으로 혼자 일을 해냈다. 그 결과 장, 감 선교사간에 부조화가 나타나 갈등이 생겨 『찬양가』를 사용하지 못하게 되었다. 최초의 교단간 갈등 요인의 소재가 찬송가였다는 안타까운 사례를 남긴 것이다.

언더우드는 『찬양가』 서문에서 '노래로 찬미하는 것은 깃븐 마음이 잇셔서 노래를 할 거시오 신을 위할 때에 찬미하는 거슬 쓸 데 없는 거시 아니오 실로 긴요한 것이니 다른 도를 보매 찬미하고 노래하는 도는 참 신 여호와와 예수를 위하는 도 밧긔 업나니라'[74]고 하여 기독교에 있어서 찬양의 우월성을 말하고 있다. 이 『찬양가』 117장 중 7장[75]이

---

71) 서문,『찬미가』, 서울, Methodist Publishing House, 1895, 1쪽
72) 존스 로드와일러,『찬미가』, 감리교, 개국504년 5월 서울판, 1895
73) 조숙자,『한국 최초의 악보 찬송가 찬양가』(1894년) 연구, 교회와 신학 제24집, 장로회 신학대학, 1992, 4쪽
74) 『언더우드의 찬양가』 서문에서, 예수성교 회당 간, 1894

한국인에 의한 가사이다. 그 중 93장만이 백홍준의 가사로 추측될 뿐 다른 곡의 작사자는 알기 어렵다.

영어를 한국어로 번역하는 과정에서는 또 서양 선율에 한국어 가사를 붙이는데 있어서 생기는 가사와 음악의 불일치의 문제들이 어려운 문제였었다. 이러한 과정에도 불구하고 불과 선교 8년 정도에 찬송가의 토착화 문제를 거론하고 그 결실을 맺었다는 것은 참으로 대단한 발전이 아닐 수 없다. 조숙자 교수는 '이 찬양가를 한국의 문학과 음악 문화에 지대한 영향을 준 역사적 위치를 차지한다'76)고 말하였다.

1899년에는 캐나다 출신 독립 선교사인 말콤 펜윅(M. C. Fenwick 1865-1935)에 의하여 『복음찬미가』 편집되었다. 이것이 1933년에 가서는 252장에 이르는 규모로 발전하는데, 철저하고도 엄격한 복음주의적 찬송을 선별하려는 것이 편집 의도였었다. 1931년 판의 서문에는 '교회의 노래는 일언이폐지 복음송(頌)이어야 한다…. 다른 교파의 찬송가를 빌려 보았다. 한두 장의 예외 말고는 쓸만한 것이 하나도 없었다. 다 복음-약(弱)이었다'77)라고 적고 있어 강렬한 복음주의적 신앙을 주장하지만, 강한 신앙적 입장으로 인한 교파 협력 부족, 회중성을 초월한 듯한 가사의 난해성으로 인하여 가치를 잃게 되었다. 1903년에는 성공회에서 『셩희숑가』를 냈다.

---

75) 한국인 작사 찬송 7개는 다음과 같다.
4장, 이 세상을 내신 이는 여호와 하나 뿐일세
 38장, 우리 예수 큰 공로가 내 죄악을 모도 씻네
 61장, 예수의 놉흔 일흠이 내 귀에 드러온 후로
 93장, 어렵고 어려우나 우리 쥬가 구하네
 113장, 이 세상의 쥼밍들은 쥬의 은덕 바이 몰라
114장, 만국 방언 다 잘 하고 텬사같치 강론한들
115장, 나는 밋네 나는 밋네 여호와이 텬디 만물 맛다 신줄 나는 밋네
76) 조숙자, 『한국 최초의 악보 찬송가, 찬양가』(1894년) 연구, 교회와 신학 제24집, 장로회 신학대학, 1992, 16쪽
77) Praise, Gospel Songs, 『복음찬미』, 동아기독대, 원산, 1931. 민경배 39쪽에서 재인용

2) 성결교회가 발행한 찬송가들과 그 특색

1907년 11월 동양선교회는 『복음가』를 편찬하였다. 같은 해 5월 30일에 동양선교회 복음전도관이 세워진 것으로 보면, 불과 5개월 만에 성결교회의 특징에 맞는 전도 중심의 『복음가』를 엮어 낸 것이다. 전도에 있어서 찬송의 효율성을 일찍이 간파하고 『복음가』를 적절히 활용한 것은 잘한 일이었다.

성결교회가 시작될 무렵에 조선 천주교의 교세는 이미 1명의 주교와 46명의 외국신부 15명의 한국신부 59명의 수녀 그리하여 신도 수는 73,517명으로 69개의 성당이 있었다.[78] 또한 통계에 의하면 1907년에 개신교인 장로교의 교세도 73,844 명으로 세례교인도 2만 여명[79]이 있었다. 부흥의 불길이 타오르기 시작하던 때이므로 복음적인 찬송이 많이 필요하던 상황이었다. 1919년 발행한 『신증복음가』의 서문에 보면,

"...조선 밋는 형뎨자매 졔씨의게 그 심령을 진흥시킬만한 약간의 복음덕 송가를 드리기 위하여"라고 하여 부흥의 불길을 일으키는데 주목적을 둔 편집의도를 엿볼 수 있다.

『복음가』는 길보른, 카우만, 그리고 정빈, 김상준, 이장하 등이 중심이 되어, 일본의 호리네스교회에서 쓰이던 사사오 편의 '救の歌' 미다니, 나카다 편의 『복음창가』를 이장하를 통하여 번역 편집한 160곡의 찬송가이다.

이 찬송가의 신앙적 특징은 19세기 후반 미국교회에서 널리 불리던 복음성가들이 주로 편집되었다는 것이다. 곧 그리스도를 구주로 믿는다는 고백, 구원받은 기쁨, 간증적 내용, 그리고 전도 등 뜨거운 신앙고백들이 그 내용들이다.[80] 그리고 사중복음, 즉 확고한 구원, 성결한 생활, 신유의 신앙, 재림의 신앙, 그런 것이 골격을 이루고 있었다. 강렬한 신앙고백이 이 복음가의 특징이다.[81]

---

78) 안수훈, 『한국성결교회성장사』, 기독교 미주 성결교회 출판부, 1981, 51쪽에서 재인용
79) 위의 책, 55쪽에서 재인용
80) 민경배, 『한국교회 찬송가사』, 44쪽

음악은 우렁차고 힘이 넘치며 정감 있는 곡들이었다. 리듬에 있어서 부점이 많았던 것은 넘치는 힘과 찬송의 가사를 강조하기 위함이다. 오늘날 많이 불리는 복음성가에서 볼 수 있는 음악 형태가 감성적이고 가사의 내용이 적다면 초기의 복음가들에서 비교적 우수한 면을 볼 수 있다고 생각한다.

　토착화적 측면에서, 일본 신앙인들의 찬송가가 『복음가』에 편집된 배경에는 한국적 아니면 동양적 음악풍을 선호하는 음악적 정서가 자연스럽게 이입되었다는 생각이다.[82] 그런데 일본에서 활동하던 선교사들과 동경성서학원 출신 3인에 의한 한국인 주도의 선교가 서양선교사 선교 유형이 일반이던 때에 오해를 받게 되는 요인이 되기도 하였다.[83] 그 배경에는 강한 원색적 복음 선포나 직접선교로 인한 메시지의 윤리적 오해도 포함되었다. 그래서인지 1908년 장, 감 연합단체인 재한 복음주의 선교공의회에서 발행한 연합의 찬송가에는 이들 일본인계의 찬송을 의도적으로 제외했었다.

　그럼에도 현재 우리가 쓰고 있는 1983년 발행된 『통일찬송가』에는 393장 〈우리들의 싸울 것은 혈기 아니요〉, 459장(460장) 〈지금까지 지내온 것〉 은 사사오의 것이고, 416장 〈하나님은 외아들을 주시는데〉 는 미다니의 찬송이다. 김성호 목사는 이밖에 49, 213, 281, 403, 433장 등이 사사오의 찬송이고, 400, 393장이 미다니의 찬송이라고 하였다. 초기 성결교회 찬송가들이 한국교회에 미친 큰 영향을 말해준다.

　『신증복음가』의 서문에 보면 '총망에 편집된 한 불완전한 것이 뎃슴니다[84]'라고 하여 증보 또는 개편의 필요성을 말하고 있다.

　성결교회에서는 1917년에 이장하와 토마스 부부의 수고로 『곡조 복음가』를 간행하였다. 이 『곡조 복음가』는 영미의 『A Magnificant

---

81) 위의 책, 44쪽
82) 위의 책, 44쪽
83) 위의 책, 46쪽
84) 카우만 길보른, 『신증복음가』, 1919, 서문에서

Collection Holiness Hymns』에서 100여 곡을 번역하고 모아서 총161곡을 출판하였는데 그 내용은 성결과 은혜에 중점을 둔 것이었다.

1919년 4월 1일 카우만과 길보른에 의하여 발행되었던 성결교회의 찬송가『신증복음가』(New Gospel Songs)는 211장 곡보 판으로서 규모 면에서 크게 증보된 것이었다.

『신증복음가』의 특징을 중심으로 분석해 본다.

먼저 셔언을 옮겨 보면(아래아만 현대어로 바꾸었다) 다음과 같다.

> 셔언
> 우리가 죠션 믿는 형데 자매 제씨의게 그 심령을 진흥 식힐 만한 약간의 복음덕 숑가를 드리기 위하야 처음으로 츌하얏든『복음가』로 말하오면 총망에 편집된 한 불완전한 것이 뎻슴니다. 그러나 거긔 대한 타인의 비평은 어떠하얏던지 관계할 것 업시 자긔의 영광을 위하야 그 덕당한 덤을 보시고 쓰시는 하나님을 위하야 우리는 깃버하오며 또 그 찬미에 약간은 장찻 영광스러운 나라에셔 다시 듯게 될 줄 밋습내다.
> 리장하 씨께 대하야는 그 전 복음가와 또한 이 새 책의 독특한 번역에 대하야 찬상을 아니 드릴 수 업거니와 또한 우리는 형뎨의 소득한 경험으로 일반 젼도 역사에 대하야 동양에서 굴시할 만한 숑가집으로 우리의게 준줄 노 밋는 바이올시다. 그럼으로 우리는 여러분의게 한번 아름답게 시험하게 될 줄 밋습내다.
> 또는 이 찬디를 션택한데 대하야는 토마쓰 부인과 기타 여러분의게와 또 이 책을 교열하는 등 수고에 대하야는 스톡쓰의게 소부한 은혜가 만슴니다.
> 쥬의 영광을 찬양하기 위하야
> 죠션 경셩 동양셩교회에셔
> 쥬강생후 1919년 4월1일
>
> 카우만 길보른 근셔

필자가 밑줄을 그은 부분에서 볼 수 있듯이 내용을 요약하면,

1. 1907년의 『복음가』는 복음심령을 부흥시킬만한 복음적인 찬송가를 편찬하였다.
2. 바쁘게 하다보니 불완전한 것이어서 비판도 있었으나 좋은 것도 있어 하나님의 영광을 나타내게 되어 기쁘다.
3. 전도용으로 동양에서는 우수한 찬송가이다.
4. 이장하의 우수한 번역, 토마스 부인의 도움, 스톡스의 교정에 대한 감사의 내용 등이다.

1924년 인쇄한 『신증복음가』 목록을 보면

믿음의 싸움(1-9) 9장
구속(10-14) 5장
성결(41-78) 38장
쥬의 재림(79-87)4장
신유(84-87)4장
혼잡(88-208)120장
송가(209-211)3장으로 되어 있다.

편집에서 흥미로운 점은 4중복음-중생, 성결, 신유, 재림-의 교리를 중심으로 항목 분류를 했다는 점이다. 성결에 관한 항목이 많은 편이다. 예배찬송이나 절기찬송은 혼잡해서 그리고 송영은 뒷부분에 실었다는 점으로 볼 때 예배 중심이라기보다는 전도 중심의 찬송 편집에 역점을 두었다고 보인다. 〈행군함 나팔 불고〉(『통일찬송가』 402장 행군나팔 소리로)찬송이 1장이고 〈만복의 근원〉(『통일찬송가』 1장)이 끝에 있는 것이 흥미롭다.

『신증복음가』에 수록된 찬송 211장 중 64장이 현재의 『통일찬송가』에 수록되어 있고 많이 불리고 있다. 82년 전의 『신증복음가』가 크게 낯설지 않다. 대체적 밝고 힘차고 희망찬 부점 중심의 곡조가 많다. 서정성이 짙은 복음찬송도 포함되어 있으며 4부 편곡뿐 아니라 이중창도 수용하여 다양성 있는 편곡을 채택하였다. 짧고도 기억하기 좋은 노래에 복음적이면서도 전도에 필요한 노래를 수록한 것은 훌륭한 점이라 하겠다. 음역이 지나치게 높다든지 같은 곡에 다른 가사가 여러 개 있는 것은 통일찬송가에 있는 문제점과 같다.

1930년 5월에는 전에 쓰던 『복음가』를 신판 형식으로 대폭 수정 증보하여 총 242장으로 부흥성가라는 이름으로 발행하였다. 이명직은 서문에서 다음과 같이 쓰고 있다. "『복음성가』는 여러 해에 걸쳐 성도들에게 큰 축복과 영감이 되어 온 『복음가』의 신판입니다. 30여의 새로운 번역 복음찬송이 여기 증보되었는데, 그것들은 다 구미(歐美)에서 많은 기독교인이 열창하는 것들입니다. 그래서 이름을 『복음성가』라고 붙였습니다."[85]

이 『부흥성가』는 개편을 거듭하다가 1937년 그 10판에서, 9판까지 있던 242장 중 11장을 빼고, 14장을 따로 더하여 245장을 수록 간행하였다. 이때에는 철자 형식을 고쳐 한글 맞춤법 통일안을 따랐다. 1941년 일제의 해체 명령과 함께 아울러 폐간이 되고 말았다.[86]

이 『부흥성가』 역시 『통일찬송가』에 88편이나 수록되게 되는데 한국 교회 찬송의 복음주의 판도가 어떻게 전개되며, 정착되었는가를 보여준다. 조숙자 교수는 한국 개신교 찬송가에 중요한 주류를 이루는 건전한 미국 복음찬송의 유입 증가시킨 중요한 자료가 되었다고 지적한다.

이후의 찬송가 발행과 통일

1908년 재한 복음주의 선교부 통합공의회(현 대한기독교서회)가 장, 감 연합으로 편찬한 『찬송가』(무곡)가 23년 동안이나 양 교파에서 사용되다가 감리교는 1931년 『신정찬송가』를, 장로교는 1935년 『신편찬송가』를 각각 편찬하였다. 1949년 장, 감, 성 연합으로 『합동찬송가』가 출판

---

85) 민경배, 48쪽
86) 위의 책, 49쪽

되어 사용하다 1967년 『개편찬송가』로 개편되었다.

한편 장로교 합동 측에서는 1949년 『새 찬송가』를 편찬하였는데, 현재 사용하고 있는 『통일찬송가』는 1983년 『개편찬송가』와 『새 찬송가』가 판권 대 판권으로 합동되어 동일된 것이다. 앞선 『개편찬송가』가 다소 진보적이긴 하지만, 예배찬송 보완, 한국찬송 보완 등 앞선 면이 있다면 통일 찬송가는 찬송가의 질적 측면에서 크게 퇴보하였다는 것이 중론이다.

4. 세 가지 제언과 맺는 말

지금까지 초창기 발행되었던 찬송가 및 성결교회가 발행하였던 찬송가의 특색을 중심으로 서술하였다. 앞의 내용을 기억하면서 다음 세 가지를 제안한다.

첫째, 비록 『통일찬송가』에 제외되어 있지만, 성결교회의 특징이 살아 있는 우수한 곡들이 있다. 선교 초기에 많이 불렸던 우수한 성결인의 찬송을 재발굴하여 문제점을 보완하고 검토하여 새롭게 활용하면 좋겠다는 것이다. 4중 복음의 교리적 특성을 활용한 편집도 고려하여야 하고, 짧으면서도 힘차고 효과적인 찬송은 예배나 전도, 생활 등 여러 면에서 실용성을 높이므로 이러한 곡의 선곡이 필요하다.

초기의 찬송가들을 편찬할 때 신학과 교리적 문제를 기본으로 하면서도 회중들이 쉽고 흥미 있게 부를 수 있는 찬송가 가사와 음악 형태에 관한 연구가 많았던 것을 기억하면 초기의 찬송가들이 그 모범을 보이고 있다고 보인다.

성결교회의 특징적 유산 중 『개편찬송가』 뒤에 별도로 실렸던 20장을 비롯하여 『신증복음가』에 실려 부흥회를 중심으로 많이 불렸던 찬송들이 있다. 감성적 특성이 많은 부3화음이 적절히 포함된 찬송과 빠른 템포로 된 부점 중심의 찬송들이 그것이다.

이 부점 중심의 찬송은 찬송 가사를 보다 직접적으로 표현하게 되어 복음적 내용을 담기에 적당하다. 복음성가의 특징이 되기도 하는 부점 형태의 찬송 선율은 많은 가사 내용을 담을 수 있고 진행이 빠르며 힘차다. 그래서 시적인 상징적 표현보다 직접적 표현을 쓸 수밖에 없다. 실제적으로 이런 찬송은 찬양의 열기를 직접적으로 느낄 수 있으므로 부흥회를 중심으로 많이 불렸다.

이렇다 보니 음악은 5음 음계, 반복이 많은 선율 구조, 등 단순한 음 진행으로 된 찬송이 많이 채택되었다. 그럼에도 선곡된 곡의 음악적 측면 즉 높은 음역이나 음계, 그리고 리듬의 측면에서 당시의 문화적 상황을 고려하여 볼 때 회중들이 부르기에는 어려운 점이 많았을 것으로 짐작된다. 그래서 부흥회에서 많이 불리던 음악 중에는 오창(誤唱)하는 경우가 많았다. 큰 무리의 회중들이 박수치며 빨리 부르다 보면 그 힘에 의하여 변화가 많은 진행은 단순하게 변형되는 식으로 오창하게 되는 것이다. 이러한 요인들은 오랜 세월 동안 문제가 되어 왔으나 교육으로 고쳐 가기도 하고, 여전히 틀리게 부르는 대로 부르기도 하고 자연스럽게 적응해 갔다. 필자는 찬송가의 오창 문제를 조사하여 찬송가의 토착화 과정을 연구하는데 자료로 삼기도 하였다.[87]

둘째, 찬송가는 가사의 윤리를 포함하여 음악 윤리(ethos)도 중요하다. 찬송가에서 음악 윤리는 궁극적으로 찬송가의 질적 향상을 의미하기도 한다. 찬송가는 예배를 통하여 반복해서 많이 부르는 것이기 때문에 음악적으로 완벽해야 한다. 가사와 음악과의 관계는 물론 선율의 진행에서 결함이 없어야 하며 부르는 목적과 기능에 맞아야 한다. 음악의 질적인 면에서 수준에 못 미치는 곡은 엄격히 피해야 하고, 다른 선율의 표절 또는 다른 음악과의 유사성, 그리고 지나치게 단순하여 음악적 내용이 부족한 점 등이 고려되어야 하고, 회중들이 부르기에 무리가 있는 곡, 그리고 지나친 서양풍의 선율로서 한국화 작업이 어려워 한국인의 정서에 맞지 않는 곡은 피해야 한다. 또한 찬송가에서 세속적 선율의 요소나 민요의 엄밀한 검토가 없는 패러디 문제 등을 검토해야 한다.

---

[87] 이 문제에 대하여는 필자의 논문 "찬송가의 오창 내용 및 그 원인 분석"을 참고. 「신학과 선교」 12호, 1987

한 가지 유의할 점은 음악적 요인이 너무 현란하면 상대적으로 가사의 전달이 약화된다는 사실이다. 찬송가는 일반적으로 조화를 이루어야 되겠지만 음악보다는 가사에 더 큰 비중을 두어야 된다고 생각한다. 음악이 지나치게 복잡하면 예술적 가치는 높아도 실용적 가치는 없다.

그렇다면 가사에 맞는 음악은 무엇일까? 먼저 가사를 효과적으로 흥미 있게 전달해야 할 것이다. 흥미로운 음악적 요소는 가사를 전달 또는 자신이 부르는 데 도움을 준다. 그러므로 찬송의 길이가 길다든지, 음역이 높다든지, 선율의 도약진행이나 변화가 많다면 가사를 잘 전달하는 찬송은 아닌 것이다.

또 가사 측면에서는 잘못된 표현뿐 아니라 오해 소지가 있는 가사의 표현은 피해야 하고 아름다운 시적 언어를 구사해야 한다.

찬송가를 편집하는 데 있어서 양식의 다양성도 중요하다. 현대의 교인들은 다양한 문화적 감수성을 가지고 있기 때문에 한 가지 양식만으로 그들의 정서에 맞는 신앙 고백적 찬송을 기대할 수는 없다. 앞서 살펴본 부점 형태의 찬송은 좋은 점도 있지만 상대적으로 직접적 감성 표현 때문에 예배 의식적인 면은 약할 수밖에 없다. 선율 진행의 유려함도 약하다. 다양한 양식의 음악을 균형 있게 편집해야 현대인들의 요구에 부응할 수 있다. 앞서 말했듯이 떼제 음악에서 활용하는 음악 형태인 돌림노래, 교창, 응창 형태, 찬트풍 그리고 짧은 코랄 형태 등의 양식을 적절하게 도입하는 것이다. 종래의 4성부 구조에 4단, 6단 구조는 과감하게 탈피하여 자유스러운 편곡 형태를 도입할 필요가 있다.

셋째, 신앙생활 속에서 자유스러우면서 다양하게 부를 수 있고, 쉽고도 짧으며 유익한 찬송을 많이 부르도록 생활찬송을 많이 개발하여 수록해야 한다. 그러기 위하여 가사가 복음적이면서도 음악이 활기차며 흥미로운 편곡 형태를 많이 연구해야 하고 그러한 곡을 창작해야 한다. 1895년 베어드 부인(Annie L. A. Baird, 1864-1916)이 『찬미가』에 수록하기 위하여 지은 찬송이 한국인들에게 반응이 좋자, 선교사들은 이 찬송이 전례가 없이 한국인의 음악(체질)에 적중한 사실을 보고 그 이유를 분석한 사실이 있다. 쉽게 불리고, 교회에서 인기가 있으며, 또 가르치기 쉬운 이유였다. 즉 한문에서 나온 어색한 말들 대신에 아주 평범한 일상의 언어를 구사한 점, 그래서 글 모르는 할머니까지도 부르고 눈물을 흘렸다는 점, 이 찬송이 줄 수 있는 인도와 위로의 필요를 느꼈다는 점 등이다.[88] 그 찬송들 중 대표적인 것이 바로 440장 〈멀리 멀리 갔더니〉 421장 〈나는 갈길 모르니〉이다. 회중들에게 잘 불려질 수 있는 찬송을 개발하기 위하여 노력한 모습을 보여 준다. 현재 우리 사회에 필요한 찬송가 창작의 필요성을 느끼게 한다.

현대의 찬송가가 나아가야 할 방향을 요약해 보았다.

1. 한국인의 정서에 맞으면서도 민족 기상에 진취적이어서 밝고 희망찬 의욕을 고취시킬 수 있으며 영적 감흥을 일으킬 수 있는 가사 및 음악의 창작
2. 국제화 시대에 있어서 외국과 교류할 수 있는 세계화된 한국찬송과 또한 세계화된 외국 찬송을 선택
3. 찬송가에 있어서 예배 및 신앙생활에 관한 내용 항목에 있어서 부족한 부분을 다양하게 보충
4. 교회 안이나 밖으로 질 낮은 복음성가나 CCM이 남용되고 있는 이때에 바른 교회음악 문화로 이끌 수 있는 수준 높은 찬송가의 작곡 및 선별

---

88) 민경배, 『한국교회 찬송가사』, 연세대학교출판부, 1997, 108쪽

11. 21세기 찬송가의 한국화 기법
-한국 작곡가들의 찬송가 표본 분석-

1. 시작하며

선교사 언더우드가 1894년에 본격적인 찬송가로서 내용과 형식을 갖춘 117편의 『찬양가』를 펴냈으니 이 땅 위에 곡조 붙은 찬송가가 반포된 지 올해로 108주년이 되었다. 이 『찬양가』에는 한국인의 작사가 7편[89])이 포함되어 있는데 당시의 문화적 상황으로 볼 때 아직 곡조의 창작이 있을 수는 없다고 하더라도 언더우드가 처음부터 한국인의 작품을 고려하였고 음악에 맞는 한국어 가사와의 관계, 그리고 음악 형태와 관련하여 토착화에 대한 관심이 많았다는 것만은 분명하다.[90]) 그것은 편집된 『찬양가』 중에는 5음 음계로 작곡된 곡이 많고, 당시 가사를 번역할 때 가사와 음악의 악센트나 운율이 잘 맞아야 한다는 생각을 가졌기 때문이다. 한국인들에게 잘 불리는 쉬운 곡을 택해야 한다는 인식과 여러 정황[91])의 설명들로 보아 그렇다.

1983년 『통일찬송가』가 편찬된 지 또 19년이 흘렀다. 『통일찬송가』는 그동안 한국교회의 일치 운동 및 연합활동에 큰 역할을 담당하는 수단이 되었다.[92])고 평가하면서도 한편 교계에서는 찬송가의 질적인 면에

---

89) 『찬양가』 서문에는 한국인 찬송으로 4, 29, 38, 61, 93, 113, 115장의 7곡을 기록하고 있는데 이유선은 그의 저서 『기독교음악사』 125-131쪽에서 4, 38, 40, 61, 87, 93, 113, 114, 115장 등 9곡을 한국인 찬송으로 소개하고 있다. 김병철 교수 역시 40장과 87장을 한국인의 것으로 분류하고 있다. 그는 찬양가의 Composed by a Korean이란 표시가 근거였다고 말한다. 하지만 이 두 장에는 그 표식이 없다. 김병철, 『한국 근대 번역문학사 연구』, 서울, 을유문화사, 1975, 84쪽
90) 이 부분에 대하여서 민경배 교수의 『한국교회 찬송가사』(연세대학교 출판부,1997)의 제1장에 많은 언급이 있다.
91) 민경배, 『한국교회 찬송가』 편집사, 연세대학교출판부, 1997, 108쪽에서 재인용
92) 전희준, 이문승의 가칭 성결찬송가 편찬을 위한 시론에 대한 논찬에서, 성결역사연구소 주최, 2001.

서는 크게 후퇴했다고 말한다.93) 한국교회는 『통일찬송가』를 국제화 시대를 맞이하여 한국인의 정서에 맞는 우수한 찬송가로는 부적당하다는 평가를 내리면서도 20년 가까이 『통일찬송가』를 불러 왔다.94) 흥미로운 것은 그동안 한국에서 근래에 출판된 찬송가 중 한국찬송가의 개발이라는 측면에서 역사를 거슬러 갔던 찬송가는 『합동찬송가』95), 『통일찬송가』96) 그리고 『새 찬송가』97) 등이다. 연합주의에 의한 찬송가이거나 소위 보수주의를 표방하는 교단의 찬송가들이 그것이다.

최근 『21세기 찬송가』를 편찬하는 과정에서 난항을 겪고 있다. 난항을 겪는 이유는 대체로 두 가지로 크게 나눌 수 있다. 그것은 판권 등 교단별 이해관계나 주도권 문제, 외국찬송가와 창작찬송가의 선택에서 질적인 문제에 관한 여러 의견이다.

본문에서는 필자의 관심사인 둘째 문제 중 찬송가의 한국화에 대한 문제라고 생각된다. 이에 대한 필자의 대안은 '찬송가를 창작할 수 있는 전문가 부족 때문이라고 생각하면서 음악적으로 한국화 기법에 대한 공통적인 의견을 모아 가야 한다'점에 착안하는 것이다. 한국화에 대한 서로가 공감하는 의견과 전문성에 대한 인식이 없기 때문에 찬송가를 편찬하는 데 있어서 비전문가에 의하여 찬송가가 선택되니 결국 기호나 감정적 성향에 의한 선택이라고 말할 수밖에 없다.98)

1987년 대한 기독교서회 판 통일찬송가의 서문에는 '하나의 찬송가는 한국교회의 에큐메니컬의 실제적인 상징'이라고 기술하고 있다.
93) 곽상수, 『통합찬송가 비판』, 교회음악, 1984년 봄호, 14쪽
94) 지난 20년은 한국사회가 엄청난 발전하였던 대변혁기였다. 그에 반하여 찬송가는 변하고 발전된 것이 별로 없다. 이른바 찬송가의 경전화를 가져왔는데 그 결과 한국 교회 교인들은 찬송가에 대한 흥미와 관심을 잃어 버렸다. 필자의 논문 성결찬송가의 편찬을 참고하라. 성결역사연구소에서 발표
95) 모두 6곡으로 171, 195, 205, 363, 459, 486장인데 『신명찬송가』의 7곡 중 〈예수난 우리의 생명되고〉를 뺀 나머지 모두를 실은 것이다. 참고로 곡수는 신명이 총314장에서 합동은 총586으로 늘었다. 이것은 모두 가사만 한국인에 의하여 작사된 것이다.
96) 총 18곡으로 『개편찬송가』 보다 9곡이나 줄었다.
97) 비록 가사만 쓴 것이지만 단2곡뿐이다. 243, 616장에 그쳐 한국찬송을 만들려는 의지는 거의 없었다.

이제는 한국교회도 한국화 찬송가에 대한 이론적으로 정리해야 할 시점에 도달했다고는 하지만 한국화에 대한 공통된 인식은 보이지 않는다. 회중예배를 위한 찬송가의 구조나 선율유형 그리고 이에 대한 여러 측면에서의 이론적 정리가 필요하지만, 여기에 대한 인식을 하는 연구가도 많지 않다. 그 결과 교회음악이 이론적으로 정리되지 못하고 찬송가와 관련하여 일하는 분들이 감성적으로만 접근하는 현상을 낳게 되었다.

본문은 찬송가의 편찬 및 선곡 그리고 작곡에 도움을 주고 한국찬송가를 작곡하고 편집하는데 기준이 되기를 원하고 있다. 기술하는 작곡가 및 작품 선정은 기본적으로 그동안 많이 불렸던 찬송가를 많이 작곡한 사람을 중심으로 선택하고 일부 『21세기 찬송가』(시제품) 중 우수한 찬송이라고 여겨지는 일부의 찬송 중 기법 설명이 가능한 찬송가를 선택하였다.

2. 한국화 기법들

한국교회의 교인에게 있어서 교회음악 문화의 중심은 역시 찬송가이다. 그러므로 찬송가를 올바르게 창작하고 부르는 것이 교회음악 활동의 기본이 된다. 그런데 찬송가는 선율이 단순하고 짧아서 누구든지 작곡할 수 있다고 생각되어 섣불리 덤벼들고 또 쉽게 비평하기도 한다. 그럼에도 한국화된 좋은 찬송가가 작곡되는 것은 흔하지 않다. 좋은 찬송가를 작곡하기 위해선 많은 창작 실습을 경험해야 하고 또 실제로 교인들에게 평가받아야 한다. 이러한 것이 전문적인 일임에도 비전문적인 소수에 의해 찬송가가 방황하고 있다. 한국교회의 교인들은 비평보다는 창작에 많은 기회를 가질 수 있도록 제도적으로 배려하며 좋은 방법을 찾는 데 최선을 다하여 한다.

---

98) 『21세기 찬송가』의 편찬을 위하여 지금까지 작업에 참여했던 전문위원들 중 찬송가에 대한 전문가는 그렇게 많지 않다. 특히 찬송가를 평가하고 창작할 수 있는 위원은 더욱 적다. 찬송가의 선택은 감성적 판단에 의하여 거수된 결과로 선택되어졌다.

필자가 생각하는 『21세기 한국찬송가』 편찬에서 설정해야 할 기본 목표를 다음 네 가지로 정리한다.[99]

(1) 한국인의 정서에 맞으면서도 민족기상에 진취적이며 밝고 희망찬 의욕을 고취시키는 예배용 가사 및 곡조가 되어야 한다.
(2) 국제화 시대에서 외국과 교류할 수 있는 세계화된 한국찬송을 창작하고 세계화 된 외국찬송을 채택하되 우리의 정서에 맞는 찬송을 선택한다.
(3) 찬송가의 내용 분류 및 항목에서 시대에 맞는 내용삽입과 부족한 부분을 보충해야 한다.
(4) 찬송가가 올바른 교회음악문화를 선도할 수 있도록 현대적 감각은 물론 수준 높은 찬송가를 보충한다.

세계화 시대에 맞는 한국화 찬송은 어떤 양식의 음악이든 한국어 가사와 잘 들어맞고 음악적으로 한국의 특징적 어휘가 많이 포함된 것이다. 이러한 음악만이 한국찬송으로 세계교회에서 그 가치를 인정받을 수 있을 뿐 아니라 한국인의 정서에도 맞는다고 본다. 그러나 위와 같은 전제를 일반적으로 말하기는 쉬워도 선율이나 화성의 형태가 막상 어떤 것이냐? 하는 구체적 문제에 이르러서는 많은 논란 및 의견의 차이가 있다. 이와 관련된 발표 논문도 많지 않다.

한국적 또는 한국인의 정서에 맞는다는 말을 정의하기는 참으로 어렵다. 찬송가공회 가사분과와 음악분과 전문위원들의 연석회의석에서의 일이다. '생명의 떡'이란 표현을 '생명의 빵'이라고 하는 것이 우리의 정서에 맞는다는 주장을 하는 위원이 있어 그 문제에 대하여 토론이 있었다. 그 위원의 주장은 "우리가 빵을 먹고 살지 떡을 주식으로 먹고살지 않는다."는 식의 논리였다. 그러나 외국에서 생활 경험이 있고 음식의 서

---

[99] 이문승, "21세기 한국찬송가 편집을 위한 시론적 연구",

구화가 오랫동안 계속되었다고는 하더라도 한국인에게 있어서 빵과 치즈보다는 밥과 김치가 자연스럽고 떡은 밥의 대용적 개념이므로 자연스러운 한국화의 표현으로 사용되기에는 어려움이 있다는 의견이 지배적이었다. 이처럼 한국화에 대한 다양한 인식을 공감하는 데는 많은 어려움이 있다.

그동안 한국화와 관련한 연구는 공식적으로는 『신작증보판』 그리고 『21세기 찬송가』(시제품)의 편찬 관련하여 한국 찬송가 위원회 또는 한국 찬송가 공회에서 여러 차례의 세미나가 있었고[100] 아카데미하우스에서의 한국화와 관련한 세미나, 그리고 몇몇 개인적인 연구[101]들이 전부이다.

필자는 한국화와 관련하여 이미 제시된 가능성로부터 시작하여 공통적 경향들의 기법들을 계속 연구하여 창작에 반영하는 빈도를 더해 갈 때 가능하리라는 생각을 해 본다.

해방 이후 찬송가 작곡가 중 음악적 기법에서 선토착화를 주장하면서 많은 작품 활동을 한 이는 나운영(1922-1993)과 박재훈(1922-)이다.[102] 나운영은 일본에서 교육을 받고 귀국하여 1950년대부터 찬송가 토착화에 대한 관심이 많았는데 그의 생애에서 '선 토착화 후 현대화'는 일생 동안 목표였고 앞장서서 주장하던 구호였다.[103] 초기인 1946년부터 그는 가곡 〈가는 길〉에서 우리 민요에 대한 연구에서 얻은 산물로서 한

---

100) 1985년, 7월 19일 서울 올림피아 호텔, 한국찬송가 공회 주최
 1996년, 8월29일, 부산 하얏트 호텔, 한국찬송가 공회 주최
 1997년 7월 10일, 설악 파크호텔, 한국찬송가 공회 주최
 1998년 1월 29일, 경주 교육문화 회관, 한국찬송가 공회 주최
 1999년 11월 26일, 한국기독교회관, 새천년에 한국찬송가 개발 전시회 및 세미나, 한국찬송가 위원회 주최
101) 조숙자, 이문승 교수 등
102) 문성모, 『한국찬송가의 성격과 방향』, 『21세기 찬송가』 개발을 위한 세미나 제4집 사료집』, 한국찬송가공회, 1998, 14쪽
103) 나운영, 『한국찬송가 100곡선』 제1집, 2집, 3집의 일러두기 시작 글, 기독교음악사, 1984

국적인 멜로디와 화성, 리듬의 조화를 도모한 작품이라고 술회하고 있다.104)

한국화를 위한 기법들을 몇 개의 항목으로 나누어서 정리한다.

(1) 찬송가 혹은 가곡이라 할지라도 음악에서 한국화의 첫걸음은 한국어 가사와 음악과의 올바른 관계를 설정하는 것으로부터 출발한다. 비록 가사와 음악과의 관계가 완전하게 일치할 수는 없다 할지라도 한국어의 언어습관이나 가사와의 관계에 대한 기본적 질서가 무시되면 어색할 수밖에 없다. 『통일찬송가』 역시 대부분 서양음악에 번역된 한국어 가사를 부친 것이다. 그 결과 중요하지 않은 부분(어미, 조사, 보조동사)의 음정을 높이거나 긴 리듬을 사용하게 되었고 또 그것이 자연스러운 것인 줄 알게 되었다.105) 지금 부르고 있는 『통일찬송가』의 대부분과 많은 창작된 찬송가는 서양언어에 맞는 서양음악이라고 볼 수 있다. 선율에 서 가사의 의미를 정확하게 전달할 수 있도록 리듬과 결합시키고106) 가사의 내용에 따라 선율의 곡선을 만든다. 우리가 사용하는 모든 말은 음악적이다. 시 구절뿐만 아니라 산문도 음악적인 것이다. 왜냐하면 말은 리듬인 동시에 음색이며 억양이기 때문이다. 말의 연속은 모두 억양을 축소한 꼴로 선율이 되고 있다. 반대로 말하면 음악은 말의 요소와 같은 요소를 가지고 있다.107) 그러나 많은 한국 작곡가들은 우리말의 특성을 잘 모르는 듯108) 관계없는 선율을 만든다.

한국어의 특징과 연관하여 음악과의 관계를 열거하여 본다.

1) 일반적으로 한국어는 강박에서 시작한다. 그러므로 첫 박에 강세와

---

104) 이충자, 나운영 가곡 작품의 유형별 분석, 「음악과 민족」 제9호, 민족음악연구소, 1995
105) 이문승, 『시와 음악과의 관계』, 교수논총 제2집, 서울신학대학, 144쪽, 1991,
106) 신소섭, 『21세기 한국찬송가를 위한 대책 및 시안, 21세기 한국찬송가 방향설정을 위한 제1회 공개세미나 자료집』, 69쪽, 1996
107) 이문승, 『시와 음악과의 관계』, 교수논총 제2집, 서울신학대학, 1991, 145쪽
108) 이택희, 『망가지는 찬송가 누가 고칠 것인가?』 도서출판 질그릇, 2002, 107쪽

긴 리듬이 적용된다.

2) 끊어 읽기가 중요하다. 한국어에 있어서 프레이즈가 고려되지 않으면 의미 전달이 안 될 뿐 아니라 언어의 강조점이 약해진다.

3) 조사, 보조동사, 그리고 어간의 강조는 가능한 피해야 한다.

4) 시어에 있어서 강조되는 단어는 음악에서도 강조된다. 뜻이 약하거나 비중 없는 말을 강조하면 어색하게 된다. 한국어는 중요한 말이 처음과 중간 이후에 나오는 경우가 많다. 그러므로 그에 맞는 선율유형이 고려되어야 한다. 장사훈[109](1916-1999)은 경기도, 전라도, 경상도, 황해도, 평안도, 등의 음악에서 각각 다른 특징을 가지는 이유를 설명하면서 '지방에 따라 그 음악이 같지 않은 이유 중 가장 큰 요인은 지방적인 토리에서 오는 것이다'[110]라고 하였다.

5) 시어에 있어서 중요한 단어나 음절은 강박 및 긴 리듬으로 한다. 그에 따라 독특한 리듬 형태가 결정된다.

6) 호흡을 고려해야 하고 노래하기 편한 자음이나 모음에 대한 고려를 해야 한다. 예를 들어 '으'모음이 고음에 긴 리듬으로 배치되면 노래하기 힘들다. 특히 한국어는 모음이 많기 때문에 성악가들에게 어렵다.

(2) 5음 음계를 바탕으로 하는 한국음악의 선율음정 또는 음 진행은

---

109) 장사훈, 전 서울대 교수, 국악이론가, 국악총론, 세종조의 음악 등 많은 국악관련 저술들이 있다.
110) 장사훈,『국악총론』, 세광음악출판사,제6판 1989, 24쪽

서양음악과 다르다. 주로 상행 2도 음정과 하행 4도 음정 등이 자주 나타나고 3화음의 3음이 있다 하더라도, 경과적인 형태로 짧게 나타난다. 5음 음계 중 계면조에서는 완전4도, 장2도 등이 중심으로 사용된다. 문성모 교수는 완전4도+2도 및 완전4도+3도는 민요를 이루는 기본적 음정[111]이라고 지적한다. 단7도, 장9도 등의 음정이 미해결 되는 독립적 용법으로 쓰이는 경우가 많다. 평조는 '솔, 라, 도, 레, 미'의 '라'가 보조적이거나 경과적으로 쓰이며 4도, 2도 이외에 장6도 음정이 많이 쓰이고 있다. 그러나 5음 음계 안에서 인접된 음으로 진행하는 것이 보통이다. 또한 장식음이나 변화음(주요음 이외의 음)들의 사용이 시대와 지역에 따라 다양하게 쓰이는 것을 보게 된다. 계면조로 된 음악이라 하여 반드시 슬프거나 어둡지 아니하며 대중적인 흑인 영가나 이스라엘, 러시아 민요와 다른 꿋꿋함과 은근함이 있다.[112]

(3) 5음 음계가 원색적으로 또는 평범한 선율로 사용되어 판에 박힌 듯한 특징 없는 쉬운 선율이거나 어디서 들은 듯한 선율은 흥미 없는 요인이 된다.[113] 이런 경우 표절시비를 당하게 되는데 표절의 양이 적어 법적인 제재를 피한다 할지라도 독창성의 결여로 회중들의 관심에서 멀어지게 된다. 흔히 이런 형태를 작곡하는 찬송가 작곡가들은 회중성을 강조하며 쉬워야 한다고 말하기도 한다. 그러나 이것은 특징 없는 곡을 작곡하는 비전문적 경향이 짙기 때문이라고 생각되며 한국화의 정체성을 위한 새로운 특징과의 묘하고도 적절한 배합법을 더 연구해야 한다고 본다. 문성모 교수는 5음을 썼어도 한국적 분위기가 돌아나지 않는 것을 지적하면서 7음을 다 써서라도 한국적 분위기를 살릴 수 있다고 말하면서 5음 음계를 존중하되 5음 음계에 매이지 말 것을 권고하고 있다.[114]

---

111) 문성모, 『한국찬송가의 성격과 방향, 21세기 찬송가 개발을 위한 세미나 제 4집 자료집』, 한국찬송가공회, 1998, 23쪽
112) 이문승, 『21세기 한국찬송가 편집을 위한 시론적 연구』
113) 홍정수, 『한국인 창작찬송가와 21세기 찬송가, 21세기 찬송가 제작을 위한 기획 세미나 자료집』, 한국 찬송가 공회, 1997, 39쪽

이 이외에도 5음 음계의 선율을 새롭게 배합하는 기법, 다른 음계와의 절충, 변조(전조), 주요음 밖의 음 기능, 구조의 불규칙성 등 많은 연구가 뒤따라야 할 것이다.

(4) 리듬진행의 단순성[115]도 문제다. 이미 편집된 『21세기 찬송가』를 보더라도 3연음부가 포함된 단순한 리듬을 여러 번 반복하는 식으로 작곡된 찬송가가 있다. 그 이유는 가사의 운율구조가 단순하기 때문인 경우와 작곡가의 창작 능력의 부족 등으로 생각할 수 있는데 좋은 찬송가가 될 수 없다.

(5) 구조의 다양성 및 다양한 양식의 찬송가가 필요하다. 찬송가 유형을 자기가 좋아하는 유형으로 획일화하려고 해서는 안 된다. 교인들의 다양한 취향 및 한국의 독특한 문화적 현실 때문이다. 가사의 운율이 4.4조, 3.3조, 7.5조 등 일정한 틀에 의한 찬송뿐 아니라 다소 불규칙한 시가 있어야 될 것이다. 왜냐하면 시의 형식은 곧 음악의 형식으로 연결되기 때문인데 그래야 다양한 음악 형식의 음악을 작곡할 수 있기 때문이다. 한국화는 먼저 가사부터 이루어져야 한다. '시는 좋은데 음악이 나쁘다'는 말의 허점이나, 왜 서양찬송가처럼 웅장하고 멋있지 못한가는 말이 반드시 옳지 않다는 것을 생각해 봐야 한다. 왜냐하면 한국어에 의한 곡은 한국음악과 조금이라도 관련이 되지 않을 수 없고 또 그 시의 내용에 따라 음악의 내용도 결정되기 때문이다. 그럼에도 우리는 서양찬송가풍을 인정할 수밖에 없다. 그러나 대위법(화성학 포함)의 개념이 매우 발달한 서양음악과 직접적인 비교를 할 수 없는 것이 우리의 음악이므로 서양찬송가가 모체가 된 우리의 찬송가도 서양과는 근본적으로

---

114) 문성모, 『한국찬송가의 성격과 방향, 21세기 찬송가 개발을 위한 세미나 자료집』제4집, 5집 합본, 1998, 23쪽
115) 홍정수, 『한국인 창작 찬송가와 21세기 찬송가, 21세기 찬송가 제작을 위한 기획 세미나 자료집』, 1997, 39쪽

다를 수밖에 없는 필연성을 말하는 것이다.

(6) 화성의 쓰임도 한국적 분위기의 표현을 위하여 서양 화성법에서 탈피하여야 한다. 이에 대하여는 많은 작곡가의 시도가 있으나 자연스러우면서도 세련되게 구사해야 하는 어려움이 있다.

나인용 교수는 그의 논문 "한국 전통 음악의 화성화에 관한 연구"[116]에서 여러 작곡가의 작품을 예로 들면서 다음 몇 가지 의견을 주장한다.

    1) 4도, 5도 화성, 그리고 2도 구성의 화음이 한국화에 효과적이고 잘 어울린다.
    2) 자유로운 대위법적 전개가 우리 선율에 잘 어울린다.
    3) 5음 음계에 포함되어져 있는 3화음 구성한다.
    4) 서양음악의 기능적 화성진행보다는 색채적 수법을 사용한다.

그 중 2)항의 대위법적 문제가 눈에 띈다. 필자의 논문 "서양음악적 방법론에 의한 아악곡 정읍의 분석 연구"[117]라는 글에서 나인용 교수가 주장하는 내용을 구체적으로 증명하고 있다. 정읍을 분석하여 본 결과 대위법적 특징과 관련된 부분을 요약하면, 한국음악의 주 텍스처가 헤테르포니이면서도 부분적으로 대위법적 면모가 보인다.

    1) 주선율인 피리선율이 일방적으로 주도하는 가운데서도 부분적으로 대위법적 특징이 나타난다.
    2) 연음과 관련하여 보면 대위법적 특징이 보인다.
    3) 대위법적으로 나타날 때 완전 4,5도를 포함하여 화성음정이 단7, 단2도, 장2도, 장9도 등 불협화음정이 많았다. 특히 전과적 꾸밈음이 많이 관찰되었고 독립적인 화성음정으로도 많이 쓰였다.
    일반적으로 사용하는 한국화성법을 정리하여 소개하면

---

116) 나인용, "한국 전통음악의 화성화에 관한 연구", 논문집 한국음악, 연세대학교
117) 이문승, "서양음악적 방법론에 의한 아악곡 정읍의 분석 연구" 교수논총, 서울신학대학교

1) 작곡자들은 화성음정으로 완전4도, 장2도, 완전5도, 등을 사용하여 한국적 분위기를 낸다. 특히 아시아에서 3음을 뺀 5도와 4도는 동양적인 사운드를 내는 화성음정으로 널리 쓰인다.
2) 상2성에서는 4도 병행에 하2성에서 반진행된 5도 병행을 사용하면, 한국적 분위기를 낼 수 있다. (3) 4도 음정의 병행은 동양적인 화성으로 널리 사용되던 음정이다.
4) 종지화음으로서 증6화음을 속화음의 대리기능으로 사용한다.(서양의 근대화성 그리고 나운영), 감3화음을 주화음의 대리로 사용한다. 재즈화성에서는 수식화음을 많이 사용하는 데 이러한 색채적인 모습이 한국인에게 잘 동화된다.
5) 2도음정 부가, 6도 음정 부가, 또는 3음을 빼고 4도 음정 부가 등, 부가 화음을 구사한다.
6) 부3화음의 빈번한 사용은 한국적 분위기를 낼 수 있는 화성으로 색채적이며 정적인 측면이 두드러진다.
7) 인상주의 음악의 특징인 7화음의 연속은 색채적이므로 동양적이다.
8) 부속화음이나 변화화음을 사용하면 보다 색채적으로 들린다.
9) 속7화음 등의 제7음을 해결하지 않고 색채적으로 사용하여 비기능성이 나타난다.
10) '조성음악에서 특징이 되는 이끔음을 고의로 배격함으로서 동양적인 분위기를 의도 한다. 6음이 8음으로 진행하면 이국적인 성향을 띄게 된다. 3음 생략하여 공허하고 동양적 분위기를 낸다' 등이 눈에 띄었는데 복음성가의 영향일 가능성을 두고라도 부3화음이나 7화음을 색채적으로 사용하여 정적인 측면을 강조한 것이라고 할 수 있어 조심스러우면서도 점진적인 한국적 분위기로의 접근을 느낄 수 있다.
11) 7도 음정에서 근음의 중복. 바꾸어 말하면 7화음에서 3음과 5음을 생략하면 비기능적이 되고 한국적 느낌이 있다.

12) 7화음에 있어서 3음의 생략 하면 색채적인 성향은 남고 기능성은 약해진다.

서양 찬송가 또는 서양 찬송가풍의 음악이 지배적인 현실을 고려하여 한국적인 분위기를 낼 수 있는 화성에 대한 연구가 더 있어야 할 것이다.

(7) 다음으로 형식(Structure)문제인데, 국악에서 사용되고 있는 형식 중 찬송가 작곡에서 응용할 수 있는 것은 부분 형식(Part form)과 환두 형식, 그리고 메기고 받는 형식 등이다. 국악이 몇몇 장이나 점점 빨라지는 형식으로 된 것은 이미 잘 아는 바이다. 모티프가 통일성을 가지면서도 항상 새로운 면모로 변화해 가는 기술을 한국음악에서 많이 볼 수 있다. 형식에 있어서 부분이 작게는 8마디 단위로 두 부분에서 세 부분, 4마디, 8마디 단위로 네 부분 등을 생각할 수 있다. 기승전결의 개념이나, 대조의 개념은 국악에서도 발견된다.

3. 한국 작곡가들 작품의 표본 분석을 통한 한국화 기법

(1) 곽상수(1923-)

곽상수의 찬송가는 218장 〈네 맘과 정성을 다하여서〉, 9장 〈하늘에 가득 찬 주의 영광〉 그리고 558 〈미더워라 주의 가정〉 62장 〈고요히 머리 숙여〉 등이 있다. 그는 미국 웨스트민스터 콰이어 칼리지(Westminster Choir College)에서 교회음악 석사를 마치고 연세대학교 교회음악과 교수를 지냈던 분으로 오르가니스트와 합창 지휘자로서 교회음악 발전에 큰 공을 세웠다. 특히 그는 교회음악지도자로서 모범을 보인 음악가인데 작곡가로서의 큰 발자취는 없지만 유일하게 찬송가 3편이 그의 작품이다. 『통일찬송가』에 실린 2편은 대단히 많이 불리는 성공한 작품이다. 이 두 작품에서 한국적인 정서를 나타내는 음악기법을 분석하기는 쉽지 않다. 비록 서양적 음악 어휘로 작곡되었어도 이 찬송이 잘 불리는 이유는 예배찬송으로서의 적절성과 한국어 가사와의 잘 맞는 점 때문으로 생각된다.

218장 〈네 맘과 정성을 다하여서〉는 순차진행이 많은 부드러운 찬송으로 4분음표가 많은 코랄 형태의 찬송이다. 1단의 5마디, 6마디, 3단의 1마디, 5마디, 4단의 3마디의 리듬을 제외하고 모두 4분음표로 되었으니 리듬의 구성 면에서 변화가 없으며 단지 선적인 흐름이 강조되는 음악이다.

위의 다섯 부분은 1절 또는 2, 3절의 가사의 음절구성이 다르므로 다른 리듬으로 작곡하는 데 있어서 어려움이 컸을 것이다. 그러한 점 때문에 여전히 리듬 구성에 있어서 단순하다는 문제점이 노출되고 있다.

이 찬송은 『개편찬송가』 작업을 하던 1967년 작품으로 당시 그는 찬송가위원회의 음악위원이었다. 그가 음악위원으로 찬송가 편찬 작업에 참여하여 편집한 『개편찬송가』는 여러 측면에서 우수했던 것으로 평가되고 있다. 이 218장 〈네 맘과 정성을 다하여서〉의 우수한 점은
1) 한국음악이 선율성이 강한 것과 같이 이 찬송도 선율의 곡선이 유려하다.
2) 가사의 문제점을 제외하고는 한국어 가사와 비교적 잘 맞는 편이다.

9장 〈하늘에 가득 찬 영광의 주 하나님〉은 한국교회의 예배에서 많이 불리는 우수한 찬송으로 선율성이 풍부하면서도 리듬과의 조화가 적절하게 배합된 힘이 있고 강한 찬송이다. 이 찬송의 우수한 점은
1) 한국어 가사와의 적절한 관계성, 그리고 예배찬송으로서의 적절성[118]이다.
2) 코랄형태의 찬송이면서 음역이 적절하게 넓은 편이다. 이러한 점 때문에 선율이 박진감 있고 강하게 느껴진다.

---

118) 곽상수, 『예배음악과 한국교회』, 도서출판 마루, 2002, 83쪽

3) 한국적인 음악소재나 구조는 찾기 힘들다. 그러나 한국어 가사와 잘 맞기 때문에 한국인들에게 호소력이 있다. 서양적 음악기법이 국적 정서가 반영된 듯 적절한 감정 변화를 꾀하는 선율의 다양성을 추구하고 있다. 서양음악 기법이 한국교인들의 정서와 잘 동화되고 있다.

(악보 38) 9장
〈하늘에 가득 찬 영광의 주 하나님〉

(2) 구두회(1921-)

(악보 39)
559장 〈사철에 봄바람 불어 잇고〉

구두회의 작품은 559장 〈사철의 봄바람 불어 잇고〉 와 579장 〈어머니의 넓은 사랑〉 두 편이다. 구두회 교수는 충남 공주 출생으로 평양 요한 학교를 거쳐서 국학대(현 경희대), 그리고 미국 보스턴 대학에서 석사학위를 마친 작곡가, 이론가, 그리고 교회음악인이다. 그는 찬송가의 한국화 작업에 있어서 한국음악적인 요소의 절충을 반대하는 사람 중 하나이다. 찬송가는 서양음악적 전통에 있어야 한다고 주장하는 것이다.

559장 〈사철의 봄바람〉 은 한국교회 교인들이 가정주일 또는 가정예배를 드릴 때에 애창하는 유명한 찬송이다. 이 찬송의 특징 및 우수한 점은

1) 음역이 넓고 선율의 곡선이 풍부하여 선율성이 유려하고 우수하다.
2) 부점 리듬의 변화가 적절하여 지루하지 않고 흥미롭다.

3) 가정주일 찬송으로서의 선율 및 화성의 분위기가 적절하다.
4) 3박의 리듬으로 이어지는 가사와 음악의 관계가 비교적 적절하다.
5) 전통적 서양음악 형식의 찬송이다.

그러나 이 찬송은 단점도 보인다.
1) 2단 5마디의 '리', 3단 3마디의 '누', 3단 4마디의 '만'의 음정은 비록 약박이라 하더라도 높은음으로 설정하여 강조되고 있으므로 우리말의 특징이 파괴되었다.
2) 3단의 3마디와 4단의 3마디는 통일시켜도 무난하다는 것이다. 작곡자는 질문(3단)과 대답(4단)의 구조로 설정한 듯하나 실제로 회중들은 이 부분을 틀리게 부르고 있다.
3) 3단 5마디의 F음은 높아서 부르기 어렵다.

579장 〈어머니 넓은 사랑〉은 가사의 정적인 면과 음악의 차분하면서도 감성 짙은 선율로 말미암아 한국교회 교인들의 사랑을 많이 받는 찬송이다. 이 찬송의 특징 및 우수한 점은
1) 차분한 진행의 리듬을 사용하면서도 짙은 감성을 담은 아름다운 곡이다. 단순한 듯하면서도 적절한 변화로 말미암아 선율이 유려하다.
2) 어머니의 넓은 사랑에 대한 주제와 가사와 음악의 분위기가 잘 맞는다. 서정적인 정서가 한국인에게 잘 맞는다.

그러나 이 찬송은 1단 3마디의 '고' 부분의 음정을 높게 설정함으로 결정적인 흠이 되었다. 갑작스러운 도약진행으로 연주하기도 어렵거니와 음악과 가사의 악센트도 맞지 않는다.

(3) 나운영(1922-1993)

(악보 40)
153장 〈가시면류관〉

    나운영은 그의 작품 여정에서 토착화를 빼면 남는 것이 없는 문자 그대로 한국화작업을 위하여 생의 많은 부분을 헌신한 큰 작곡가이다. 그의 찬송은 이미 『개편찬송가』에 수록되었으나 찬불가 시비로 인하여 『통일찬송가』에서는 삭제되었다. 『21세기 찬송가』(시제품)에서 다시 수록되고 있다. 그의 찬송은 개편 298장 〈손들고 옵니다〉, 개편 337장 〈생명을 주는 길〉, 181장 〈부활 승천하신 주께서〉, 457장 〈겟세마네 동산에서〉, 153장 〈가시 면류관〉 등이다.
    그는 "한국찬송가를 질적으로 볼 때 한국의 작곡계는 아직도 서양음악의 고전파 내지 전기 낭만파의 모방 단계를 벗어나지 못하고 있다."[119]고 하면서 한국적인 어휘를 많이 사용할 것을 주장한다.

---

119) 나운영, 『한국찬송가 100곡선』 제1집의 서문에서, 기독교음악사, 1984

『21세기 한국찬송가』 457장 〈겟세마네 동산에서〉는 d단조의 어두운 선율에 비교적 서양적 기능 화성으로 된 애절한 찬송가이다. 그러나 부분적으로 비기능적 화성법이 여러 군데 눈에 보인다. 9/8박의 리듬에 맞춰진 선율로 강박의 긴 리듬이 매력이다. 그러나 가사로 볼 때는 지나치게 강조된 듯하다. 이 찬송은 나운영의 독특한 음악 양식이 조금 적용되었지만 한국화 된 선율형태를 직접 느낄 수 있다. 선율음정으로 4도 진행, 5도 진행, 이 한국적 분위기를 내는데 큰 역할을 한다. 그런데 그러한 음정들이 옥타브 진행과 더불어 연주하기 어려운 요소이기도 하다.

『21세기 한국찬송가』 153장 〈가시면류관〉의 특징 및 나운영이 사용한 한국화 방향을 요약하면

    1) 운율- 찬송가의 오른편 상단 분류에는 불규칙 운율로 되어 있으나 처음에만 5, 5이고 5마디 이후는 3, 3조가 규칙적으로 되어 있다. 이처럼 다소 불규칙적 운율이 찬송의 다양성에 도움을 준다.
    2) 형식구조는 4마디를 기준으로 하여 abcd 구조로 된 형식이다.
    3) 리듬은 가사를 자연스럽게 읽는 것처럼 6박 구조로 되어 있고 한국어 언어 습관과 일치하고 있다.
    4) 이 찬송은 조금 느리게 그리고 애절하게 부르면 진한 감동을 주는 선율이다.
    5) 화성은 3화음을 주축으로 하지만 open chord(1마디), 7도 음정(2마디) 장단조의 교체(5마디), 4도 구성 화음(2단 1마디), 3단 1,2 마디의 5도 병행,[120] e단조에 6음이 부가된 특별한 종지 화음(악보2) 등 나운영의 독특한 화성체계가 부분적으로 적용되었다.

    6) 한국화에 대하여
        a. 리듬 구성 방법은 6박 구조를 활용하되 한국어 언어 습관을 잘 적용하고 있다.

---

[120] 원본에는 5도 병진행으로 작곡되어 있으나 시제품에서는 누군가 고쳤다.

b. 화성법은 서양 화성을 탈피하여 자기만의 독특한 화성을 효과적으로 사용하고 있다.
　　c. 선율은 가사와 음악의 악센트를 잘 맞추었으며, 한국어가사의 음악적 표현이 잘 되었다고 본다. 한국적 분위기가 잘 돋아난다.

　이 찬송가의 문제점은 옥타브 또는 그 이상의 진행이 4회 나온다는 점이다. 물론 그것이 가사의 내용을 보다 강렬하게 표현하기 위하여 썼다 하더라도 일단 부르기가 힘들다.
　181장 〈부활 승천하신 주께서〉는 나운영의 작품 경향과는 많이 다른 듯한 찬송가로서 박진감 넘치고 힘 있는 찬송이다. 전반부는 8분 음표와 4분 음표 중심으로 활기차게 전개되고 후렴 이후는 부점 중심 리듬으로 강함을 더한다. 음악과 가사와의 관계가 적절하다. 가사의 강조점이 음악으로 적절하게 강조되어 있다. 이 찬송가의 단점이 발견되지 않는다.
　『개편찬송가』 298장 〈손들고 옵니다〉는 5음 음계로 구성된 한국적 분위기가 많이 돋아나는 훌륭한 찬송이다. 『개편찬송가』를 사용하던 당시, 많이 불렸던 은혜로운 찬송이다. 선율진행은 5음 음계를 바탕으로 2도 음정, 3도 음정, 그리고 4도 음정, 등이 많이 쓰였고 주제에서 동음진행도 쓰였다. 음악의 분위기는 조금 느린 서정적 느낌으로 계속되는 찬송이다. 가사와 음악의 관계가 잘 조화되고 있다. 이토록 우수한 이 찬송이 『통일찬송가』에서 제외된 것은 질적인 문제라기보다 찬불가 시비와 관련된 것으로 짐작된다.

(4) 나인용(1936-)

　나인용은 연세대학교 교수와 학장을 지냈고, 대한민국 작곡상을 수상하기도 한 작곡가, 이론가, 그리고 교육자이다.
　나인용 교수의 찬송가는 45장 〈거룩한 주의 날〉, 307장 〈소리 없이 보슬보슬〉, 475장 〈인류는 하나 되게〉 등이다.

45장 〈거룩한 주의 날〉은 서양의 전통적인 화성진행에 부드럽지만 강렬한 선율형태로 이어지고 있는 아름다운 찬송이다. 여러 사람이 모여서 함께 찬송을 부르면 공감대가 형성되는 예배찬송이다. 6/8박의 자연스러운 리듬진행은 한국어 가사를 읽는 것과 같은 자연스러움이 배어 있다.

그러나 이제까지 순차진행이 많다가 3단의 끝에서 갑작스러운 도약진행 6단 전반의 부자연스러운 선율진행이 눈에 띈다. 어딘가 자연스럽게 흐르지 않는 억지스러움이 느껴진다.

307장 〈소리 없이 보슬보슬〉은 9/8박의 한국적 분위기를 내는 특징 있는 선율이다.

(악보 41)
307장 〈소리 없이 보슬보슬〉

304 찬송가의 구조와 활용

1) 선율 - 1단 3마디의 파(Ab), 3단 3마디의 시(D)를 제외하고는 5음 음계를 중심으로 작곡되었다. 사용되고 있는 선율음정으로 국악에서 많이 쓰이고 있는 완전4도, 장, 단 3도, 그리고 장2도가 주로 쓰이고 있다. 1단의 1, 2마디의 음진행을 보면 미, 레, 도, 라, 솔로 5음 음계적인 분위기를 바로 느낄 수 있다. 3단, 4단의 경우에는 미, 라, 시, 도의 계명으로 보아 계면조로 조가 바뀐 것으로 느껴진다.

2) 화성법 - 전통화성법을 사용하였지만 기능화성법에서 어느 정도 벗어나고 있다. 그 화성법은 앞서 설명하였던 나인용이 말하는 한국적인 화성 사용법에 해당하는 것이 많다. 그의 화성법은 서양적인 어휘를 사용했더라도 한국화에 대한 관심이나 적용방법이 매우 세련되어 있어 그의 음악적 기법이 어느덧 한국적인 어휘로 젖어 들고 있음을 볼 수 있다. 이 찬송에서 사용하고 있는 화성 형태를 앞부분 조금만 서술하면 다음과 같다.

1마디-보조음(리), 경과음(이)을 색채적으로 사용
2마디-부가음(내려)을 보조적으로, 색채적으로 사용
3마디-2전위(한)를 해결 없이 사용
4마디-전과음(럼)을 확대하여 사용

그밖에 나인용은 7화음의 7음을 색채적 사용함으로 미해결하고 있고(2단 1마디 내), 부3화음의 색채를 적절히 활용하며(2단 2, 3마디, 4단 1마디), 단단7화음의 색채를 적절히 활용하고 있다(2단 4마디, 3단 3마디). 종지화음 역시 장3화음을 종지 화음으로 쓰고 있지만 종지 직전의 화음은 장3화음도 아니며 근음을 공통음으로 하면서 타성부에서 2도 또는 4도 진행을 하는 식으로 종지를 구성하고 있다.
비화성음의 확대사용으로 불협화적인 형태로 보이는데 이것은 각 성부의 선율성 때문인 것으로 이해된다. 작곡자는 비화성음 또는 7의 화음을 확대 사용하여 찬송가에서도 각 성부의 대위법적인 고려를 하였다. 이러한 면 때문에 처음에는 낯설고 어렵게 느낄 수 있다. 익숙하게 연습이 되면 단순하지 않은 색채적 형태의 음악적 내용을 느낄 수 있어 매우 흥미롭게 된다. 나인용 역시 부속화음, 부3화음을 빈번하게 사용함으로써 색채적인 효과를 꾀하고 있다. 화음의 사용에 있어서 제7음을 2도 상행하거나 해결하지 않는 방법을 사용하여 색채적으로 사용하고 있다. 인상주의적인 색상이 한국적인 그것과 어느 정도 맞는다고 생각하는 작곡자가 많다. 물론 필자의 의견도 그렇다.

    3) 리듬- 평이한 4음절로 구성되는 2박의 일반적인 리듬이 사용되고 있지만 3단, 4단에서는 2소절씩 끊어 읽는 한국어의 언어습관과 일치하는 리듬 형태를 사용하고 있다. 이 찬송에 있어서 비교적 리듬보다는 아름다운 선율의 흐름이 중심이 된다고 할 수 있고 가사와 음악이 아름다움으로 일관되어 있고 가사와 음악의 악센트가 잘 맞는다.

    4) 형식- 단순한 모티브이면서 음고의 배치 및 흐름이 중요함에 따라 계속 새로운 음 진행이 계속되는 4소절씩 A-A'-B-C 형식으로 작곡되어 있다.

나인용의 찬송을 부르면서 어렵다는 생각을 할 때가 있다. 그 이유는 앞의 찬송에서도 볼 수 있듯이 겉으로 드러나 있는 감정성보다는 감추어진 감정성 때문이다. 이런 찬송은 많이 부르면 그 감정성이 마음에 전달하게 되어 가슴에 와서 닿게 된다. 둘째로 나인용의 찬송을 보면 심한 도약진행 또는 계속된 도약진행이 많은데 그 점은 역시 노래할 때 부담이 되는 음정이라 할 수 있다.

(5) 박재훈(1922-)

박재훈은 한양대학교의 교수였던 작곡가, 지휘자, 목회자이다. 박재훈의 찬송은 찬송가 515장 〈눈을 들어 하늘 보라〉, 527장 〈어서 돌아오오〉, 301장 〈지금까지 지내온 것〉, 592장 〈산마다 불이 탄다〉 등이다.

그 중에서 301장 〈지금까지 지내온 것〉은 한국교회 교인들이 가장 많이 부르는 찬송 중 하나로 한국화로 성공한 작품이라 할 수 있다. 4·4조의 가사를 읽는 것처럼 자연스러운 리듬을 설정하여 3/4박의 틀에 담아서 그 리듬을 반복하는 형태로 작곡되었다.

이 찬송의 선율은 상행하는 완전 4도 음정, 흐르는 듯한 셋잇단음표가 특징이다. 선율성이 유려하면서도 가사와 음악과의 관계가 아주 적절하다. 화성진행도 전통적인 서양화성법이 쓰였으나 부3화음(vi도 화음, ii도 화음)이 수식적 기능이 아닌 독립적 기능으로 적절하게 쓰이고 있다.

515장 〈눈을 들어 하늘 보라〉, 역시 애창하는 찬송 중 하나이다. 가사의 내용이 잘 표현되어 음악에도 진한 감정이 녹아 있어 찬송의 감정성이 가슴에 전달된다. 이 찬송의 문제점이라 하면 1단과 2단의 처음 시작하는 2음의 선율을 통일시키면 오창의 요인이 줄어들 듯하다.

527장 〈어서 돌아오오〉는 해방과 6·25전쟁 이후 한국인의 가슴에 큰불을 당겼던 찬송이다. 이 찬송의 가사에 나타난 시대적 공감성 그리고 서양적이지만 진한 감정이 흐르는 애절한 선율의 조화가 애창의 요인이 된 듯하다. 관계조로 전조되고 부속화음의 사용으로 인한 화성의 다양성, 감성적 선율, 굵은 베이스의 대선율 등이 한국인의 정서에 잘 맞은 요인이다.

592장 〈산마다 불이 탄다〉는 감사절 때 많이 불리는 감사 찬송이다. 6/4박에 e단조가 중심이 되며 음악적 기법이 한국 재래의 민요로 구성되어 한국적 정서가 물씬 느껴지는 서민적인 찬송[121]이다. 가사와 음

---

121) 곽상수, 『예배음악과 한국교회』, 도서출판 마루, 2002, 79쪽

악이 비교적 잘 맞는 찬송이나 테시투라가 조금 높은 편이어서 부르기 힘든 점이 있다.

(6) 박태준(1900-1986)

박태준은 작곡가, 지휘자, 그리고 교육자로서 한국 교회음악에 큰 족적을 남긴 한국 교회음악의 아버지이다. 박태준이 작곡한 436장 〈나 이제 주님의 새 생명 얻은 몸〉은 한국교회 교인들에게 많이 불리는 한국화 찬송으로 성공한 작품이다. 3박이면서 리듬의 강한 진행감이 느껴지며 4분 음표와 8분 음표가 적절히 섞임으로 인하여 힘차고 결의에 찬 느낌을 주는 우수한 찬송이다. 완전 4도의 선율적 음정 그리고 부3화음의 사용으로 세련된 한국적 정서를 표현하고 있다. 가사의 내용과 음악이 잘 맞는다.

개편 473장 〈귀한 주의 사랑〉은 2단으로 작곡된 4분음표 중심의 단순한 리듬에 선율 전개의 논리성으로 인하여 강한 느낌을 주는 찬송이다. 이처럼 짧으면서도 효과적이고 인상적인 찬송이 찬송가에 수록은 물론 예배와 생활에서 많이 불려야 하나 이 찬송은 『통일찬송가』 편집 과정에서 누락되었다. 곡의 길이가 어느 정도 길고 선율이 조금 어렵다 할 정도로 유려한 찬송들이 계속해서 채택되는 듯하다.

(7) 이동훈(1922-1974)

이동훈은 바이올리니스트이자 지휘자였으며 여러 대학에서 가르치기도 했던 교육자였다. 잘 알려져 있는 이동훈의 찬송은 모두 4편이다. 582장 〈어둔 밤 마음에 잠겨〉, 345장 〈캄캄한 밤 사나운〉, 574장 〈가슴마다 파도친다〉, 개편 402장 〈일하러 가세〉 등이 그것들이다.

582장 〈어둔 밤 마음에 잠겨〉는 전도의 사명을 느낄 수 있는 강하고 엄숙한 찬송으로 많이 불리는 찬송이다. 음악적으로 볼 때는 훌륭하지만 한국화의 특징을 찾기는 어렵다. 특히 1단 1마디의 '에', 2단 2마디의 '에', '라', 3단 1마디의 '한' 등의 가사가 높은 음으로 설정되어 강조되는 것으로 보아 서양적 음악풍에 한국어 가사를 붙였다고 말할 수 있다.

특히 작곡가가 생존시인 『개편찬송가』에는 1단의 '어둠이 짙었을 때'가 사후인 『통일찬송가』 편집에서는 '어둠 짙었을 때에'로 수정되었다. 음악과 가사의 악센트를 맞춘 것이다.

345장 〈캄캄한 밤 사나운〉은 한국역사에서 암울했던 시절에 많이 불렸던 찬송으로 매우 우수한 찬송이나 가사의 내용과 연관하여 시대가 많이 변한 탓인지 현재는 불리지 않는 경향이 있다. 6/8박의 자연스러운 흐름과 부3화음의 사용, 부속화음의 사용 등으로 색채적으로 접근한 점 때문에 한국적인 냄새가 물씬 난다. 한국어 가사와 음악의 리듬과 선율이 잘 맞는다.

574장 〈가슴마다 파도친다〉를 노래하다 보면 리듬 구조 면에서 261장과 유사성을 발견하게 된다. 약박 그리고 부점으로 시작하는 선율 구조이다 보니 중간 음절의 가사에 높은음 또는 강박으로 설정하고 있는 것이다. 즉 서양적 선율에 한국어 가사를 붙었지만, 한국어 가사의 특징에 대한 고려가 없었다고 생각된다. 또 이 찬송은 엄숙하고 힘찬 선율진행이 특징인데 2단 끝 부분이나 4단 중간의 음역이 높은 것이 흠이다.

개편 402장 〈일하러 가세〉는 이동훈의 한국화 찬송이 『통일찬송가』에서 옛 도니체티의 음악으로 다시 환원된 아주 특이한 예이다. 다음은 두 찬송곡의 특징을 비교하였다.

  a. 리듬구조: 부점 중심의 리듬으로 유사하다.
  b. 선율진행: 동음진행, 순차, 도약진행, 도약진행.
  c. 조성: 단조적 색채가 강함, 장조.
  d. 가사와의 관계: 부자연스러운 곳 있음, 대체적으로 자연스러움.
  e. 음역: 무난 넓은 편.
  f. 테시투라: 시작, 3단이 높은 편, 무난하나 끝부분이 너무 높다.
  g. 화성적 밀도: 단3화음 비중 높다 자연스러움.
  h. 난이도: 조금 더 쉽다.

i. 흥미도: 비슷하다.
j: 스타일: 단조풍으로 어둡다, 분산화음형, 장조로 밝다.

위의 비교에서 볼 수 있듯이 이동훈의 한국화 찬송이 탈락된 것은 단조 경향보다는 장조의 분위기를 택하였고, 도니체티의 곡이 한국어 가사와 더 잘 맞는다는 점, 그리고 이동훈의 곡조는 처음 부분의 음역이 높아서 부르기가 조금 어려웠기 때문이 아닌가 추측해 보는 것이다.

(8) 이유선(1911-2005)

이유선은 중앙대학교 교수를 역임한 성악가이자, 『한국양악100년사』를 펴낸 학자이기도 하다. 이유선의 잘 알려진 찬송은 323장 〈부름 받아 나선 이 몸〉과 597장 〈이전에 주님을 내가 몰라〉 두 편이다. 이 두 곡 다 한국화에 성공한 작품으로 잘 불리고 있다.

323장 〈부름 받아 나선 이 몸〉은 부점과 셋잇단음표를 적절히 사용하여 한국화를 이룬 힘차고 강렬한 찬송이다. 곽상수 교수는 이 찬송가를 평할 때 "작곡자 이유선은 찬송시의 깊은 뜻과 심정을 진정으로 공감하여 가장 한국적이면서도 서양 악곡 형식으로도 적합한 간결하면서도 분명한 노래를 이루어 놓았다."[122]고 극찬하고 있다. 음악적으로 한국음악의 요소가 많이 적용된 것은 아니지만 가사와 음악의 분위기가 잘 맞는다. 이 찬송을 비판하는 이는 찬송가의 구조상 약박으로 시작해야 한다는 말을 하기도 하는데 그것은 잘못이다. 한국찬송은 첫 박이 짧은 리듬일지라도 강박에서 시작하는 것이 옳다.[123]

4. 결론

지금까지 찬송가의 한국화를 중심으로 그 기법을 설명하고 그동안 『

---

122) 곽상수, 『예배음악과 한국교회』, 도서출판 마루, 2002, 81쪽
123) 이 부분을 곽상수 교수는 한국 특유의 합장단(북편과 채편을 함께 치는 첫 박)을 따른 것이라고 하였다.(『예배음악과 한국교회』, 도서출판 마루, 2002, 81쪽)

『개편찬송가』와 『통일찬송가』, 그리고 『21세기 찬송가』(시제품)에 수록된 찬송가를 중심으로 한국화 기법을 정리하였다. 이 작업은 한국인에 의하여 작곡된 찬송가의 오랫동안 불리는 가운데 공감되는 점과 문제점으로 나타나는 요인들을 지적하여 한국화의 기준으로 삼고자 하는 것이 목적이었다. 몇몇 작곡가들이 말하는 한국화 기법에 대한 일반적 수용 태도가 너무 다르다는 점을 안타깝게 생각하는 나머지 공통되는 인식을 찾기 위하여 알려진 찬송가를 중심으로 선택하여 객관적인 평가를 중심으로 설명하였다.

　필자가 생각하는 한국화 기법으로 세계화 시대에 맞는 한국화 찬송의 첫 번째 조건은 어떤 양식의 음악이든 한국어 가사와 잘 부합하고 음악적으로 한국의 특징적 어휘가 많이 포함되어 있는 것이다.

　둘째는 특별히 사용되고 있는 2도와 4도 음정이나 음계를 중심으로 한국적 음악 어휘를 상징하는 선율진행이 공통적으로 인식되고 있다. 선율은 단순함보다는 유려한 선율을 한국교인들에게 잘 받아들인다. 잘 불리는 찬송 가운데에도 음악적으로 또는 회중 찬송으로 부적합한 요소가 있음을 보았는데 편찬 시 유의해야 할 것이다.

　필자가 생각하는 한국화 기법으로 세계화 시대에 맞는 한국화 찬송의 첫 번째 조건은 어떤 양식의 음악이든 한국어 가사와 잘 부합되고 음악적으로 한국의 특징적 어휘가 많이 포함된 것이다.

　둘째는 특별히 사용되고 있는 2도와 4도 음정이나 음계를 중심으로 한국적 음악 어휘를 상징하는 선율진행이 공통으로 인식되고 있다. 선율은 단순함보다는 유려한 선율들이 한국교인들에게 잘 받아들여지고 있다. 잘 불리는 찬송 가운데에도 음악적으로 또는 회중 찬송으로 부적합한 요소가 있음을 보았는데 편찬 시 유의해야 할 것이다.

　셋째는 초보적 단계에 있지만 서양음악의 화성체계와는 다른 한국적 정서를 나타내는 화성법에 대한 인식이 서서히 확대되고 있다.

　한국의 근대사 중 한국음악사를 볼 때, 일본의 지배를 통하여 일본 5음 음계(미야코부시)가, 해방 이후에는 미국의 복음성가, 그리고 서양 민요와 대중음악의 영향 등으로 한국찬송가의 표준은 혼동되기 시작하였다. 한국에 복음을 전한 선교사들은 18세기 말 미국의 대중집회에서 은혜를 체험하고 불타는 구령의 열정을 가지고 아시아 지역에 복음 전도의 사명을 감당하였다. 그리하여 처음부터 한국에서 찬송가로는 복음성가가 학교 교과서에는 서양민요가 소개되어 그러한 서양음악의 어휘들이 우리에게 자연스럽게 동화되게 되었다. 그러므로 한국인의 신앙적 정서나 찬송가에 대한 표준적 이해가 처음부터 잘못될 수밖에 없었다. 그러므로 한국인의 의식 가운데에는 찬송가는 민요적 선율이나 복음성가의 특징이 담긴 서양적 선율이 자연스럽게 받아들여지게 되었다.

많은 한국교인들이 찬송가를 선택하거나 기법을 논의할 때 음악적 취향이나 신앙적 감성적 심정을 더 중요하게 생각한다. 우리 찬송가의 음악스타일은 음악의 형식이나 규격보다는 심정(Heart)의 문제가 더 중요하다고 본다.[124]는 초기의 선교사이자 연동교회의 담임목사였던 게일의 지적이 실감 난다.

현재 한국인의 정서에 맞는 찬송가의 기본 틀이 서구적일 수밖에 없는 것은 어쩔 수 없는 사실이라 하더라도 어떻게 하면 한국인의 정서에 맞으면서도 예배나 신앙생활에 올바르고 효과적으로 사용되는가 하는 문제가 중요하다고 본다.

이것을 이루기 위하여 먼저 많은 문제점이 해결돼야 한다. 우선 예배에 대한 바른 인식과 관련하여 예배음악 특히 찬송가의 구조에 대한 이론적 정리를 해야 하고, 작곡가들이 끊임없이 좋은 찬송가를 작곡할 수 있도록 여건과 기회를 조성하며, 음악적 내용에 있어서 서양과 한국적인 음악 요소의 세련된 절충 문제와 관련된 제반 연구를 늘려야 하는 것 등으로 요약할 수 있다.

---

[124] J.S Gale, 『Few Words on Literature』, The Korean Repositort, 11, 1897, 424쪽

12. 예배음악의 바른 활용

21세기를 향한 한국교회의 교회음악은 어떤 형태와 내용이 좋을까? 우선 하나님께서 기뻐 받으시면서 교인들의 실정에 맞으며 교회음악 문화를 빛나게 할 수 있는 음악이어야 한다. 하나님께서는 어떤 음악을 기뻐 받으시고 어떤 음악이 회중들에게 실용적일까?

교회음악은 우선 예배를 위한 것이어야 하고(신학), 아름다우면서도(예술성) 부르기 편하고(회중성), 흥미로운(실용성)것이어야 한다. 교회음악은 아름다움이 필수다. 하나님께서는 아름다운 교회음악을 좋아하시기 때문이며 이는 듣고 부르는 사람들의 삶의 형태와 질로 이어지기 때문이다. 교인들은 음악을 듣고 부르면 직, 간접적으로 교육의 기회를 얻게 된다. 교회음악 행위의 준비 과정이 다소 어려워도 예술성 있는 교회음악을 목표로 해야만 교회와 사회가 발전한다. 그래서 하나님께서 질적으로 성장하는 교회를 원하시는 것이다.

교회음악은 영성과 지성을 잘 살릴 수 있는 조화로운 것이로되 예술적이어야 한다. 찬양과 경배의 개념을 적극적으로 도입하는 것은 좋다. 그러나 양적 성장 논리로 세속성이 짙은 매체와 음악기법들이 지나치게 많은 비중을 차지하면 양적 성장 이후 새로운 질적 교육을 위한 노력과 그 과정에서 발생하는 문제점들에 대한 대가를 충분히 치러야 할 것이다. 지금도 음악 양식이나 연주 매체의 차이, 그리고 음악적 환경과의 마찰 때문에 갈등하는 경우는 많다. 삶의 방식이나 생각의 형태 그리고 질이 다르기 때문이다. CCM이 어느 정도 효과적으로 활용되는 것은 필요하지만, 무분별하게 남용하는 것은 바람직하지 않다.

둘째로, **교회음악은 기독교적 특색과 효율성이 강조된 실용음악이어야 하되 가사와 음악이 신학적, 음악적으로 검증되고 선별된 것이어야 한다.** 무분별한 음악과 가사는 회중들을 혼란스럽게 하여 나쁜 결과를 초래하게 한다.

가사의 검토는 쉽게 판단할 수 있다. 우선 작사자나 번역자가 잘해야 하겠지만, 지도자나 목회자가 곡을 선곡할 때 반드시 가사를 미리 읽어 오해의 소지가 있는 것, 표현법 미숙, 다른 종교적 용어 사용, 추상적 표현, 그리고 깊은 뜻 없이 의례적으로 반복되는 가사, 내용의 단순성 등은 선택하지 않거나 수정해야 한다. 쉽고도 효율적이며 의미가 깊은 가사를 부르는 것이 중요하다. 사람들의 감동을 위하여 가사와 음악의 악센트를 맞추는 일은 매우 중요하다.

음악 양식 역시 선별되어야 한다. 이에 대한 식별은 약간의 전문성이 필요하지만 객관적으로 쉽게 판별할 수 있는 점도 많다. 예를 들면 음역이 너무 높거나 낮은 것, 리듬의 변화가 지나치게 많거나 계속된 당김음, 곡의 길이가 지나치게 긴 곡, 선율의 진행이 부자연스럽거나 어려운 것, 그리고 음량을 지나치게 크게 하고, 드럼세트와 심벌즈를 무분별하게 비음악적으로 두들기는 것과 같은 연주이다. 이러한 음악은 교인들을 당황스럽고 혼란에 빠지게 하며 피곤을 느끼게 된다.

셋째는, **21세기의 교회음악에 있어서 말씀과 음악의 아름다운 조화가 더 강조되어야 하되, 회중들은 듣기만하는 교회음악, 찬양대만이 연주하는 상아탑적인 교회음악의 형상을 더 이상 원하지 않는다는 점이다.** 물론 지나친 설교 중심의 예배도 안 된다. 여기서 말하는 교회음악은 회중 찬송뿐만 아니라 복음성가, 찬양대의 찬양, 독창자의 솔로까지 모두 포함된다. 교회음악은 회중과 일체감을 위하여 반드시 회중과 더불어 이루어져야 하고 회중의 이해 범주를 떠나지 않은 것으로 하되 품위를 잃지 않은 아름다운 것으로 가꾸어져야 한다. 회중들이 찬양에 직접적으로 참여하는 것은 중요하다. 위에서 지적했던 몇 가지 음악적 문제점들이 회중성을 위한 조건들이 된다. 교회음악은 찬양대원 자신과 회중의 관심을 끌 수 있어야 한다. 그래서 음악지도자는 좋은 아이디어가 필요하며 좋은 음악의 선곡 및 연주 환경 조성이 중요하다. 회중을 향한 약간의 긴장감이 있으며 밝고 힘찬 음악을 주로 하되, 음악적 효과를 위하여 느리면서도 분위기 있는 음악과 절충해야 한다. 한 가지 종류의 음악은 인간을 목적만을 지향하게 한다. 그 연주 결과 역시 불완전한 인간을 만든다.

그러므로 교회음악은 교회의 전통성이 존중되고 회중성을 강조해야 한다. 회중성은 공동체 교회다운 교회음악의 중요한 면모이다. 기법적으로 대중음악의 요소와 완전히 분리하여 생각할 수는 없다 하더라도 효율성에 대한 고려가 예배에 적용될 때 가능하다. 회중은 교회음악 행위에 직접 또는 간접으로 참여해야 하므로 교회음악 지도자는 회중의 참여를 늘리도록 교회음악 프로그램을 마련해야 한다.

넷째는, **교회음악은 유행성이나 시대의 흐름에 지나치게 민감할 필요는 없지만 어느 정도 시대성을 무시해서는 안 된다.** 신선한 음악 소재 및 방법은 새로운 멋과 흥미를 유발한다. 교회음악 문화의 질적 향상이 필요하다. 교회문화가 세속적 문화에 너무 뒤지고 있기 때문에 기독교에 흥미를 잃고 있다는 지적도 있다. 교회음악인의 작품들이 낮은 수준에만 머물고 있다면 예배는 신선함을 잃는 요인이 될 것이다. 세속음악은 하루가 멀다고 새로움으로 뒤바뀌는데 우리의 찬송가처럼 20년 이상을 써서 모두 익숙하게 되면 예배의 신선감이나 흥미를 잃게 되는 것은 당연하다고 생각된다. CCM이 한국교회에 범람하게 된 이유 중에도 찬송가가 바른 기능을 못한 것이 하나의 요인이라고 생각한다.

다섯째는, **교회음악의 입장에서 볼 때, 대중음악은 극복해야 할 요소들이 있다.** 한국교회는 이것을 넘어서야 한다. 드럼세트와 증폭된 마이크 장치는 교회음악을 대중매체로써 활용하는 중요한 도구이다. 이 도구들은 음량과 음질의 원색적 강함 때문에 다수의 군중을 원하는 방향으로 이끌고 가는 데 있어서 강력하여 효과적이다. 그러나 이러한 형태의 악기는 한 인간의 영적 변화를 목표로 한다기보다는 대중들의 일체감이나 군중심리 형성, 그리고 대중 자체를 상대하므로 개인적 느낌과 생각이 무시되는 단점도 있다.

음량과 음색, 그리고 동작과 관련하여 거부감을 가지는 경우이다. 치우칠 경우, 문제점이나 무리한 점을 지적하여도 좋아하는 경향이 우세하여서 영향을 줄 수가 없다. 교회음악에서는 화성과 악기의 사용을 이에 비길 수 있는데, 색에 있어서도 마찬가지로 판단 기준의 마비를 가져오게 된다고 생각된다. 조미료에 익숙해진 사람을 몸에 좋다고 싱거운 음식을 제공할 때 좋아할 수는 없는 것이다. 새로운 시대, 새로운 세대에게 맞는 새로운 스타일과 회중성 있는 창작물이 필요하다. 한 가지 유의할 점은 음악적 요인이 너무 현란하면 상대적으로 가사의 전달은 약화된다는 사실이다.

여섯째는, 교회지도자들의 바른 인식에 관한 것인데, 메시지 선포를 위한 환경 조성을 위하여 음악을 앞세우는 자도 있다. 즉, 약 30분 찬양을 한 후 설교를 하면 설교가 더욱 잘된다는 식이다. 이것을 누구는 불을 땐다고 표현하기도 한다. 교회음악이 어떤 목적을 위하여 도구가 되는 경우도 있기는 하지만 교회음악 본래의 목적-찬양, 교육, 메시지적 기능-에서 벗어났다고 생각된다.

유려한 선율들이 한국교인들에게 잘 받아들여지고 있다. 잘 불리는 찬송 가운데에도 음악적으로 또는 회중 찬송으로 부적합한 요소가 있음을 보았는데 편찬 시 유의해야 할 것이다.

한국교회는 기독교 사상이 직접 표현된 실용음악뿐만 아니라, 기독교적 사상이 간접적으로 표현된 다양한 교회음악 문화를 만들어 가야 한다. 순박하면서도 다양하고 유익한 노래를 열정적으로 부르기 위하여 교회음악인은 항상 교회음악을 교회음악답게 가꾸고 방향을 설정하고 새로운 아이디어와 장르를 기획하고 연출해야 한다. 창작이 그 저변을 이루고 번성해야 교회음악이 근본적으로 발전한다.

이러한 일을 감당하기 위하여 한국교회는 먼저 예배음악에 대한 전문성을 존중하고 가꾸어가야 하며 다이내믹한 교회음악 문화를 창출할 수 있는 인재를 양성해야 한다.

5. 요약과 맺는 말

지금까지 한국교회의 교회음악의 여러 가지 문제와 관련하여 몇 가지를 규명하고 정리하였다. 그 내용을 요약하면 다음과 같다.

1. 성가대라는 용어는 19세기 후반 영국의 옥스퍼드 대학에서 시작되었던 옥스퍼드운동(Oxford Movement)은 예전 회복, 예배음악 확립에 역점을 두었다. 영국적인 위엄과 정성을 다하는 최선 최미의 예배, 예배음악 확립이 그 목표였다. 성가대의 앤섬이 중요한 순서가 되었고 성가대가 회중의 노래를 도와주는 자리에서 회중을 대표하여 정성을 다한 찬양을 하나님께 드리는 자리로 옮겨진 것이다.

2. 찬양대라는 용어는 의미전달에서 더 직접적이다. 성경에 찬양대라는 말은 없지만 찬양이라는 말이 많이 사용되고 있으므로 자연스럽다. 찬양대라는 말은 의미에 있어서 성가대라는 말보다 넓은 뜻을 포함하며 언어와 동작과 춤을 포함하는 표현으로 확대된다. 최근 '찬양과 경배'의 개념이 일반화되고 있는 상황과 연관하여 생각할 수도 있는데 보다 자유롭고 넓은 의미의 찬양대라는 명칭이 약간은 예배의식이고 개념에 있어서 보수성을 포함하고 있는 성가대라는 명칭보다 더 선호되고 있다.

3. 우리들이 찬양의 대상 문제를 논할 때 우리들은 주저함 없이 '하나님께 찬양드린다'고 말한다. 이 말은 찬양대의 위치, 찬양대원의 신앙문제, 그리고 예배찬송의 엄격한 기준을 제한할 때 사용된다. 그러나 결코 간과할 수 없는 것은 하나님은 강단에 계시기만 한 것이 아니라는 점이다. 또한, 찬양하는 자는 어느 정도 부각될 수밖에 없으며, 찬양대가 강단을 향하여 노래하거나 보이지 않는 곳에서 노래하는 것만이 바른 예배라고 말할 수 없다는 점이다. 또한 찬양의 모든 행위에 있어서 회중들의 공감이 필요하다는 점이다. 또한 회중들은 하나님께 드리는 예배를 통하여 성장되기 때문에 회중들에게 찬양이 효율적이고 감동적으로 들리는 것은 중요하다. 찬양의 본질을 바꾸지 않으면서도 적절하게 실용성이 강조된다면 이상적이며 유용하다고 보기 때문이다.

4. 찬양은 대중음악적 요소를 유입시켜 찬양 행위에서 회중들이 참여

하는 비중을 늘렸다. 그러므로 찬양에 대한 개념과 사회 환경 변화에 따른 인식과 호흡을 같이하여 새로운 교회음악 프로그램 등 이에 대한 대안이 필요하다. 21세기의 교회음악에서 말씀과 음악의 아름다운 조화가 더 강조되어야 하되, 회중들은 듣기만 하는 교회음악-찬양대만이 연주하는 상아탑적인 교회음악의 형상-을 더 이상 원하지 않는다는 점이다.

한국의 한국교회음악이 예배와 찬양의 본질을 살리면서 다양하고 효율적인 많은 프로그램을 바탕으로 교회음악문화가 더욱 번성하기를 기대한다. 그러기 위하여 교회지도자들은 개인적 감정성이나 이해관계에 따라 여러 가지 문제들을 해결하고 결정하기보다는 전문적 연구를 통하여 개선되었으면 좋을 것이다.

13. 찬송의 중요성과 찬송인도

기독교에는 자랑할 것이 많이 있는데 그 중 하나가 찬송이다. 교회음악의 역사를 통해 볼 때 좋은 찬양이 있었기에 기독교의 우월성이 돋보였으며 인류의 생활에서 삶의 질을 높였다.

찬송은 하나님의 명령으로 시작되었다. 찬송은 태초부터 있었고 그 역사와 양식이 방대하다. 다른 종교에서 〈기쁘다 구주 오셨네〉라는 성탄 찬송의 곡에 가사를 콘트라팍타하여 '기쁘다 00 오셨네'라고 노래하는 것을 우리들이 들을 때 우리들은 저절로 웃음이 나온다.

이는 두 가지 생각 때문이다. 첫째는 찬양의 중요성을 그들도 알았다는 것이요, 둘째는 가사를 바꾸었다고 하여 그들의 찬양이 되는 것이 아니라는 염려 때문이다. 찬송의 가사를 바꾸더라도 결국 기독교인의 찬송인 것은 분명하다. 오랫동안 불렸던 누적된 인식뿐 아니라 그 음악을 이루는 근본은 시에 있기 때문에 이미 시의 특징이 음악에 녹아 있기 때문이다.

그러므로 전통 가락이나 선율에 새로운 가사를 붙인다하여 좋은 찬양이 될 수는 없다. 국가나 외국민요 또는 이미 알려진 노래에 찬송시를 붙여 성공적으로 많이 불리기까지는 기독교의 오랜 역사가 뒷받침되고 있다. 찬송가가 알려지기까지 많은 감동적 스토리와 적절성에 대한 논의가 뒤에 숨어 있는 것이다.

필자가 잘 아는 의사는 "식사가 맛있다는 사람은 건강하다고" 말한다. 이 말에 찬양을 대입해 보면 찬양하는 것이 재미있으면 믿음이 있는 사람이라고 말해도 될 것이다. 찬양은 노래로 하는 기도요, 신앙고백이기 때문이다.

소리는 하나님께서 만드셨으므로 적절하게 사용하면 소리 자체가 아름답다. 그리고 그 소리로 만든 음악의 내용이나 질서도 아름답고 음악하는 행위가 아름답다.

그 시대에 자주 불리는 찬송의 가사를 조사해 보면 시대상과 사회상을 알 수 있다. 〈멀리멀리 갔더니〉(440장), 〈예수 나를 위하여, 돌아와〉(315장) 〈캄캄한 밤〉(461장)은 우리 민족이 어려울 때 눈물로 부르던 찬송들이다. 영국민요 애니로리와 베토벤의 교향곡 No. 9을 듣던 여 전도사님이 찬송가로 알고 무릎을 꿇었다. 월드컵 때 독일선수들이 국가를 부를 때 우리는 〈시온성과 같은 교회〉 선율인줄 알고 깜짝 놀랐다.

1) 찬송 인도법

학자는 글을 쓸 줄 알아야 하며 목회자는 말을 조리 있게 해야 하고 교회음악지도자는 찬송인도를 잘해야 한다. 찬송인도는 기술이므로 훈련이 필수이다. 음악적 훈련을 쌓는 것과 찬송 인도법을 익히는 것은 경험을 통해 저절로 나아지기도 하지만, 효율적 방법이 있다.

그것은 상대방이 노래할 수 있도록 배려하고 표현의 기술을 가르치는 것 등이다.

찬송인도를 할 때 지도자의 말이나 노래는,

1. 노래하는 마음에 진실성이 있어야 한다. -행함과 연결되어야 노래에 힘이 있다.
2. 순수한 감정으로 노래해야 한다. 인간은 근본적으로 감정적 동물이다. -신앙적 감성, 온화함, 강함, 등은 지도력이 된다.
3. 전달능력 함양(매너, 기교, 등 오랜 기간 동안 형성되는 것인데 기간을 단축할 수 있다)
4. 마이크 사용법, 건물, 환경 등 이용에 익숙해야 한다.
5. 음성관리, 발성훈련이 필요하다.
6. 대화의 기교와 노래의 기교는 비슷하다는 생각이 든다. 누구의 말은 더 따뜻하고, 정감 있는데 그 비법은 무엇일까?
7. 말하는 형식 및 방법, 논리가 필요하다.

8. 풍부한 위트, 적당한 에피소드, 찬양인도는 활기가 있어야 한다.
9. 마치 맛있는 음식은 먼저 재료가 좋아야 되듯이 찬양에 대한 풍부한 내용이 중요하다.
10. 노래하는 이유, 올바른 시각, 그리고 목표가 필요하다.

2)찬양하는 마음을 빼앗는 찬송 인도법
1. 마이크 앞에서 사회자가 혼자서 크게 부른다.(회중을 리드한다는 명분)
2. 잘하려는 생각에서 비브라토를 많이 넣어 부른다.
3. 사회자 중심으로 자유스럽게 노래한다.
4. 구체적 계획 없이 적당히 빠르거나 느리게 유도한다.
5. 마이크 앞에서 다른 파트의 선율을 바꾸어 가며 부른다(화음으로 노래한다는 생각)
6. 절마다 또는 장마다 해설을 곁들이고 노래하는 방법을 자세히 설명한다.
7. 열심을 보여줘야 하므로 강단을 치며 열심히 박수하며 혼자 노래한다.
8. 오르간이나 피아노보다 신디가 더 은혜스럽다고 말한다.
9. 성가대원 중 한사람에게 마이크를 맡긴다.
10 모든 찬송은 빠른 노래 중심으로 선곡하고 느린 곡도 비교적 빠르게 부른다.
11. 사회자가 춤추며 흥겹게 노래한다.
12. 찬송가의 선곡은 인도자가 흥미 위주로 선곡한다.

3) 대형집회에서의 찬송인도
대형집회에서는 음향 효과를 고려하여 중심무대의 위치 선정을 잘해야 하며 1층 혹은 2층 끝의 변두리는 전혀 안 들릴 수도 있으니 세심하게 배려해야 한다. 강단이 눈에 보이는 것도 중요하다. 그러므로 중간에 중심축 무대를 활용하면 좋다. 대형 행사에서는 반드시 스피커 시스템을 철저하게 고려해야 한다.

1. 악센트가 안 맞는 노래는 부르지 않아야 한다. 가사전달이 안 되고 수많은 회중들과 맞지도 않는다. 검증된 찬송가를 더 많이 불러야 한다.
2. 안내 멘트를 긴 설명으로 하면 무슨 말인지 안 들린다.
3. 복잡하고 혼란스러운 동작은 멀리서 볼 때 무슨 동작인지 어지럽게만 한다. 인도자가 흥에 겨워 뛰든지, 돌든지, 웃는다든지, 고개를 끄덕이는 등 행동을 해도 멀리서 볼 때는 모두가 소용없는 동작이다.
4. 드럼은 북 중심이어야 한다.- 타악기라 하더라도 고음 즉 심벌즈같은 악기의 소리는 멀리서 안 들린다.
5. 끊어 읽기가 매우 중요하고 단순하며 짧은, 그리고 같은 톤으로 말해야 한다.
6. 지휘패턴은 위에서 크게 해야 하고 양손으로 지휘한다.

4) 찬송인도 시 언어사용에 있어서 생각해 볼 점들

1. 동사의 명사형

감사를 드립니다. 감사함을 드립니다-감사드립니다. 감사합니다. 긍휼을 베푸소서-긍휼히 여기소서

2. 잘못된 표현

우리 사모(x)―내가 사모인데(o)

사랑하시는 주님(x)―사랑하는 주님(o)

저희나라(x)―우리나라)(o)

당신께 감사드립니다(x)―하나님께 감사드립니다(o)

참꼬(x)-참고(o)
날 자유하게 했으니(x)-날 자유롭게(o)
나의 살던 고향은(x)-내가 살던 고향은(o)

3. 다른 종교적 습관

귀신이 곡할 정도다, 단골(무당), 야단법석, 이판사판, 굿이나 보고, 집도 절도 없다, 이 세상에 다시 태어난다 해도, 대가 세다.

4. 일본말의 영향

뗑깡(떼 쓴다), 이조시대(조선시대), 민비(명성황후), 2자축소, 테레비, 산보(산책), 지주(전주), 당직(입직), 결혼(혼인), 차용(득용), 왕래(내왕), 삐라(pira) bill 오라이(all right), 구락부(club, 쿠라브-한자식표기), 도랏쿠(truck), 밤바(bumper), 셔터(shirter), 난닝구(running shirt), 도란스(transformer), 레지(register), 오바(overcoat), 뻬빠(sand paper), 레미콘(ready mixed concret), 리어카(rear car), 타스(dosen), 레자(leather), 빵꾸(punchure), 사라다(salad), 조끼(Jug), 구루무(cream), 삐라(bill), 엑기스(extract), 잠바(Jumper), 바께스(bucket), 빠꾸(back-up)

5. 신학적인 것

322장 천국을 어서 이뤄 줍소서(신본주의)-이뤄가게 하소서(인본주의)
338장 내주를 가까이 하려함은 (인본주의)-하게 함은(신본주의)

5) 마이크 사용법

마이크는 단순한 증폭장치이므로 마이크가 감정을 스스로 조정해서 전달해 주지는 않는다.

그러므로 사전 감정 설정이나 크기 조정이 중요하다. 지나치게 큰소리는 건강에 해를 준다. 마이크 소리는 실제 느끼는 본인의 소리와 다른데. 그 이유는 뼈나 몸을 통해서 듣기 때문이다.

1. 마이크 소리의 크기 결정, 말하는 사람의 크기 결정
2. 환경조사
   에코조사, 마이크의 높낮이 결정
   빠른 시각에 자연스럽게 조정한다. 이상한 행동이나 어눌한 행동은 분위기를 깬다.
   음악은 울려야 하지만 마이크는 안 울려야 잘 들린다.
3. 방법
   바람을 불지마라-앞으로 대지 말고 턱 밑으로 댄다.
   약간 거리를 둔다.
   원근감 조정
   울리는 장소에서는 끊어 읽기로
   정확한 발음이 중요하다. 그러나 아나운서 식은 부담스럽다.
   끝말, 어미의 정확한 발음이 필요하다.

4. 매너

한국인은 1분에 보통 90~120보를 걷는다고 한다. 영국인의 40~60보보다 두 배가 빠르다. 앞에서 꾸물대는 차량을 향해 경적 울리는 속도를 쟀더니 독일인 7.8초, 이탈리아인 4.3초였다. 한국인은 1초를 안 넘긴다고 한다. 우리나라의 엘리베이터는 닫힘 버튼이 반질반질 닳아 있다.

우리말에는 속도와 관련된 부사가 유난히 많고 또 많이 쓴다(빨리빨리, 잽싸게, 싸게 싸게, 얼른, 냉큼, 당장, 즉각, 재깍, 한시라도 빨리, 촌음을 아껴, 부지런히) 그래서 한국인의 성품은 성급하다는 평을 듣는다.

6) 찬송인도의 문제점들

1. 사회자가 음악적 능력부족으로 찬송을 시작하거나 다시 시작할 때 제 박자에 못 나온다. 약간의 주의만 기울이면 조금 좋아지나 무의

식적인 경우도 있고 훈련부족인 경우가 많다.
2. 습관적으로 대중적 창법으로 노래한다. 대중가요를 부르는 것처럼 특이한 꾸밈음을 붙인다. 발성에 있어서 개인적 기술 요소는 회중성이 없다. 국악적 창법도 아니다.
3. 소리를 만든다고 생각하고 목을 짜는 식으로 발성한다. 이것은 잘못된 습관이다. 소리를 공명시킬 방법을 연구해야 한다. 무조건 큰 소리를 내려 해도 안 된다. 올바른 복식호흡법을 익혀야 한다. 아름다운 소리를 내려고 노력하면 누구나 가능하다.
3. 이상하고 개인적 습관으로 노래하는 인도자가 많다. 다른 사람의 교정이 필요하다.
4. 음의 길이를 조금씩 연장하여 노래하는 습관을 가진 인도자도 있다. 무의적적인 사람, 또는 자기가 노래를 잘하고 있다는 착각에서 소리를 남에게 자랑하려는 마음 때문이다.
5. 특정음을 바꿔서 노래한다. 훈련부족의 결과도 있으며 음정을 경솔하게 여겨서 그렇다.
6. 이 밖에 아 모음 이 모음의 어눌한 발음, 사투리, 적극성 부족, 잘못된 습성 등이 있다.
   아, 이, 에, 애 모음은 어린이 같이 부르기 쉬운 모음이다.
7. 사회자와 성가대, 오르간 주자와 의사소통이 제대로 안 되는 경우 묵도, 예배에의 부름에 혼선이 되는 경우가 종종 있다.
8. 축도송, 오르간 후주에의 여유가 필요하다
9. 기쁨이 없는 율동보다는 참여에 더 의미를 가지면 어떨까?
10. 전통과 대중성의 조화, 양식차이의 극복이 필요하다. 열정적이던 얼굴이 성가대가 찬양할 때 옆 사람과 잡담을 한다면 무식한 것이다.
11. 찬송인도의 구체적 방법
   1) 선곡은 미리하고, 철저하게 계획한다.
   2) 곡 설명은 1~2 문장의 짧은 형식으로 간증식의 긴 말은 피한다.

3) 빠르기 설정이 중요하다.
4) 첫 음 잡기가 중요하다.
5) 함께 노래할 때 주의할 점-(협조자를 배려한다.) 지나치게 큰소리는 피하자.
6) 반복할 때는-지도자의 기술이 필요하다.
7) 시창 실력을 향상시켜야 한다.
12. 손으로 그린 악보 중 잘못 그린 악보는 피곤하다.
작은 음표, 복사 거듭된 악보는 건강에 안 좋다.

7) 경배와 찬양

음악의 흥미중심으로 근본적인 모든 문제를 해결할 수는 없다. 그 결과는 세대 간의 격차를 더욱 심화시킬 뿐이다. 수년이 지나면 한계에 다다른다. 양적 증가는 정체하거나 감소한다. 그것은 또 다른 새 변화를 위한 도입과정에서 흥미를 잃어가기 때문이다. 음악의 장르는 또 새로운 어떤 형태로 반드시 변모해야 하는데 그 과정에서 세대 간의 격차나 기호의 문제로 갈등이 생겨나는 것이다.

이런 식으로는 다양한 세대를 껴안을 수가 없다. 교회의 특성이 잘 살아있고, 다양한 세대를 껴안으려는 어떤 음악적 시도가 필요하다. 겉보기에 감각적인 화려한 음악과 의상, 자극적 언어에 길들여지고 있다면 그 미래는 뻔하다. 기호로 문제를 해결하려면 안 된다. 특히 드럼과 신시사이저를 연주한 후 연주하는 찬송가의 부드러운 오르간 소리는 천사의 음성같이 들린다. 단순한 음색차이 정도일까? 음량의 문제일까? 혹 영혼의 단순성 문제가 아닐까?

드럼 가까이에 마이크를 두고 치면 음향학적으로 찌그러진 음을 듣는다. 무절제한 음량의 조정이 필요하다. 찬양인도자의 언어와 행동의 경건성은 세심한 준비로부터 시작된다. 또한, 템포가 너무 빠르지 않도록 한다. 가사는 상징적이고 추상적이면 개인적인 성향이 되니, 경배의 내용으로 해야 한다. 저음을 담당하는 베이스 기타가 반드시 필요하다.

신시사이저의 풍부함을 활용하자! 적어도 3대의 신시사이저를 마련하고 지속음, 음색, 선율 담당 등 다양한 역할을 맡는다.

14. 찬송가의 폭넓은 목회적 활용

『통일찬송가』가 발간된 것은 1983년 11월이다. 2006년에 『21세기 찬송가』가 편찬되었으므로 햇수로 23년 만이다. 『개편찬송가』가 1967년 편찬되었으므로 사용 햇수로만 보면 16년이므로 비슷한 듯하나, 찬송가의 내용적 측면이나, 사회변화 및 문화적 발달과 비교하여 볼 때 우리 찬송가는 거의 정체하고 있다고 여겨진다.

같은 기간 동안 대중문화나 매체가 급속하게 발달하였고, 컴퓨터 및 전자산업의 발달과 함께 사회 구성원의 정신적 구조, 사고, 의식, 윤리, 등이 엄청나게 변화하였다. 그러나 교회음악의 꽃이라 할 수 있는 『찬송가』는 약 120년 전 언더우드가 편집한 것을 몇 번에 걸쳐 수정, 보완하여 부르고 있어 박제화(剝製化)된 듯한 느낌이 든다.

그 결과, 한국교회의 교인들에게 신선함이나 즐거움보다는 지루하고 답답한 마음을 가지게 되었다. 흥미유발 부족은 물론 찬송가를 선택할 때 시들한 마음이 있게 된 것이 사실이다. 복음성가가 더 맹위를 떨치게 된 것도 이것과 어느 정도는 관련이 있다고 본다.

그럼에도 찬송가는 예배에서 필수적 요소이다. 찬송가는 예배, 생활에서는 물론, 전도의 수단으로서 많이 불리고 있다. 그것은 하나님의 명령이다. 목회자나, 교회의 일꾼들은 찬송가가 더 많이 불릴 수 있도록 시간으로 할당을 늘리고, 좋은 악기를 구입하기도 하며, 올바른 교회음악 지도자를 확보하는 등, 여러 여건을 아낌없이 마련해야 할 것이다.

우리가 찬송가의 올바른 또는 폭넓은 활용에 대하여 생각한다는 것은 매우 가치 있는 일이다. 우선 찬송가 구성의 일반적 문제점을 통하여 찬송가의 목회적 폭넓은 활용을 우회적으로 말하고자 한다.

첫째로 우리 찬송가는 외국 찬송가에 비하여 어렵다. 선교사 게일의 지적대로 한국인은 노래를 좋아하고 음악성이 뛰어난 민족이라는 점에는 필자도 동의하지만 회중성을 고려하여 볼 때 찬송가의 길이가 너무 긴 것이 많다. 6단으로 된 것도 많으며 심지어 8단으로 된 것도 여러 개 있다.

  곡의 길이가 긴 것은 예외 없이 음역도 높다. 곡의 길이가 길다면 그만큼 소재가 풍부해야 하기 때문이다. 높은 '미'음이나 '파'음을 사용하는 것은 물론, 빈도수가 많은 음이 '미, 파, 솔' 정도에 있어야 하는데 '라, 시, 도' 등에 있다. 이것을 음악 용어로는 중심 음역, 또는 테시투라라고 하는데 음악분석에서는 일반적 음역뿐만 아니라 이 테시투라는 많은 빈도로 차지하는 음역의 상태를 말하므로 중요하게 여긴다. 음정이 쉬워도 테시투라가 높으면 회중들이 노래하기 힘들다. 예를 들면 소프라노 음역의 노래를 베이스가 부른다고 할 때 황새가 뱁새를 따라가야 하는 격이다. 『통일찬송가』35장, 382장 같은 경우는 높은 '도' 음이 중심이 되므로 목청을 한껏 높여야 가능하고, 『통일찬송가』 37장, 46장, 74장, 381장 등 많은 찬송가가 테시투라가 높아 훈련되지 않은 사람이 부르기에는 힘들다. 단순하게 최고로 높은 음이 없다하여 회중들 모두 부를 수 있는 것은 아니다.

  독일 찬송가는 코랄형태로서 리듬 변화가 많지 않은 4분 음표 중심으로 비교적 규칙적 형태로 쉽다. 회중찬송가는 우리처럼 4부가 아니고 선율만 제시하고 있으며 짧다. 그 대신 찬송가 장수 및 절수가 많다. 영국의 경우도 찬송가가 교파마다 다르지만 쉽고 짧으며 회중성 있는 노래를 반복해서 많이 부른다. 가까운 일본의 경우도 마찬가지다. 쉽고도 짧고 아름다우며 의미 있는 노래를 많이 부를 수 있도록 준비해야 한다.

  둘째는 가사의 시적 표현이 빈약하다는 것이다. 현재의 찬송가 가사를 볼 때 시적으로 더욱 아름답고 의미 있으며 복음적이어야 하는데 그렇지 못한 경우가 많다. 번역 가사가 대부분이기 때문에 어쩔 수 없다고는 하지만, 우리는 그런 가운데에서도 좋은 가사를 선택하여 불러야 한다. 참고로 복음성가의 가사를 선택할 때도 그 기준은 같다. 윤리적 문제, 시적 내용이 너무 단순한 것, 한쪽으로 치우친 주제, 시적 내용이 조잡한 것, 등이 선택 기준이다.

셋째, 한국찬송이 적어 가사와 음악의 관계는 물론 우리의 정서에 맞지 않는 것이 너무나 많다. 우수한 한국찬송가가 많이 보강되어 우리 정서에 맞는 노래를 마음껏 불러야 할 것이다.

넷째는 절기찬송, 행사를 위한 찬송, 시편송, 성경말씀이 적용된 찬송 등 가사 내용이 다양하지 못하고 빈약하며 편수가 적다. 이것은 찬송가를 오래 불렀기 때문인 점도 있는데 한국에서의 찬송가 개발에 대한 시급성을 말해준다.

『통일찬송가』가 20년이나 불렸음에도 찬송가로 아주 제한적으로 불리거나 소폭으로 선택되고 있는 것은 아이러니한 면이다. 찬송가의 선택에 대한 구체적 얘기를 더 해보자!

대체로 회중들은 부르는 사람이 공감하는 체험적 가사, 한국인의 정서에 자연스럽게 동화되는 곡조, 혹은 아는 노래 등을 좋아한다. 회중들은 부를 때의 상황에 따라 쉽고 무난한 아름다운 곡으로 선곡하되 가사를 중심으로 선택하는 것이 좋다.

다섯째는 아직도 우리는 찬송가 개발에 있어서 초보적 단계에 있다는 것이다. 더욱 발전한 찬송가가 있어야 한다. '피아니스트를 위한 찬송가', '오르가니스트를 위한 찬송가', '데스칸트찬송가', '목회자찬송가', '노인찬송가', '청소년찬송가' 등 많은 개발된 찬송이 있어야 한다. 찬송은 예배의 꽃이다.

예배와 관련하여 찬송가를 선택할 때는 대부분 목회자 또는 주보를 담당하는 부교역자들이 찬송가를 선택한다. 교역자가 음악적 실력이 있으면 보다 다양하고, 그렇지 못하면 선택의 폭이 좁은 것은 어쩔 수 없는 사실일 것이다. 한국 교회가 이토록 소폭으로 찬송가가 불리는 것은 사실 목회자 교육의 문제이거나 그러한 교육의 제도적 결함 문제이다.

다시 말하면 목회자의 음악적 소양을 향상할 기회가 없었거나 음악목회자를 운용할 줄 모른다는 말이다. 목회자가 찬송가를 국소적으로 선택하는 것에 대한 해결책으로, 우리 교단의 어떤 교회에서는 장로이면서 지휘자인 교회음악의 전문가가 찬송가를 골랐던 적이 있었다. 매우 앞서 갔던 일이었다. 그러나 실제로는 사회자인 부교역자가 주보와는 달리 매번 다른 찬송가로 바꾸어 불렀던 것을 기억한다. 선택자와 설교자와 의견 교환이 없었든지, 사회자의 인식 부족이었든지 그 문제점은 오랫동안 지속되었다. 전임 음악목회자가 있었다면 사정은 또 달랐을 것이다.

찬송가 선곡은 우선 절기에 맞춘다. 절기라는 제도가 주는 여러 가지 유익 중 예배의 다양성이라는 측면도 있다. 절기 찬송에 해당되는 곡수가 그렇게 많지는 않지만, 자주 부르는 것을 피하고 바꾸어가며 선택한다. 거기에다 그 주일의 설교 내용과 조화를 이루는 것은 중요하다. 설교 내용과 같아서 설교가 강조되면 좋다. 그러나 꼭 같아야 할 필요가 있는 것은 아니다. 찬송을 통하여 헌신이나 결단을 요구할 수도 있지만 새로운 내용을 보충할 수도 있고, 찬양과 경배로 하나님을 높일 수도 있고, 조용히 사색하거나 명상할 수도 있으며 찬송을 통하여 예배의 다양성을 추구할 수도 있기 때문이다. 다만 설교의 내용과 상반되거나 반대적 어휘가 수록된 곡의 선택은 피하여야 하며 필수적으로 적당한 아름다움을 추구해야 한다. 무조건 힘차고 큰 음량을 추구한다고 해서 데시벨 높은 마이크로 증폭시킨다고 회중들을 결단시킬 수 있는 것은 아니기 때문이다.

선곡은 다양하게 선곡해야 한다. 우리가 항상 같은 음식을 먹는다든가 같은 액세서리를 부착한다고 가정할 때 건강의 척도며 지루함을 이해할 수 있을 것이다. 또 앞에서 말했듯이 회중들의 연령과 음악 실력을 고려하여 너무 높은 곡, 긴 곡은 피한다. 잘 모른다고 무조건 기피할 것이 아니라 좋은 찬송가라면 선택한다. 다음에는 잘 부를 수 있기 때문이다.

찬송가의 선곡은 전임 음악 목회자가 하면 좋다. 그를 통하여 교회음악이 기획되고 활성화되면 좋다. 음악목회자가 없다면 지휘자라도 목회적 관점에서 접근하고 그런 소양이 있는 사람을 채용하여 교회음악에 종사하도록 한다.

찬송가는 일반적으로 오르간이 인도하는 것이 원칙이다. 그래야 예배가 깨끗하고 경건하고 아름답다. 오르간이 없다면 피아노나 성가대를 중심으로 인도한다. 소리가 작다면 성가대 앞에 공중 마이크를 설치하여 음량을 약간 증폭시킨다. 음량을 지나치게 크게 할 때 불필요한 소리가 빈번하게 난다면 예배의 분위기는 나빠질 것이다. 그 외에는 사회자가 인도하되 올바르게 부를 자신이 없으면 마이크를 끄고 부른다.

경배와 찬양이나 복음성가는 성경의 요약된 내용을 대중적으로 쉽게 공급하기 위한 수단이어야 한다. 그러나 회중성(교회에서는 대중성이란 말보다 회중성이란 말이 더 적합할 것으로 생각된다)이 있는 노래를 반복성을 토대로 대중적 이념의 공감대를 위한 무의식으로의 반향을 목표하여 최면적으로 사용하고 있다면 그것은 주술이나 다름없다. 어떤 지도자는 제한된 내용으로 된 곡을 많이 반복하기도 하고 다소 어두운 대중적 선율에 데시벨을 높인 증폭된 큰 소리로 회중과 함께 노래하기를 원한다. 거기서 기적을 원하기도 하고 획일성이나 일체감을 목표로 하기도 한다.

사회자는 찬송가의 아름다움에 도취되거나 신앙적으로 감격한 마음을 보여준다기보다 회중들의 예배를 인도하는 책임이 있으므로 테너나 알토 베이스 파트를 노래하는 것은 좋지 않다. 개인적인 이상한 버릇-이를테면 소리를 자랑하기 위하여 남보다 길게 끈다든지, 심한 또는 굵은 비브라토로 노래하여 회중들과 함께 부르기를 곤란하게 노래한다든지, 한 박 먼저 들어가는 등지 템포를 좀 빠르게 하는 것은 좋지 않다. 회중과 함께 협조해 가며 부르는 것이 기독교의 본질이며 특징이다. 성경에 있는 '큰소리로 부르라'는 말은 목청을 높여서 크게 부르라고만 이해해서는 안 된다. 그 말에는 '신령과 진정'이란 말로 이해해야 한다. 큰 소리는 발성 기관의 공명을 제대로 하고 음정이 정확할 때 가능하다. 화음을 잘 맞추면 소리가 커지는 것은 이와 같은 원리이다.

찬송가는 다양하게 부르는 방법들이 있다. 우선 교창(성가대와 회중, 남자 성도와 여자 성도, 오르간과 회중, 앙상블 등 악기와 회중 등)과 응창(사회자와 회중)이다. 가사의 내용에 따라 사회자가 적당히 나누어 노래하도록 인도하면 다양성과 흥미를 더할 것이다.

마지막 절은 성가대가 디스칸트를 노래하면 아름다움과 웅장함을 더해 준다.

오르간 전주 표시는 필자가 중심이 되어 찬송가의 앞 또는 뒤에 「 」 표시를 한 것이 있는데 그것을 구입하면 된다. 간주는 3, 4절인 경우 2절 끝나고, 5절인 경우는 3절 끝나고 오르간 또는 악기가 중심이 되어 2단 정도 연주하는 것이 좋다.

찬송을 부를 때 같은 악보를 피아노와 오르간을 함께 연주하는 것은 크게 도움이 안 된다. 조율도 다르고 음색의 조화도 잘되지 않기 때문이다. 또 현재의 찬송가 악보 그대로는 지속음이라는 면에서 피아노의 구조에 맞지 않기 때문이다. 피아노와 오르간이 같이 연주하기 위하여 피아노에 맞는 곡으로 편곡 연주해야 한다.

찬송은 하나님의 명령이다. 찬송은 하나님을 찬양하여 기쁘시게 하는 일이면서 부르는 자의 신앙이 정돈되며 신앙고백의 기능이 있으므로 우리 모두에게 유익하다. 아름다운 교회음악은 스스로 선교하기 때문에 찬송을 많이 불러야 한다. 선교의 대상은 언제나 교회를 잘 모르는, 신앙이 적은 자를 대상으로 하기 때문에 더욱 더 아름다운 찬송을 불러야 한다. 아름답지 않은 찬송은 개인적인 고백으로만 가능하다. 시와 찬미와 신령한 노래로, 주님을 합당하게 찬양하자.

15. 성가대와 함께 드리는 대림절 촛불 음악예배

1. 대림절(Advent)이란 말은 '내려온다'는 뜻이 있다. '주님이 육신으로 오심', '주님이 말씀과 영으로 오심', '주님이 마지막 때 영광으로 오심'을 뜻한다. 11월 30일에 가까운 주일을 시작으로 하여 보통 4주 정도 해당되는데 본래 서양에서는 일 년이 대림절부터 시작되기도 했다. 성탄을 준비하고 기다리며 참회하는 명절이므로 이 땅의 평화를 위해 메시아이신 예수 그리스도를 기다리는 것이 이 음악예배의 목표이다.

'주님을 기다린다'는 의미로 촛불의 이미지와 연결시키고, 회개의 기도를 중심으로 사색하며 회중과 성가대가 함께 참여하는 촛불 음악예배로 호산나 성가대와 함께 드린다.

2. 예배순서
간단한 설명시간
전주(오르간) 양초 점화, 회중들은 예수님을 기다리는 기도를 회개하며 묵상으로 기도
입례송 성가대가 입례송 (브리튼의 〈캐럴의 제전〉 중 호디에)을 부름
찬송가 105장 (1절후 간주, 2절시 기악 앙상블 및 성가대는 디스칸트)
기도(기도송)
광고
성경봉독 및 메시지
기도
낭독 및 주님을 기다려(멘델스존)...... 낭독: 구약성서
봉독...... 예레야 31장 31-34절
낭독 및 .... 평화의 노래
구약성서 봉독...... 이사야 40장 1-8절
낭독 및 2중창...... 여호와는 나의 목자(Smart)

낭독 및 오랫동안 기다리던(찬송가)
낭독 및 예수여 오소서
신약성서 낭독, 마태복음 21:1-9
낭독 및 캔들 라이트(John Rutter)
찬송104 (2절 후 간주, 3절은 성가대 디스칸트)
축도 및 축도송

3.준비 및 주의점
영상을 활용(그림 , 성경말씀, 가사, 교회 그림, 찬송 디스칸트)한 자료가 있어야 하며, 기악앙상블이 필요하다.
성경 봉독자는 가급적 여러 사람이 나누어 맡고, 악기 연주자가 앉을 장소를 정한다. 의상은 흰 블라우스에 검정 치마, 긴 흰색 와이셔츠에 긴 타이를 입도록 한다. 양초 놓을 테이블이 있어야 하며, 보면대, 의자 배치 및 회중석 의자 배치한다.
양초는 강대상과 피아노, 오르간 위에 바침을 놓아 배치하고, 테이블 여러 개를 마련하여 양초 여러 개로 아름답게 장식한다.

16. 캐럴(Carol)

　성탄 절기에 많이 들을 수 있는 캐럴은 본래 종교적 내용의 단순하고 밝은, 그 시대의 민속노래이다. 이것은 춤추기 위한 노래였다. 현재까지 남아있는 캐럴은 영국 캐럴이 가장 많고 오래된 것들은 1400년과 1647년 사이 내려온 것들도 있다. 그 사회의 전통 문화와 교회생활과 관계가 있다.

　내용은 대림절(Advent), 신년, 주현절(Epiphany), 수태고지(Annunciation), 사순절(Lent), 고난주간(Passiontide), 부활절(Easter), 승천절(Ascension), 성령강림절(Pentecost), 성인축일(Saints Days), 봄, 여름, 가을, 겨울용(Seasonal Carols), 5월1일(May Day), 추수감사(Thanksgiving), 등이 있고 이밖에 절기와 관련 없는 세속적 캐럴도 있다.

종류

　1. Burden and Stanza(후렴과 절)는 중세에 가장 많이 사용되었다. 후렴이 먼저 나오고 1절로 들어간다. 각 절을 노래한 후에 후렴을 또 노래한다. 이것은 중세기 행진 춤(processional dance)과 같은 것인데 그 당시 교회 행사에 평민이 많이 참가하도록 마련한 다양하며 흥미로운 행사 중 하나이다. 관객이 춤추는 사람을 위하여 burden을 노래하고 춤을 추는 도중에 쉬기 위하여 독창자가 stanza를 노래한다.

　2. Ballad carol 발라드는 중세의 춤 양식이다. 영국 전통 캐럴에 많은 영향을 끼쳤다. 간단한 시로 된 여러 짧은 절로 구성되어 있으며 잘 알려진 이야기 내용을 사실적으로 묘사한다. 중세의 발라드에는 매우 긴 곡도 있는데 456절도 그렇다. 발라드 식 캐럴은 보통 길지 않으나 7절 또는 그 이상이다. 117장 〈만백성 기뻐하여라〉 123장 〈저 들 밖에 한 밤중에 등이다〉 대표적 구성은 14개 음절로 된 3개의 행으로 이루

어져 있다. 117장(868686후렴)이 그렇다. 두 곡 모두 후렴이 있다.

3. 자장가 형식(Lullaby carol) 아기 예수에 대한 캐럴이다. 목자나 동방박사, 천사, 성모 마리아, 요셉과 마리아 또는 구세주로 오신 하나님의 독생자나 세상의 빛 다른 인물이나 신학적 개념 없이 예수를 아기로만 보고 고요히 잠자는 분위기를 묘사하는 캐럴이다. Lully, Lulla, thou little Tiny Child가 여기 속한다. 109장 〈고요한밤 거룩한 밤〉, 113장 〈그 어린 주 예수〉도 여기 속한다.

4. 찬송 캐럴(Hymn carol) 여러 모습으로 예수의 탄생을 축하하면서 그 깊은 참 의미를 설명하는 찬송이다.

  108장 〈구주 탄생하심을〉
  112장 〈그 맑고 환한 밤중에〉
  115장 〈기쁘다 구주 오셨네〉
  118장 〈영광나라 천사들아〉
  119장 〈옛날 임금 다윗성에〉-사도신경 '성령으로 잉태하사 동정녀 마리에게 나시고'를 어린이에게 설명하기 위한 곡이다.
  120장 〈오 베들레헴 작은 골〉
  122장 〈참 반가운 신도여〉
  124장 〈한 밤에 양을 치는 자〉-누가복음 2:8-12 내용을 패러프레이즈한 것이다.
  126장 〈천사찬송하기를〉

5. Fa-la-la가 있는 캐럴 영어로는 그대로 fa-la-la chorus라고 하는데 보통 한 구절 뒤에 기쁨을 표시하는 경쾌한 fa-la-la가 나온다. Deck the hall with boughs of holly가 유명하다.

6. 노엘(noel) 프랑스어로 크리스마스를 의미하지만 성탄캐럴을 의미하

기도 한다. 영국사람들은 'Nowell'이라하기도 한다. 123장 〈The first Nowell〉, 프랑스식 노엘은 125장 〈천사들의 노래가〉 (Angels We have Heard on High)

17. 『21세기 찬송가』-한국교회의 시대적 요청

21세기를 맞아 한국교회는 민족을 위하여 새로운 요청을 받고 있다. 1894년 최초의 곡조 찬송가 찬양가 이후 시간이 지나면서 한국교회는 피선교국에서 선교국으로 성장 발전하였고 사회가 변화하였으므로 한국교회의 위상과 한국인의 정서에 부응하고 세계 교회의 변화에 발맞춘 새로운 찬송가의 발행이 요청되고 있다.

이에 한국찬송가공회는 1996년에 『21세기 찬송가』 개발 위원회를 조직하고 지난 10년 동안 새로운 찬송가 개발에 박차를 가하여, 각지에서 여러 차례의 공청회를 통하여 의견을 수렴하여 645곡의 새로운 찬송가를 편집하기에 이르렀다.

21세기 찬송가의 개발 방향

한국교회는 전통 찬송가의 역사를 단절할 수는 없다. 19세기 영국과 미국에서 주로 사용되었던 찬송을 중심으로 편집한 우리 찬송가는 나름대로 장점이 많다. 지난 세기 동안 전도와 신앙생활과 관련하여 찬송과 신앙 간증 노래들을 많이 불렀다. 그러나 예배찬송을 보강할 필요가 있음도 사실이다. 이것을 보완하는 일이 필요하기에 지금까지 우리가 사용해 오던 찬송가 가사나 곡조의 변경에서 문제가 많은 경우를 제외하고는 조심스럽게 접근하였다. 그 가사들도 나름대로 한국교회의 신앙의 역사이기 때문이다.

현재 불리지 않는 찬송가나 문제가 있다고 판단되는 찬송가를 삭제하고 세계 각국의 찬송가를 선정하여 실었다. 각 나라의 찬송가들을 선정할 때에 **세계화와 관련**하여 가능한 한 영어권 이외 여러 나라 즉 러시아, 스페인, 중국, 카메룬, 폴란드, 핀란드, 브라질, 남인도, 앙고니 등의 찬송가들도 선정하였다.

『21세기 찬송가』는 **한국인이 작사, 작곡**한 것을 많이 포함시켰다.

가능한 한 이미 작곡된 찬송가들을 중심으로 선정하고, 나머지는 새롭게 작사, 작곡을 공모 또는 위촉하였다. 이 일을 위하여 기존의 찬송시와 찬송가들을 광범위하게 수집, 평가, 채택하는 방식으로 작업하였다. 그리고 작사작곡에 수정해야할 부분이 있다면 작사, 작곡자와 협의하여 보다 좋은 찬송가로 만들었다.

한국교회가 당면한 문제 중 하나는 **젊은이**들이 즐겨 부를 수 있는 찬송의 개발이므로 이를 발굴·개발하는데 노력을 기울였다.

가사 부분에서도 문학성을 고려하고 신학적으로 문제가 없는 **새 가사를 개발**하였다. 선율은 회중이 쉽게 부를 수 있고 가사가 잘 전달되며 한국교회의 성도들이 한 목소리로 고백될 수 있도록 만들었다. 또 번역 가사를 다시 정리하여 문법에 맞도록, 원문에 충실하도록 번역을 수정하였다.

편집에 있어서도 분류 용어를 바꾸고 내용별로 다시 정리하였다. 특히 경배와 찬양 항목을 새로 추가하여 예배에서 역동적으로 사용하도록 하였다.

1) 『21세기 찬송가』의 편집 방향

(1) 새로운 21세기를 준비하고 각 교단 연합찬송가의 전통을 이어 기존의 찬송가들(『합동찬송가』, 『개편찬송가』, 『새 찬송가』, 『통일찬송가』)을 분석, 검토하여 21세기에 적합한 찬송가들을 선별하고 새로운 우수한 찬송가들(한국인 찬송가 및 외국인 찬송가)을 보충하여 하나님께 영광을 돌릴 수 있는 새로운 찬송가집을 편찬한다.

(2) 새로 편집되는 찬송가의 총 편수는 600~700장 정도로 한다.

(3) 같은 곡에 여러 가사를 사용한 찬송가들은 과감하게 정리하되 애창되는 곡은 살린다.

(4) 한국 신작찬송가나 기존의 한국인 작사, 작곡 찬송가를 대폭 수용하여 한국 찬송가의 비율을 높인다.

(5) 외국 민요나 국가는 가능한 한 배제하지만, 많이 부르는 것은 사용

한다.
(6) 기존 찬송가 중 잘 부르지 않는 곡 중 가사가 좋은 찬송가는 재 작곡한다.

2) 『21세기 찬송가』 편집의 특징
(1) 현재 사용되는 『통일찬송가』의 틀을 유지하되 편집내용은 재편성한다.
(2) 성례와 예식을 성례와 행사와 예식으로 분리하기로 하고 '성례'에 '세례를, 그리고 행사와 예식에 임직 '헌당' 추도를 새로이 추가한다.
(3) 절기와 행사'를 '교회 절기'로 수정하여 '나라 사랑', '종교개혁기념일'을 추가한다.
(4) 성도의 생애'를 '그리스도인의 삶'으로 수정하고 '성결한 생활', '화해와 평화', '자연과 환경'을 추가한다.
(5) '전도와 선교'란 항목을 새로 추가한다.
(6) '송영과 영창'을 '영창과 기도송'으로 수정하고 항목을 세분화한다.
(7) 찾아보기'를 확대하여, 기존의 [한글 가사 첫줄], [영문 가사 첫줄], [작사자, 작곡자, 편곡자] 외에도 [운율], [곡명], [성구], [국가별] 색인를 만든다.

3) 『21세기 찬송가』의 분류 원칙
(1) 내용이 중복되는 항목은 삭제한다(예로서 기존찬송가에서 "성도의 생애"에 속한 '성도의 교제'는 "교회"에 속한 '성도의 교제'와 내용이 중복되어 삭제됨).
(2) '**예배**'는 송영, 경배, 찬양, 주일, 봉헌, 예배 마침, 아침과 저녁으로 세분됨
  '성부'는 '창조주, 섭리로 세분함
  '성자'는 예수 그리스도, 구주 강림, 성탄, 주현, 생애,

종려주일, 고난, 부활, 재림으로 세분화함

'**성령**'은 성령 강림, 은사로 세분화됨

'**교회**'는 하나님 나라, 헌신과 봉사, 성도의 교제로 세분함

'**구원**'은 회개와 용서, 거듭남, 거룩한 생활'로 세분화함

'**전도와 선교**'란 항목을 만들어 전도, 세계선교, 전도와 교훈, 부르심과 영접

믿음과 확신으로 세분함

'송영과 영창'은 '**영창과 기도송**'이란 항목으로 수정하여 입례송, 기도응답송

주기도문 영창, 말씀응답송, 헌금응답송, 축도송, 아멘송으로 세분함

(3) '천국'과 '교회' 항목에 속한 '하나님 나라'는 의미를 달리하여 사용키로 함. 즉, '천국'은 장래에 소망하는 하늘나라로, '하나님 나라'는 이 땅 위에서 실현되는 하나님의 나라란 의미로 사용하기로 함

4) 『21세기 찬송가』의 배열 원칙

(1) 찬송가 배열 순서에서 내용이 이중적으로 되어 있는 것(예, 믿음과 확신)은 처음 언급되는 것을(예, 믿음)을 먼저, 그리고 뒤에 언급되는 것(예, 확신)을 나중에 배열하기로 하다.

(2) 찬송 배열순서는 사건의 순서에 맞도록 하다(예, '예수'의 경우 구주강림-성탄-주현-생애-종려주일-고난-부활-재림 등의 순서를 유지함).

(3) 『통일찬송가』 중 절기와 행사에 속하는 '신년-어린이-청년-어버이-가정'을 21세기 찬송가에서 '새해(송구영신)-가정-어린이-젊은이-어버이'의 찬송 순서로 바뀜.

5) 『21세기 찬송가』의 제목과 제목 차례의 작성 원칙과 교독문 배열 원칙

(1) 각 장은 『통일찬송가』(1983) 기준에 따라 가사 첫줄을 제목으로 함.

(2) 일부 외국찬송가는 항목 순서대로 제목이 배열되기도 하나 21세기

찬송가는 대부분의 외국찬송가와 『통일찬송가』의 기준에 따라 가나다순으로 배열됨.
(3) 『21세기 찬송가』에서의 교독문 배열 원칙은 편집 분과 위원회에서 결정한 내용 분류를 따르기로 함. 교독문 편집은 시편, 시편을 제외한 구약, 신약, 세례, 성찬, 교회절기, 교회력의 순서로 배열시킴.

6) 각 위원회 작업 원칙과 작업 과정과 곡 선별과정 원칙
(1) 한국 신작찬송가의 선별 작업에서는 어느 작곡가, 어떠한 찬송가 그 대상에서 제한되지 않는다. 즉, 수집된 모든 창작찬송가는 제한 없이 검토된다.
(2) 전문위원들에게 끼칠 수 있는 영향을 배제하기 위해 모든 작업에서 작품들의 작곡자, 작사자의 이름은 밝히지 않는다.
(3) 전문위원들의 작품은 전문위원회에서 심사하지 않는다.
(4) 전문위원들은 검토할 작품들을 공회로부터 미리 전달받아 일정기간 동안 개인별로 선택작업을 한다.
(5) 전문위원들은 개인별 선택결과를 공회에 우송하고, 공회는 이를 취합하여 다음 전문회의에 토론 자료로 제공한다.
(6) 전문위원들이 개인별로 선택하여 결정된 자료에서 두 표 이상의 찬성을 얻은 곡들에 한해 토론을 하여 다수의 찬성으로 제1차 선택을 한다.
(7) 전문위원들은 제1차 작업에서 절대 다수의 표를 얻어 선택된 곡들과 절대 다수로부터 1표가 모자라는 선택을 얻은 곡들을 대상으로 일정기간 동안 개인별로 검토한 후 토론을 벌여 다시 절대 다수의 찬성으로 제2차 선택을 한다.

가사위원회, 가사분과위원회 작업 원칙
(1) 이미 잘 불리는 가사는 그대로 두되 현대 어법에 맞도록 가사를 교정한다. 그러나 이미 애창되고 있는 가사는 가능한 한 손을 대지 않는다.
(2) 번역 가사의 교정은 성경과 신학적인 관점에서 검토하여 교정하되 이미 한국화 되어 있는 가사는 가급적 피하도록 한다. 다만 뜻이 왜곡된 부분의 경우는 재 번역하여 가사를 손질한다.

교독문분과의 작업원칙
(1) 현재 사용되는 개역개정판의 문구대로 교독문을 편집하기로 하다.
(2) 『통일찬송가』에 있는 교독문은 유지하기로 하고 내용도 가급적 수정하지 않기로 하다.
(3) 찬송시인 시편을 대폭 보충하기로 하다. 이때 현재의 시편 서열을 중시하기로 하다.
(4) 행사와 예식에 필요한 것들을 보충하기로 하다. 청년, 자연과 환경, 이웃사랑과 관련된 교독문을 추가하기로 하다. 삼일절, 광복절 등은 나라사랑으로 통일하기로 하다.
(5) 교회력과 관련된 교독문을 보충하기로 하다. 특히 대강절과 사순절을 보강하고 주현절, 삼위일체를 첨가하기로 하다.
(6) 『통일찬송가』의 교독문을 검토하여 개역개정판과 본문이 다른 것, 성경의 일부 단어들이 누락된 것, 본문 절수가 제대로 표기하지 않은 것 등을 바로잡기로 하다.
(7) 개개의 교독문은 예배사용에 알맞은 규모를 갖도록 하다.

7) 『21세기 찬송가』 편찬을 위한 개발 진행 상황

지난 몇 해 동안의 찬송가 개발 작업은 2001년 11월에 발행된 『21세기 찬송가』 시제품의 수정, 그리고 2004년 7월 15일 발행된 제2차 시제품 공청회 결과에 따른 의견수렴 결과를 수정하고 보완하는 형태로 진행되었다. 이 작업은 시제품 공청회(2001년 11월, 2004년 7월)에서 제기된 문제점들을 주된 대상으로 하여 5개의 분과(음악분과, 가사분과, 교독문분과, 편집분과, 수정검토위원회)로 나뉘어 행해졌다.

현재까지 선택된 곡은 약 645곡으로, 시제품에서 문제가 있다고 판단되는 곡들을 삭제하고 대신 아깝게 탈락되었던 곡들(주로『통일찬송가』)과 공모, 그래도 부족하다고 판단된 항목에 관한 찬송의 위촉으로 작사, 작곡된 곡들을 추가로 선택한 결과이다. 그 중 기존『통일찬송가』의 한국인 작사, 작곡한 찬송가 17곡을 125곡 정도로 보완하였다.

각 분과의 주요 작업내용들을 살펴보면 다음과 같다.

음악분과 - 공청회에서 제기된 문제점, 음악분과위원들이 제기한 문제점, 운율표기를 번역본의 가사에 따라 재정비, 늘임표를 재정비, 회중이 부르기 쉽도록 일부 곡들에 대한 조성을 조정, 악보정사와 관련하여 임시표들 정비, 일부 곡에 들어 있는 악센트기호 삭제, 악보정사가 잘못된 것, 일부 곡들 탈락 및 추가 작업, 추가 공모에 대한 심사와 음악적 교정.

가사분과 - 공청회에서 제기된 가사에 대한 문제점 음악분과위원들이 제기한 문제점, 가사내용상 의미, 신학적으로 문제가 되는 것(예, 축복⇒복)들을 교정, 문법적 · 맞춤법적으로 문제가 되는 것 교정, 줄임말을 쓰지 않은 것으로 교정(예, 맘⇒마음), 하나님, 주님 등과 관련된 문장들에서 존칭어에 유의(예, 예수여⇒예수님), 고전적인 단어를 현대어법으로 수정(예, 합소서⇒하소서), 뜻이 모호하거나 난해한 단어를 쉬운 단어로 교체(예, 버성겨=멀어져), 어렵고 난해한 단어는 각주를 달아 설명(예, 마라의 쓴물)을 첨가.

교독문분과 - 교독문의 길이가 너무 긴 것(예, 부활절)은 그 길이를 축소함, 주현절에 관한 교독문을 첨가함, 성례를 늘리고 전체를 세례(침례)와 성만찬으로 구체화함, 남북평화통일, 공동기도주일, 교회연합주일 등과 관련된 교독문을 '나라사랑' 항목으로 통합해 추가함, 입학·졸업·성가대원 임명이나 교사의 임명과 관련된 교독문을 '교회교육' 항목으로 첨가, 가정주일 교독문을 첨가, 일부 교독문의 내용을 교체(예, 임직2) 회중과 집례자의 글자 크기에 차이를 더 두기로 함, 교독문의 면 조정을 새로이 하여 내용이 가운데 쪽으로 모아지도록 하였다.

편집분과 - 송영에 속한 곡을 찬송가 뒤편에 편집하기로 함, 내용분류에서 안식일을 주일로 바꾸기로 함, 주기도문 영창과 아멘송을 가사 첫 줄을 제목으로 하는 원칙에 따라 바꾸기로 함, 찬송가 목차를 통일찬송가 형태의 가나다순(단어가 아닌)에 따라 배열하기로 함, 찬송가집의 찾아보기에 운율색인을 첨가하기로 함, 찬송가 장수의 글씨를 조금 작게 그리고 얇게 표시하기로 함, 찬송가들의 제목을 너무 길지 않게 표기하기로 함, 현재까지 선택된 곡들에 대한 편집 분류를 하였다.

(1) 음악분과
1) 공청회에서 제기된 문제점들에 대한 토의와 결정을 함.
2) 음악분과 위원들이 제기한 문제점들에 대한 토의와 결정을 함.
3) 운율표기를 번역본의 가사에 따라 재정비함.
4) 늘임표를 재정비함.
5) 회중이 부르기 쉽도록 일부 곡들에 대한 조성을 낮추거나 높임.
6) 악보정사와 관련하여 임시표들을 재정비함.
7) 일부 곡에 들어있는 악센트 기호를 삭제함.
8) 악보정사가 잘못된 것들을 바로잡음.
9) 일부 곡들을 탈락시키고 일부 곡들을 추가함.
   a) 탈락시킨 이유: 표절시비의 대상이 되기 때문, 음악적 질이 떨어진다고 판단되기 때문, 음악과 가사가 조화를 이루지 못하기 때문.
   b) 추가한 이유: 전통성과 역사성을 갖춘 곡들(예, 독일코랄 등)이

기 때문.

예배 시 꼭 필요하다고 판단되기 때문.
10) 추가 공모 곡에 대한 심사와 음악적 교정.

(2) 가사분과
1) 공청회에서 제기된 문제점들에 대한 토의와 결정.
2) 음악분과 위원들이 제기한 문제점들에 대한 토의와 결정.
3) 가사내용상 의미가 없다고 판단되는 곡들을 삭제.
4) 신학적으로 문제가 되는 것들(예: 축복→복)을 교정.
5) 주로 문법적, 맞춤법적(예: 고마와라→고마워라)으로 문제가 되는 것들을 교정함.
6) 줄임말을 쓰지 않는 방향으로 교정함(예: 맘→마음).
7) 하나님, 주님 등과 관련된 문장들에서 존칭어(예: 예수여→예수님)에 유의함.
8) 고전적인 단어를 현대적인 단어(예: 합소서→하소서)로 가급적 바꿈
9) 뜻이 모호하거나 난해한 단어를 쉬운 단어(예: 버성겨→멀어져)로 교체하고, 각주 (예: 시은소, 마라의 쓴물)로 설명.
10) 추가공모로 선택된 곡들에 대한 가사 교정을 실시.

(3) 교독문분과
1) 교독문의 길이가 긴 것(예, 부활절)은 그 길이를 축소.
2) 주현절에 관한 교독문을 첨가.
3) 성례를 늘리고 전체를 세례와 성만찬으로 구체화함.
4) 남북평화통일, 공동기도주일, 교회연합주일 등과 관련된 교독문을 '나라사랑'이란 항목으로 통합하여 추가.
5) 입학, 졸업, 성가대원 임명이나 교사의 임명과 관련된 교독문을 "교회 교육"이란 항목으로 첨가.
6) 가정주일 교독문을 첨가.

7) 일부 교독문의 내용을 교체(예: 임직).
8) 회중과 집례자의 글자 크기에 차이를 더 두기로 함.
9) 교독문의 면 조정을 하여 내용이 가운데로 모아지도록 함.

(4) 편집분과
1) 송영에 속한 곡을 찬송가 뒷면에 편집하기로 함.
2) 내용 분류에서 안식일을 주일로 바꾸기로 함.
3) 주기도문 영창과 아멘송을 가사 첫줄을 제목으로 하는 원칙에 따라 바꾸기로 함.
4) 찬송가목차를 『통일찬송가』 형태의 가나다순(단어가 아닌)에 따라 배열하기로 함.
5) 찬송가집의 찾아보기에 운율색인을 첨가하기로 함.
6) 찬송가 장수의 글씨를 조금 작게 그리고 얇게 표시하기로 함.
7) 찬송가들의 제목을 너무 길지 않게 표기하기로 함.
8) 현재까지 선택된 곡들에 대한 편집 분류를 함. 『21세기 찬송가』 시제품에 비해 예배 관련.
   찬송'과 '성찬 찬송'은 다소 보강된 반면, 절기 찬송(예: 어린이)과 교회력 찬송(예: 성탄절)은 약간 줄었고, '성도의 삶'과 관련된 찬송은 줄었음. 통일찬송가에 비하여 성도의 삶'을 제외한 모든 항목의 찬송들이 다수 보강됨.

(5) 수정, 검토 위원회
1) 공청회 건의사항을 검토.
2) 항목별 부족분의 찬송공모, 위촉, 수정작업.
3) 각 단체(여성 목회자 협의회, 실천신학학회)의 건의사항 검토 및 수정.

예배	송영
	경배
	찬양
	주일
	봉헌
	예배 마침
	아침과 저녁
성부	창조주
	섭리
성자	예수 그리스도
	구주 강림
	성탄
	주현
	생애
	종려주일
	고난
	부활
	재림
성령	성령 강림
	은사
성경	성경
교회	하나님 나라
	헌신과 봉사
	성도의 교제
성례	세례
	성찬
천국	천국
구원	회개와 용서
	거듭남
	거룩한 생활
그리스도인의 삶	은혜와 사랑
	소명과 충성
	시련과 극복
	분투와 승리
	기도와 간구
	인도와 보호

그리스도인의 삶	평안과 위로
	성결한 생활
	축복과 감사
	주와 동행
	제자의 도리
	신유의 권능
	화해와 평화
	자연과 환경
	미래와 소망
전도와 선교	전도
	세계선교
	전도와 교훈
	부르심과 영접
	믿음과 확신
교회절기	새해(송구영신)
	가정
	어린이
	젊은이
	어버이
	나라사랑
	종교개혁기념일
	감사절
행사와 예식	임직
	헌당
	혼례
	장례
	추모
경배와 찬양	경배와 찬양
영창과 기도송	입례송
	기도응답송
	주기도문 영창
	말씀응답송
	헌금응답송
	축도송
	아멘송

21세기 찬송가 항목

찬송가 채택 현황				
연번	구분		검토 작품	최종 선택 작품	비고
1	통일찬송가(481)	전문위원선택	558	481	삭제곡 77
2	외국찬송가(53)	전문위원선택	16,714	50	
		편집위원추천	3	3	
3	한국찬송가(110)	전문위원선택	5,382	88	
		작곡 공모	892	12	
		교단 추천	41	8	
		편집위 추천	2	2	
4	개편찬송가(1)			1	
합			23,592	645	

찬송가 채택 현황

『통일찬송가』에서 삭제된 78곡의 이유

(삭제 원칙)
1. 같은 곡에 두 가사인 경우와 같은 가사에 두 곡이 사용된 찬송 가들을 삭제 한다.
    예) 제81장과 85장, 459장과 460장 중 81장, 459장 삭제. 애창곡은 제외.
    예) 23장 〈만 입이 내게 있으면〉, 376장 〈내 평생소원 이것뿐〉
2. 많이 불리지 않는 찬송가들을 정리하되 좋은 가사는 한국인이 재작곡 한다.
    예) 166장 〈주 예수 믿는 자여〉
3. 한국인 정서에 맞지 않는 찬송가들을 삭제한다. 1500년경에 쓰여진 일부 시편가(7장 〈구주와 왕이신 우리의 하나님〉)나 독일 코랄(18장 〈내 영혼아 깨어서 찬양〉, 18장), 또는 프랑스나 웨일스의 민요들(51장 〈존귀와 영광 권능과 구원〉, 143장 〈십자가에 달리신〉)
4, 짧은 송영들(아멘송, 제551-553장)중 한국 곡으로 교체가 가능한 곡은 삭제한다.

18. 음악에서 사용되는 음은 왜 12개일까?

왜 음악은 12음일까? 시간은 왜 12시까지만 세는가? 우리 생활 주변에서 사용되는 말 중 12와 관련되는 말이 많다. 이러한 문제는 음악이나 달력을 일컫기도 하지만 하나님이 만드신 우주의 모습과 구조를 말하는 신비한 문제이기도 하다.

사실 동, 서양을 막론하고 음악에서 사용되는 음은 12개이다. 세종대왕도 삼분손익법으로 12율을 주장하셨다. 음악에서는 옥타브를 분할할 때 한 음 위에 완전 5도를 12번 쌓으면 각기 다른 음이 생긴다. 그 음이 모두 12인 것이다. 그래서 12진법이라는 용어가 생겨났다. 자주 사용하지 않는 이 12진법은 지금 흔히 사용하고 있는 10진법보다도 나눌 수 있는 배수가 더 많아 더 편리하다고 한다.

그렇다면 하필이면 왜 완전 5도일까? 이 완전5도는 최초의 다른 음이다. 하나님께서는 먼저 최초의 다른 음정을 만드시고 그것을 잘 조합하여 여러 가지를 만드시는 방식을 쓰셨다. 배수의 원리를 적용하셨다. 이것은 우리의 조상들이 오랜 역사를 통하여 알아낸 것들이다. 하나님께서 창조하신 그 신비를 다 알 길이 없지만…….

또 이러한 관계의 계산에서 그 결과는 무리수가 되지, 딱 맞아떨어지지 않는다. 하나님께서는 왜 무리수로 우주를 만드셨는지 설명하기 참으로 난감한 문제이다. 믿음의 눈으로 볼 수밖에 없다. 하나님께서는 원칙을 더 보호하기 위하여 미세한 예외를 만들고 그것으로 약간씩 조정하여 더 좋은 모습, 더욱 아름다운 모습이 되게 하신 것이다. 그래서 음을 조율하는 방법에는 피타고라스율이나 순정율이 있고 또 평균율이 있다. 조율사에게 많은 훈련과 경험을 요구한다. 우리가 생활처럼 늘 보는 달력에서 보듯이 1달이 꼭 30일로 통일되어 있지 않는데 그것은 365와 29.53은 정확하게 나뉘는 숫자가 아니기 때문이다.

음(音)이라는 한자는 태양이 바르게 서 있다는 우주론의 모습을 나타낸다. 근본적으로 음은 태양과 연관되는 것이다. 하나님께서 창조하신 우주에는 우리가 사는 지구 이외에도 가까이 해가 있고 달이 있다. 지구에 큰 영향을 미치는 거대한 두 물체가 곧 해와 달이다.

우주에는 공기와 물체가 존재하는데 그것들의 마찰에서 진동과 진동수가 형성되어 소리가 난다. 해와 달과의 공전 주기에서 완전 5도가 나올 수밖에 없는 환경이 조성되었다. 음악에서 이러한 음정이 가장 기초가 되는 이유가 이러한 우주론적 근원이 있기 때문이다. 그래서 하나님의 피조물인 인간의 목소리도 높은 소리와 낮은 소리를 5도 차이로 만들었다. 화음이 되도록 하셨고 조화된 아름다운 소리로 찬양받기를 원하셨기 때문이다.

이처럼 우주의 원리는 우리들의 삶과 건강 뿐 아니라 여러 가지 모습과 현상을 우주와 연관하여 생각할 수 있다. 태양의 주기는 약 365.2422 일이며 달의 주기는 29.53059일이다. 태양과 달의 주기는 각각의 주기를 나누면 된다.

$$365.2422 \div 29.53059 = 12.368266262204717210187808 6418185....$$

음악에서 사용되는 음은 모든 기준 음을 중심으로 하여 12개이다. 기준음이 무한대이니까 높이에 따라 실로 음의 수는 참으로 많다. 부분음도 무한하고 경우의 수도 무한하다. 공전과 자전으로 온 우주는 진동으로 가득 차 있다. 우주공간에는 음으로 꽉 차 있는 것이다. 피타고라스의 망치이론이 소개되면서부터 진동수에 따라 음높이가 설명되었다. 우주에는 많은 천체가 있는데 지구의 주위에는 태양, 달, 그리고 수많은 행성이 공전 및 자전을 하고 있다. 이들의 주기에서 진동이 발생된다. 빛도 웨이브이고 소리도 웨이브이다. 음악도 웨이브다. 진동의 수에 따라 저주파와 고주파가 있다. 태양의 공전주기는 365일이고 달의 공전주기는 약 30일로 대략 12배수가 되며 조금 남는다. 지구와 가장 가까운 태양과 달의 관계가 지구의 음향에 크게 영향을 끼치고 있는 것이다.

음은 완전5도 즉 진동수의 비율이 2:3에서 추출하는데 이 완전5도 (2/3)라는 음정을 태양과 달의 관계에 맞춰 본다. 완전5도를 12번 쌓아가면 동일음이 7옥타브 올라간 음과 가장 가까워진다. 물론 미세한 음정의 차이가 있다. 그 차이는 비율로 볼 때 다음과 같다.

$$(2/3)^{12} \div (1/2)^7 = 4096/531441 \div 1/128 = 524288/531441 = 0.98654$$

음명	c	g	d	a	e	b	f#	c#	g#	d#	a#	e#(f)	b#(c)같은 음
옥타브	c		c		c		c		c		c		c(같은 음)

사람들은 재주가 많은 사람에게 '열두 가지 재주를 가졌다'고 말한다. 무엇이 많다고 생각하면 꼭 숫자 12을 말한다. 우리 생활에서 오랫동안 굳어져 있는 표현법이다. 동양에는 십간 12지가 있다. 그리스, 로마 신화에는 올림푸스의 12신이 있고 서양의 별자리 점에는 12궁이 나오기도 한다. 이 12라는 숫자는 어느덧 생활의 완전한 개념과 관련된 숫자가 되었다.

10은 1, 2, 5, 10으로만 나누어지는데 12라는 숫자는 1, 2, 3, 4, 6, 12로 나누어지는 가장 편리한 숫자이다. 그래서인지 12진법의 흔적은 우리 실생활에 널리 퍼져 있다. 숫자 12 또는 그의 배수와 관련된 여러 가지 예이다. 일 년은 365일 12달, 바빌로니아 60진법은 360일에서 온 것. 하루도 12시간씩 2번 24시간, 1시간은 60분, 동서양을 막론하고 음은 12음. 12지파, 288명의 성가대원(12×24) 나팔부는 제사장 120명(12×!0), 144000명(12×12×1000), 120문도, 연필 한 타스가 12자루, 맥주 1박스도 12병, 바늘 한 쌈도 12개이며, 심지어 임금님 수랏상의 반찬도 12가지이다. 국악의 판소리도 12마당이다. 서양의 길이 단위인 1 f피트는 12 인치이고 화폐단위인 1실링은 12펜스이다. 약 24센티미터 길이의 12지장과 12지장에 기생하는 12지장충이 있고 심지어 성경에 염려하지 말라는 말도 360번 나온다고 한다. 영화제목에도 12라운드가 있고 노래 제목에도 아이스크림12가 있다. 신비하게도 인간의 체온도 1년의 날 수와 비교되는 36.5도이다. 우리들이 좋아하는 수박은 12마디가 지나야 거기에 과일이 달린다고 한다. 국악기인 거문고(현금)의 길이는 3척 6촌 6분인데 이것은 태양의 주기를 상징하는 것이고 넓이가 6촌인 것은 6합 즉 천지와 동서남북을 상징하는 것이다. 이처럼 숫자 365는 신비하다. 우리들의 생활과 밀접하다. 모든 것이라는 의미로 365라는 숫자의 구조도 신비하다.

나머지 있음 $365 = 12 \times 30 + 5$
곱셈의 모양 $365 = 100 + 121 + 144 = (10 \times 10) + (11 \times 11) + (12 \times 12)$
2,3의 조합들 $365 = (2.2.2)(3.3)(2+3) + (2+3)$

예수님의 제자가 12이다. 모두 완전하지는 않았지만 제자가 12이다. 생각을 넓혀 이런 생각은 어떨까? 하나님께서 창조하신 우주의 근원을 이루는 숫자-12, 그리고 그 우주를 채우는 배수들, 우리 모두, 제자 또는 각 지파가 12라지만, 그의 배수에 해당하는 수많은 제자, 아니 무한한 민족으로, 그 의미를 확대하는 것이다. 하나님께서 창조하신 우주의 원리를 적용하여.

19. 새 찬송 부르기(프로그램의 예)

새 찬송 부르기가 필요하다. 방식은 성공회의 9Lessons와 같다. 이것은 말씀을 읽고 노래하기를 9번 반복하는 형식이다. 중간에 말씀대신 기도를 삽입해도 좋고, 설교나 간증을 말씀 대신 넣으면 된다. 노래는 한 번만 불러도 되지만, 상황에 따라 두 세번 반복하여 불러도 된다. 설교가 없으면 짧으면 30분에 마칠 수 있으며 길어도 1시간 정도면 된다.

회중찬송을 리드할 수 있는 성가대나 중창단이 있으면 효과적이다. 악기로 선율을 함께 연주해도 좋고 데스칸트를 연주하면 더욱 아름답다. 오르간 반주가 좋지만 피아노반주, 다른 악기 반주도 좋다.

꽃이나 양초 등으로 앞을 장식하고 풍선을 달면 노래할 분위기가 더욱 돋아난다. 비교적 자유스러운 분위기를 연출해도 좋다.

주제를 정하여 주제에 맞는 찬송을 부를 수 있으나 강함과 부드러움이 서로 교대되어야 좋다. 자유스럽고 따뜻한 분위기를 돋우기 위하여 약간의 다과와 차를 곁들여도 좋고 끝나고 행운권 추첨을 해도 좋다.

순서

1. 나의 소망되신
    기도
2. 깨끗하게 하소서
    말씀
3. 눈부신 태양아
    말씀
4. 구원의 주님 앞에
    말씀
5. 성령의 봄바람 불어오니
    기도
6. 평화의 나라 임하시니

기도
7. 다시 오실 예수님
　　　말씀
8. 임하소서 임하소서
　　　기도
9. 가시밭의 백합화
　　　끝기도

나의 소망되신

나의 소망이 되신 하나님 아버지!
영원한 생명을 내게 주셨으니
기쁠 때나 슬플 때
어려운 일을 당해도
늘 기도하고 찬송하며 살게 하소서.
주님의 기쁨이 되게 하소서.

〈나의 소망되신〉
* 제창 또는 합창으로 부른다.

깨끗하게 하소서

이제부터 너희는 이방인이 그 마음의 허망한 것으로 행함같이 행하지 말라. 그들의 총명이 어두워지고 그들 가운데 있는 무지함과 그들의 마음이 굳어짐으로 말미암아 하나님의 생명에서 떠나 있도다.(엡4:17)

〈깨끗하게 하소서〉
*한 절을 독창으로 리드한다. 그리고 제창한다

땅과 거기에 충만한 것과 세계와 그 가운데에 사는 자들은 다 여호와의 것이로다. 여호와께서 그 터를 바다 위에 세우심이여 강들 위에 건설하셨도다. 여호와의 산에 오를 자가 누구며 그의 거룩한 곳에 설 자가 누구인가 (시24:1-3)

〈눈부신 태양아〉
* 관악기 연주나 오른간으로 반주하면 좋다.

〈구원의 주님 앞에〉
*독창으로 한절을 리드한다. 독주악기가 데스칸트를 연주하면 더 좋다.

나의 삶을 잘 아시는 주님께 내 마음의 모든 것을 남김없이
다 쏟아내어 내 중심이 뜨겁도록 거룩함에 이르는 열매를
맺게 하소서.
주님 앞에 나의 삶이 풍성한 열매를 맺게 하소서.
한번 뿐인 소중한 삶 - 멋과 맛 그리고 아름다움으로
익어가게 하소서.

〈성령의 봄바람 불어오니〉
*장구반주를 곁들여 흥겹게 노래한다.

362 찬송가의 구조와 활용

나의 삶이 죄악의 수렁에 빠져있거나 게으름 속에서
풀어져 있지 않게 하소서. 늘 깨어 기도함으로 기도하게
하소서. 주께서 폭풍우 속에서도 나를 구하시니 고난과
역경이 다가오더라도 소망으로 이겨나게 하소서.
부족하고 결핍한 부분들이 주의 은혜로 채워지게
하소서. 부드러운 마음, 선하고 따뜻한 마음으로
스폰지처럼 주의 말씀이 마음에 스며들게 하사 좋은
마음으로 말씀을 듣고 지키게 하소서.
가정에서, 교회에서, 학교에서, 사회에서, 꼭 필요한
사람되게 하소서.

〈평화의 나라 임하시니〉

*관악기와 오르간에 장구반주로 노래한다.

〈다시 오실 예수님〉
*여성 2중창, 또는 3중창으로 한 절을 리드한다.

가시밭의 백합화

이 성봉
이 문승, 2001

〈가시밭의 백합화〉
*다함께 제창한다.

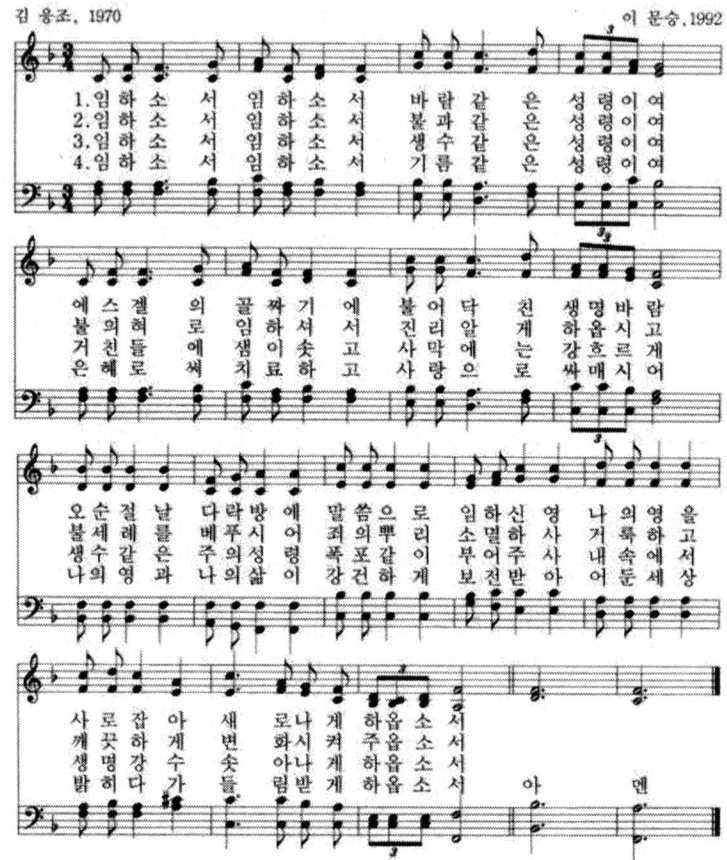

주님의 이름으로 수없이 사랑한다고 고백하고 다짐하지만
늘 내 안에 머물러 있고 나만의 욕심과 슬픔 속에 갇혀 살 때가 많으니
나의 삶을 인도하여 주소서.

〈임하소서 임하소서〉
*바리톤 독창으로 한 절을 리드하고 다함께 부른다.

20. 기타

1. 찬송가에 표시된 약어 설명
1) b. born 출생연도
2) C. circa 대략, 약
3) d. died 사망연도
4) attr. attributed to ...의 것으로 추정함.
5) ascribed to ...의 것으로 한다.
6) Arr. by 편곡
7) Arr. from ..의 것을 편곡
8) Harm.by 화성 편곡
9) Adapted from 개작
10) trans.by 번역
11) Para.by Paraphrased by 의역, 인용
12) Alt. Alternate 재수정
13) Anon. Anonymous 작자 미상
14) D(double) 중복, 반복
15) IRREG.(Irregular) 불규칙적 운율
16) Ref.(Refrain) 후렴
17) St.(Stanza) 절
18) Trad.(Traditional) 전통적인
19) Trans.(Translate) 번역하다.

2. 찬송가 1장의 구조 및 연주법
1) 이 찬송은 4/4박의 구조로 되어 있으나 실제적으로는 4박의 의미와 관련이 없다. 그 어원이 시편가 찬트 선율이기 때문이다. 박자와 관계없이 한국어 가사에 충실하게 노래하고 시작에 따라 한 박씩 지휘하면

된다.

2) 이 찬송의 프레이즈 끝마다 붙어있는 늘임표는 보통 3박 정도의 리듬으로 길게 노래하나 숨만 쉬는 정도로 끊어도 좋을 것이다.

3) 온 백성 부분-3음 모두 동음인데 '백' 부분만 반음 높게 연주하는 경우도 많다. 주의가 필요하다. 점점 크게 노래하면 더욱 음악적이다.

4) 아멘은 아름다움을 위하여 특별한 효과를 위한 경우는 제외하고 일반적으로 리듬이 느려지지 않게 확신을 가지고 노래한다.

5) 가사의 프레이즈를 살려 가사를 음미하며 노래한다.

3. 음악에서 쓰는 나타냄말들

1) 빠르기말과 나타냄 말

찬송가를 부를 때 빠르기를 지키는 것은 중요하다. 느린 노래를 빨리 부르면 조롱이 되고 빠른 노래를 느리게 부르면 힘이 없어져 주님을 기쁘게 찬양할 수 없기 때문이다.

찬송가에서는 누구나 쉽게 부를 수 있도록 대체적으로, 조금 느리게, 보통으로 조금 빠르게 등 3구분으로 최소한의 안내를 하였다. 빠르기말은 서양인의 걸음걸이와 관계되어 생겨났다. 그러므로 맥박수하고도 관계가 된다. 서양인의 다리 길이 때문에 우리의 실정에는 맞지 않는다. 찬송을 부르는데 있어서 우리들은 이미 많이 빨라졌다. 독일의 Wittner 와 일본의 Seico, Yamaha가 정한 것과 절충하여 메트로놈 기호로 표시한다.

느림   Largo 1 분 동안 40회를 연주하는 리듬의 빠르기. 넓고 무거운 분위기
         Lento 매우 느리게, 46
         Adagio 한가한 듯 여유로운 분위기, 56
         Andante 느린 걸음걸이의 빠르기, 노인들의 맥박수와 비교된다, 66

　　　　Andantino 안단테보다 빠르게, 69

보통　　Moderato 보통 빠르기 젊은이의 맥박수와 비교된다. 88
　　　　Allegretto 약간 빠르게, 108
빠름　　Allegro 빠르게 120
　　　　Vivace 생동감 있게 160
　　　　Presto 매우 빠르게 168
　rall. 점점 느려지도록
　rit. 음악을 끝낼 때처럼 점점 더 느려짐
　accel. 점점 빨라짐
　molto 매우 very muchmeno 덜 Lessmosso 움직이듯 moved
　con ~와 같이 withe 그리고 andassai 매우 very
　poco 조금 little piu 더 more
　Agitato 흥분된 듯이 Tranquillo 고요하게 Scherzando 익살스럽게
　Cantabile 노래하듯이　Con brio 열정적으로
　legato 끊지 말고 이어서 legato staccato 덜 레가토 staccato 1/2
　　　리듬가로 끊어서
　tenuto 음의 길이를 충분히 이어서

2) 강약기호에 대한 정확한 개념
　pp 매우 부드럽게/ p 부드럽게/ mp 반만 부드럽게, 조심스러운 듯
　mf 반만 크게, 마음이 편하게/ f 크고 강하게/ ff 매우 크고 강하게
　cresc:크기가 단계적으로 한 박씩 커짐
　decresc 크기가 단계적으로 한 박씩 작아짐
3) 음악 악보에서 ,(콤마)는 숨 쉬는 곳을 말하는 숨표이다.
　Fermata(⌒)는 이탈리아어로 정류장이란 뜻이다. 한 모금 숨을 쉴 기회가 주어지게 되고 길이는 다소 길어질 수밖에 없다. 음표의 길이를 여

유 있게 또는 숨을 쉴 만큼 늘인다. 길이를 2-3배 늘린다는 식의 이해와 더불어 호흡기호로 이해하면 된다.

4. 찬송가 작곡을 위한 가사

1. <u>의인을 부르시는</u>
1. 의인을 부르시는 영광의 주 예수여 불의한 일 헛된 욕망 모두 씻어버리고 스승 되신 예수님을 바라보게 하소서 오직 믿음으로 살아가게 하소서.
2. 죄인을 부르시는 사랑의 주 예수여 방황하는 백성들을 갈 길 인도하시고 대속하신 예수님의 본을 받게 하소서 오직 말씀으로 살아가게 하소서.
3. 의인을 부르시는 은혜의 주 예수여 참된 진리 바른 소망 가득하게 하시고 주의말씀 실천하여 자유 얻게 하소서 오직 은총으로 살아가게 하소서. 아멘.

<u>5. 혼인 예식의 노래</u>
1. 성도들 앞에서 신랑신부가 하나되어 거룩하신 주님께 예배를 드립니다.
    하늘의 큰 은혜와 땅위의 기쁨으로 믿음과 사랑이 넘치게 하소서
2. 성도들 앞에서 신랑신부가 네 손 모아 존귀하신 주님께 기도를 드립니다.
    주님의 인도하심 주님의 보호하심 화평과 사랑이 넘치게 하소서.
3. 성도들 앞에서 신랑신부가 한뜻으로 존귀하신 주님께 찬양을 드립니다.
창조주 기억하며 주님께 감사하여 기쁨과 사랑이 넘치게 하소서.

6. 예수 부활 했으니

1. 예수 부활했으니 모두 찬송하라. 예수 부활했으니 모두 경배하라.
   무덤에서 일어나 참 승리를 보이셨네. 만물들아 일어나 부활주님 높이세.
2. 우리 죄를 사하려 십자가에 달리시고 무덤에서 사흘 만에 다시 살아 나셨네.
   피 묻은 손과 발 제자들에게 보이셨네 무덤에서 일어나 왕의 왕이 되셨네.
3. 구원받은 성도들 주의 이름 높이세. 사망권세 이기신 우리주님 높이세.
   우리구원 하시려고 하늘 문을 여셨네. 참 생명을 주신 주님 높이 찬양하여라.

7. 일어나 맞으라

1. 일어나 맞으라 주님이 부른다. 주님은 우리의 구원자시라.
   소망과 사랑의 주께서 부를 때 온 백성 노래로 화답 드리자.
2. 주님은 방패요 산성이 되시니 큰 환란 당할 때 피난처시라.
   어둔 길 헤맬 때 밝은 등 되시니 내갈길 영원히 밝혀주신다.
3. 주님은 구원과 밝은 빛 되시니 내 영혼 죄에서 건지시리라.
   새 생명 밝은 빛 등대가 되오니 내갈길 다가도록 인도하신다.
4. 일어나 걸어라 복음을 전하자 전능의 주께서 도우시리라.
   진리의 말씀을 온 세상 전하면 주님의 나라가 속히 오리라.

* 찬송가에 관련한 질문들
    <차이점>
    '찬양'과 '찬송'의 의미는 무엇인가?
    찬송가의 끝에 '아멘'이 붙는 기준은 무엇인가?
    복음성가와 찬송가의 구별 기준은?

후렴이 있는 것도 있고 없는 것도 있는데 왜일까?
찬송가는 꼭 4부로 구성되어야 할까?
가톨릭 찬송가와 개신교 찬송가의 차이점은?

<찬송가 역사>
찬송가가 없던 시절 어떤 형태로 예배를 드렸는가?
한국찬송의 절수는 왜 획일적으로 3, 4, 5절인가?
16세기 영국과 스코틀랜드의 개신교들이 창작 찬송을 금지한 이유는?
츠빙글리가 성가합창을 금한 이유는?
성경에는 비파와 수금으로 찬양한다고 했는데 츠빙글리는 왜 기악을 반대했을까?

<찬송가 개편>
찬송가를 계속해서 개편해야하는 이유는?
교단마다 찬송가가 필요한가?
한국 찬송가와 토착화에 대하여
찬송가가 주는 시대별 영향, 그리고 사회성은?
찬송가를 교체한 교회도 옛것만 골라 부르는데 이에 대한 문제점은?
『21세기 찬송가』에서 선율의 음역을 왜 내렸는가?

<찬송가의 여러 문제들>
세대 간 음악선호도와 관련하여 갈등문제의 해결 방안은?
교회음악의 통합적 사역 방안(전통성가와 CCM의 갈등해소)은?
찬송가 가사만 화면에 띄우는 것에 대한 견해
현대의 콘트라 팍타(모든 음악장르)에 대한 견해
찬송가를 다양한 형태를 취하여 부르는 것에 대한 의견(스타일, 절의 생략, 박수, 템포변화)
국악예배음악을 사용하는 교회의 예, 그 효과, 문제점

찬송가의 올바른 반주법(스타일, 어울리는 악기, 4성부, 전주)
찬송가 가사는 어떻게 쓰는가?

<참고문헌>

김남수, 『하나님이 찾으시는 찬양』, 예솔, 2010
김남수, 『찬송의 이해』, 침례신학대학교 출판부, 2011
김남수, 『예배와 음악』, 침례신학대학교 출판부, 2003, 개정판
박재훈, 『어린이 찬송가』, 한국교회음악협회편, 1968
신소섭, 『예배와 찬송학』, 아가페문화사, 1997
신호철편저, 『양화진선교사』, 대한예수교장로회 서울서노회, 2004
원성희, 『성가문헌』, 이화여자대학교 출판부, 1986
이성봉, 『임마누엘성가』, 서울임마누엘사, 1962년 11판
이유선, 『기독교음악사』, 기독교문사, 1994
이중태, 『찬송가 탄생의 비밀』, 선미디어, 2007
이천진, 『찬송가 이야기』, 신앙과 지성사, 2010
정정숙, 『찬송가학』, 서울신학대학교 출판부, 1991
조숙자. 조명자, 『찬송가학』, 장로회신학대학 출판부, 2002, 증보수정판,
최혁, 나의 찬송을 부르라, 규장, 1994

한국찬송가 공회. 한국찬송가위원회, 「아시아 찬송가 국제 세미나 자료집」, 1990
돈 셀리어(노주하 옮김), Music and Theology(신학으로서의 음악, 음악으로서의 신학)
데이비드, R. 브리드(박태준역), 미파사, 1977
로빈 리버. 조이스짐머맨(허정갑. 김혜옥 옮김), Liturgy and Music, 연세대학교 출판부, 2009
잭 R. 테일러(이석철 옮김), The Hallelujah Factor(찬양 중에 거하시는 하나님), 요단출판사, 2000, 제2판
폴 스티븐스(김영수 옮김), Singing and Making Music(예배 누구를 위해 손뼉치는가), 빛나라, 2010

Armin Haeussler, The Story of our Hymns, Eden Publishing House, U.S.A, 1952
Tom Fettke, The Celebration Hymnal, Word Music / Integrity Music, 1997

기독교대한성결교회, 예배와 예식서, 기독교 대한성결교회 출판부, 2004
성공회 예전 악보(성직자용) 1965
NYANYIKANLAH KIDUNG BARU, Jakarta, 1991(인도네시아 찬송가)

이문승(1953 출생, Lee Mun-Seung, 李文承)

  이문승 교수는 연세대학교 학부와 대학원에서 나인용, 나운영, 박재열교수와 작곡을 수학하고 독일 에센 뮤직 호흐슐레에서 세계적인 작곡가 후버교수에게 수학하였다. 영국 런던칼리지 오브 뮤직에서 앨러비(Allerby)교수와 연구하여 F.L.C.M 디플로마를 받았고 캐나다 크리스천 칼리지에서 명예음악박사 학위를 받았다. 1981년부터 지금까지 서울신학대학교 교회음악과 교수로 재직 중이며 한국교회음악협회 이사장을 지냈고 G.C.M 등 여러 곳에서 작품 활동을 하고 있다. 찬송가공회 전문위원과 간사로 21세기 찬송가 편찬에 주도적으로 참여하였으며 아현성결교회 장로로 할렐루야 성가대를 지휘하고 있다.

찬송가의 구조와 활용

1판 1쇄 발행 / 2013년 10월 15일
지은이 / 이문승
펴낸이 / 김재선
펴낸곳 / 예솔
주소 / 서울시 마포구 성산동 242-19 신지빌딩 5층
전화 / 02-3142-1663, 335-1662
팩스 / 02-335-1643
홈페이지 / www.yesolpress.com
e-mail / yesol1@chol.com
출판등록 / 제2-1525호(1993. 4. 3)
ISBN 978-89-5916-500-1   03230

ⓒ 이문승, 2013
Printed in Seoul, Korea
값 20,000원